古籍版本十讲

杨成凯 著

中华书局

图书在版编目(CIP)数据

古籍版本十讲/杨成凯著. —北京:中华书局,2023.4
(2023.9 重印)
ISBN 978-7-101-16145-8

Ⅰ.古… Ⅱ.杨… Ⅲ.古籍-版本学-中国 Ⅳ.G256.22

中国国家版本馆 CIP 数据核字(2023)第 044788 号

书　　名	古籍版本十讲
著　　者	杨成凯
责任编辑	刘彦捷
责任校对	李晓霞
责任印制	管　斌
出版发行	中华书局
	(北京市丰台区太平桥西里 38 号　100073)
	http://www.zhbc.com.cn
	E-mail:zhbc@zhbc.com.cn
印　　刷	北京盛通印刷股份有限公司
版　　次	2023 年 4 月第 1 版
	2023 年 9 月第 2 次印刷
规　　格	开本/920×1250 毫米　1/32
	印张 14¾　插页 2　字数 338 千字
印　　数	5001-9000 册
国际书号	ISBN 978-7-101-16145-8
定　　价	110.00 元

目　录

导论　古籍版本研究和收藏面面观……………… 1

　一　关于古籍版本学的思考 ……………… 3

　　（一）古籍版本学的任务 …………… 3

　　（二）科学研究之路 ……… 4

　二　从刊印过程说起 ……………… 10

　　（一）雕版印刷的流程 ………… 11

　　（二）古书印制流程的启示 ……… 23

　三　版本鉴定总说 ……………… 38

　　（一）基础工作 ……………… 38

　　（二）比勘推定 ……………… 43

　　（三）学无止境 ……………… 50

　四　结束语 ……………… 54

第一讲　宋刻本的鉴赏与收藏 ……………… 55

　一　宋刻概述 ……………… 57

　二　宋刻本的文献价值 ……………… 59

　三　宋刻本的印制形式 ……………… 66

（一）字体 …………… 67

（二）版式 …………… 69

（三）刊记与避讳 …………… 74

（四）刻工 …………… 76

（五）纸张和装帧 …………… 77

（六）版片修补 …………… 78

四 宋刻本的版本鉴定 …………… 81

（一）北宋南宋 …………… 81

（二）宋刻元刻 …………… 94

（三）宋刻明刻 …………… 97

（四）宋刻清刻 …………… 105

（五）刻工局限 …………… 108

五 宋刻本收藏鉴赏的背后 …………… 108

第二讲 金刻本的鉴赏与收藏 …………… 111

一 金刻本的历史定位 …………… 113

二 金刻本的版式特点 …………… 114

三 金刻本的文献价值 …………… 117

四 金刻本的版本鉴定 …………… 128

五 金刻本的收藏和研究 …………… 137

第三讲 元刻本的鉴赏与收藏 …………… 141

一 元刻概说 …………… 143

二 元刻本的版式风貌 ……………… 143

三 元刻本的版本价值 ……………… 147

四 元刻本的版本鉴定 ……………… 150

（一）宋元之间 ……………… 155

（二）元明之间 ……………… 165

（三）博览多识 ……………… 176

五 元刻本收藏 ……………… 177

第四讲 明刻本的鉴赏与收藏 ……………… 183

一 明刻概说 ……………… 185

二 明刻本的时代分布 ……………… 186

三 明刻本的版式风格 ……………… 187

四 明刻本的文献价值 ……………… 191

五 明刻本鉴赏举隅 ……………… 194

（一）仿宋精本 ……………… 194

（二）戏曲小说和版画作品 ……………… 197

（三）套色印本 ……………… 200

（四）活字印本 ……………… 201

（五）汲古阁刻本 ……………… 207

六 明刻本的版本鉴定 ……………… 210

（一）明本和宋本 ……………… 210

（二）明本和元本 ……………… 211

（三）明本之间 ……………… 214

（四）明本和明版清印 ·············· 222

七　明刻本收藏余论 ·············· 225

第五讲　清刻本的鉴赏与收藏 ·············· 229

一　清刻概说 ·············· 231

二　清刻本的时代分布 ·············· 231

三　清刻本的文献价值 ·············· 232

四　清刻本的版式风格 ·············· 237

（一）软体写刻 ·············· 237

（二）仿古精刻 ·············· 238

（三）印本种种 ·············· 248

五　清刻本的版本鉴定 ·············· 250

六　清刻本收藏略论 ·············· 269

七　清刻善本琐谈 ·············· 277

（一）时代观 ·············· 280

（二）印制观 ·············· 281

（三）内容观 ·············· 286

（四）“善本”的异义 ·············· 289

第六讲　活字本的鉴赏与收藏 ·············· 291

一　活字说略 ·············· 293

二　活字特点 ·············· 295

三　活字本的内容 ·············· 296

四　活字本的形式 ·············· 304

五　活字本的鉴定 ·············· 305

六　活字本的收藏 ·············· 313

第七讲　抄本的鉴赏与收藏 ············· 317

一　**抄本和写本** ·············· 319

二　**抄本的类型** ·············· 319

三　**抄本的来源** ·············· 320

四　**抄本的价值** ·············· 321

（一）以内容重 ·············· 322

（二）以名人重 ·············· 332

五　**抄本的鉴赏** ·············· 335

六　**抄本的收藏** ·············· 338

第八讲　批校本的鉴赏与收藏 ············· 343

一　**批校本概说** ·············· 345

（一）校 ·············· 345

（二）批 ·············· 345

二　**批校本种种** ·············· 346

（一）版本校 ·············· 346

（二）死校和活校 ·············· 347

（三）一批到底 ·············· 348

（四）过录本 ·············· 349

（五）汇校和汇评 ･･････････ 349

三　批校本的鉴赏 ･･････････ 353

（一）批校之可贵 ･･････････ 353

（二）批校之失误 ･･････････ 360

四　批校本的鉴定 ･･････････ 362

五　批校本的收藏 ･･････････ 367

第九讲　丛书的鉴赏与收藏 ･･････････ 373

一　丛书概说 ･･････････ 375

二　丛书的版本 ･･････････ 377

（一）子目出入 ･･････････ 378

（二）版片更动 ･･････････ 380

三　丛书的收藏 ･･････････ 384

（一）珍本难得 ･･････････ 386

（二）全书难得 ･･････････ 390

（三）初印难得 ･･････････ 391

四　丛书和单行本 ･･････････ 391

（一）单行与否 ･･････････ 393

（二）丛书零种 ･･････････ 395

（三）《古逸丛书》 ･･････････ 397

五　余论 ･･････････ 399

第十讲　初印和后印 ･･････････ 401

一　从雕版印刷说起 ･･････････ 403

二　从形式上看初印和后印 …………… 403

三　从内容上看初印和后印 …………… 405

（一）修版 ………… 409

（二）补版 ………… 413

（三）增刻 ………… 414

（四）初编本 ………… 420

四　版本鉴别 ………………… 421

（一）转手 ………… 422

（二）重印还是重刻 ………… 428

五　价值、鉴赏和收藏 ………………… 430

赘语　古籍的价值与收藏 ……………… 437

一　古籍的价值观 ………………… 439

（一）从内容看价值 ………… 442

（二）从书品看价值 ………… 444

（三）从名气看价值 ………… 445

（四）社会和世态 ………… 446

二　古籍的收藏观 ………………… 447

（一）藏书家有五等 ………… 447

（二）用藏书家的眼光看书 ………… 453

（三）为藏书家论道 ………… 457

（四）"识书之道在广见博闻" ………… 459

编辑整理后记 …………………… 向　辉 461

导论

古籍版本研究和收藏面面观

一　关于古籍版本学的思考

（一）古籍版本学的任务

黄永年先生在《古籍版本学》前言中，给当前的古籍版本学研究提出了一个目标，他说：

> 所谓"学"者，顾名思义应该是一门科学，而任何一门科学，都必须是在大量有代表性的事实或现象的基础上，提炼出规律性的东西，从而建立比较完整的体系。以此来要求，《书林清话》之类显然是不够格的。王国维、赵万里开始做了一点，为宋刻本的条理化作出过贡献，元以下则尚付阙如，其他方面更多未涉及。要给古籍版本这门学问建立体系，使之成为名副其实的一门科学——古籍版本学，尚有待今人努力。[1]

把古籍版本研究升华到古籍版本学科的建设，应该说这是黄永年先生作为一位多能学者陈义甚高的倡议。我们知道，对于古籍的研究有一个漫长的历史发展过程，孔子删定《诗》《书》、汉代发掘和整理古代典籍，都是对古籍文本所做的研究工作，从内容方面对古书的不同传本进行比勘和研究。从宋代开始，经过元、明、清以来的大规模印制流布典籍，不仅古籍文本的校勘工作得到空前的发展，而且随着古书

---

[1] 黄永年：《古籍版本学》，南京：江苏教育出版社，2009年，第1页。整理者说明：本书脚注，多为整理者所加，少部分为著者所加。

的大量积淀，赏鉴和收藏之风日益兴盛，古书传本的形式和流传脉络也逐渐成为学者关注的一个热点。内容、形式和流传脉络，这是古书版本学研究的三个重要组成部分。关于古书内容的研究，清代朴学家已经从古书校勘实例中逐渐总结出一系列方法，相关著作相继问世。关于古书形式和流传脉络的研究，明清以来逐渐从零散的赏鉴开始总结经验，出现初具规模的著作。从清末开始，古书版本研究已经逐渐形成一个独立的学科，叶昌炽《藏书纪事诗》、江标《宋元本行格表》和叶德辉《书林清话》等专著的出版，足以证明文本的研究和版本的玩赏已经促生了一个新的研究领域，这就是古籍版本学。

一门学科不是仅仅有研究对象就可以立足，没有相当的实际开发工作的积累还不足以宣称占领一个研究领域。就古籍版本学而言，我们需要有而实际也有大量的研究对象，这就是前人留下的数百万部古书。但是前人留下的研究专著却寥寥无几，不仅点点滴滴的资料散见各处，不成系统，而且大量实践经验还只是口耳相传，并不曾记录在册给以物质化，更不要说分门别类形成一个系统化的知识领域。

（二）科学研究之路

1.积累经验

一部古书跟所有的对象一样，最重要的两个方面是内容和形式。全面的版本研究需要内外双修，内是内容，外首先是形式，版本研究的基本观察点就在内容和形式这两个方面。

书林从业人员有所谓"观风望气"之说，看见一部古书，打量几眼，至多翻翻书叶，甚至不用开卷，就能作出判断，说出它是什么时候的书，甚至能说出它是哪个人的藏书。这都是长期工作积累的经验足够多的表现，他们看到了一些东西，望到了一些东西，那些东西是实实在在的物质，说出来就成了"风"和"气"，至于他们观的是什么风，望的是什么气，很少有详细的记载，偶然在什么地方不经意地写上一笔，也是片言只语不成系统。

"观风望气"的观察对象是古书的形式，通过观察要发现一部古书的形式特征，然后把它跟自己已经确认的各种书籍形式的样板比较，看看它跟哪个时代的样板、哪个地方的样板或者哪个人的样板可以归在一起，经过比较得出结论。

这样的经验可以是概括的东西，也可以是具体的东西。像前人说宋刻本是一整叶有多少行，一行就有多少字，这就是概括到一个朝代的书的特征——当然事实也不尽然。佛经不论是写本还是刻本，一般是每行十七字，这就具体到一类书的特征。

这些经验性的结论不一定都完全正确，经验可以概括过去的对象，未来的对象可以服从，也可以不服从。遇到不合的情况，就要修正我们的经验之见，这也是科学发展的证伪之路的表现。

从古书的内容上观察一部书的特征，从而对它的版本作出判断，较之形式的观察，是更为深入的工作。古书版本的研究在一段时期内为通人所漠视，一个原因就是说它是"书皮子"的学问，"窜皮不入内"。

对于过去古书行业的从业人员来说，他们文化水平大多有限，业务工作繁忙，没有时间和能力去阅读古书，自然就难以对古书的内容有多少真知灼见。不过要说是对内容一窍不通却也不然。过去旧书店人员对一部书卷数多少、内容完缺，这些荦荦大者还是有所了解的。像乾、嘉时期的钱听默（字景开）、陶珠琳（字蕴辉，号五柳）等人，像近代的孙殿起、王文进等人，对书的内容也有一定的了解。

对于古书赏鉴家而言，对书的内容就更为关注。像人称佞宋专家的黄丕烈，虽然经常为人所讥弹，但从他留下的题跋看，往往得到一部秘本，不等过夜就挑灯急校，发现异同，其乐洋洋。只是赏鉴家本业就是欣赏鉴定古书的版本，对于内容的关注也停步于这个范围之内，校勘进而整理古书，这不是他们的事情。

对于今天的版本学研究者而言，提高对古书内容的关注显然是一个重要的努力方向，值得给予特别的重视。在全面了解中国古文献研究内容的基础上，有机会可以校勘整理一部古书，这对深入了解古文献学的具体工作大有帮助。

2.总结成果

通过具体工作，对一部部古书的形制和内容进行了细致的观察和研究之后，我们就会有所发现，这时就要及时把我们的体会和心得记录下来。民国初年，北京琉璃厂旧书店通学斋主人孙殿起先生，从业时发现了值得注意的古书，就写个条子放进帽筒之中，到一定时候倒出来整理一下，积攒多了，就写出一部《贩书偶记》。长期以来，我们查考清代著作，都离不开这部书。孙殿起还编了一部《丛书目录拾遗》，专门收录丛书书目没有著录过的丛书。丛书情况很复杂，丛书书目一般都没有详细的记载，这种拾遗补缺的工作也很重要。

琉璃厂旧书店的从业人员很多，但是像孙殿起这样的有心人却不多。他们都有丰富的经验，可是文化水平不高，拙于著述，结果许多宝贵的经验就埋没不传。孙殿起若不是得到著名藏书家伦明等人的鼓励和教导，怕也未必能走上著述的道路。文禄堂主人王文进则是另一个有志目录版本之学的人物，他的兴趣在宋、元、明善本，民国初年许多珍本都曾经眼，出版过《文禄堂书影》《文禄堂访书记》等书，一些重要的善本古籍就在他的书中留下了踪影。他还计划编纂明代版本书目，积稿数十册，毛笔书写，字迹工整，如今存在北京中国书店[1]。像这些人都给我们做出了很好的榜样，他们没有受过正规的教育，在日常工作的暇隙之中创造条件，记下自己的见闻，给我们留下了珍贵的文献资料，不能不使我们肃然起敬。

我们在日常工作之中，只要多留留心，多看几眼，随时都会有新的发现。这时就要随时记录心得，写成简单的札记。这一点十分重要，打着了鱼，就得及时收网。有些发现若不随时记录，事过境迁就会忘记。

为了及时总结和深化自己的心得，建议定期检查自己的札记，有重点地进行一部书或一个专题的研究工作，写成文章，公之于世。这样，不仅自己能有更多的收获，而且能让大家共享自己的心得和成果，共同协作，推进学科的建设。

更为重要的是要持之以恒，数年甚至数十年如一日地干下去。文史方面的研究工作大多要靠很长时间的积累，涓滴不息，最后蔚为光耀史册的事业。

就目录版本之学而言，无论我们对《书林清话》评价如何，都不能

1　王文进《明代刊书总目》二十六卷，1947年稿本14册，已于2016年拍卖。

不承认，迄今为止，它是无可取代的经典著作。看看这部书的内容就可以知道，它是叶德辉多年积累的成果，最后在1920年第三次校订印行。

叶昌炽的《藏书纪事诗》是另一部经典著作，我们都知道这部书最初的江标刻本是六卷，出版后叶氏发现有些问题不满意，几年后自己重刻了七卷本，在序言中一再遗憾初刻的贸然。如果我们再看看国家图书馆收藏的黄国瑾的抄本，就可以进一步发现叶氏从草创到六卷本、再到七卷本是怎样一个漫长的锲而不舍苦苦追求的过程。

一个学科就是这样，从积累经验开始，总结成果，发为著述，一步一步走上学科建设和发展之路。

3.蔚为理论

理性分析是科学研究的必由之路。所谓理性分析，蔚为理论，就是步步分析"为什么"。我们发现了一个现象，总结出一条规律，结论是"有A就有B"。那么我们就可以进一步找出这个现象的来由，分析它是由哪些因素得出的结论。如果我们对于古书的版式规律有所发现，比如说发现宋本是一整叶多少行，一行就有多少字，那么进一步就要想，如果这是宋本版式的规律，那何以如此呢？它一定是某一因素支配的结果，不会是碰巧大家都不自觉地使用了这个版式。一旦分析下去，我们就会想到这是不是像古希腊人认同黄金分割那样，决定于宋人的审美观；是不是受对象形态的影响，决定于汉字结构的自然倾向，如此等等，一步一步地深入下去，视角就会一点一点扩大开来。

这样的分析可能有助于肯定我们的经验结论，也可能最终否定我们的观察所得。无论肯定还是否定，我们对宋本版式的理解都提高了一个层次，进入了更高的境界。我们会把宋本版式的研究跟元、明、清本联系起来，会把版式的研究跟汉字的体式联系起来，会把书籍的版式跟社会风气、民俗等人文因素联系起来，扩大了我们的视野，也加深了对事物之间的联系的认识。

这就是理论分析的作用，这就是理论分析推进我们对客观事物认识的过程，而这也就是科学的发展历程。

4.构成体系

我们不能满足于仅仅对事物有点点滴滴的经验，不能满足于仅仅对个别的现象有一定概括性的认识，我们需要的是把我们对一个学科的点滴经验和个别的理论认识组成有理性的系统观念。

钱学森教授说：

> 在今天，如果从实践和实验总结出来的规律，不能纳入科学技术体系中安放好、就位，那这部分规律就未入科学技术的殿堂，只能算是知识，尽管也很有用，很珍贵，但不是现代意义的科学。当然，科学技术的体系也是发展的，科学技术的殿堂也要翻修改建，但整个科学技术（包括自然科学、社会科学、数学科学、系统科学、人体科学、思维科学、军事科学和文艺理论）是完整的，一体化的，这不能忘记！[1]

我们提出这个系统的科学观，为的是让几百年来逐渐发展起来的对于古书版本的研究更上一层楼，从耳濡目染的感性认识，从片断

---

1 林定夷：《科学研究方法概论》，杭州：浙江人民出版社，1986年，第502页。

的理性思考，升华为一门有实践也有理论的学科。从这个角度看，相对于先民留给我们的浩瀚无垠的书海，我们的研究还仅仅处在起步阶段，这是一项需要大家共同努力完成的文化建设事业。

说到版本之学，我们说过《书林清话》是一部成功的经典之作。如果细看一下，也许会认为在哪一个局部也没有多少惊人的发现和创获。如果这样讲，那就忽视了它的真正的价值所在，即把关乎古书刊印出版的有关记载加上个人的认识汇为一体的编排结构。这是个编排和理解系统，它给有关的知识分门别类，加上了有条理的类别和安排，使它们各得其所。这就像商品一样，百货大楼的商品种类繁多，但是按照商品的性质和用途各归各类，井然有序。如果不加分析地堆积在一个大厅里，商品的管理和顾客的采购都会茫茫然而不知所从。知识要汇为一个有条理符合逻辑的系统，这样才便于我们学习和使用，《书林清话》能被推为经典，原因就在这里。

二　从刊印过程说起

古籍版本学的工作起步于研究一部部古书的价值。分析古书的价值要从内容和形式两方面入手，传本数量多少也是需要考察的重要因素。也就是说，内容、形式、流传是一部古书的三个价值因子。

下面我们就从这三个方面，尝试对版本学领域的部分课题做一些观察和思考。先作综括的说明，然后举出一些实践中遇到的事例。我们首先从刊印过程说起。

中国的古书绝大部分采用雕版印刷。这种印刷方式发明最早，其具体操作程序，首先把要印的文字写在薄格纸上，这叫写样；再把写好的样张反贴在木板上，按照背面映出的字迹用刀雕刻出字来，制成一块块版片；然后版片平放，把有字的地方刷上墨，再把纸铺在版上，略略压一压，字迹印在纸上就是一张张书叶，装订起来就是一册书。雕版印书的道理跟用图章盖印一样，只是图章轻便，可以手执印章压到纸上，而版片笨重，不得不把纸压到版上，方向相反罢了。

雕版印刷是我国古代正宗的印刷方法，印刷的古书最多，也最受喜爱。特别是书家写样袅娜多姿，名匠奏刀宛转自如，印出书来简直是艺术佳作，令人玩赏不置。

（一）雕版印刷的流程

一部书从开始编纂、着手雕刻起，到以种种原因版片报废为止，只要没有其他的变故，中间可以有一个漫长的发展演变过程：

编稿→制版→印刷…（加工）…→转手…（加工）…→重刻

每一步都容许有一些变化，不是简简单单的流水作业，铁板一块。不妨看看每一步有哪些可能的花样。

1. 编稿

编稿过程涉及的是书的内容。从编稿者角度看，书稿可以随时修改更动，这是一部书的"履历"的一部分。无论从学识上看对于书稿的历次修改应该给予怎样的评价——例如改稿说不定不如初稿，有的诗词作品就是这样——书稿的所有更改都是编稿者的认识水平、思想境界和心理变化的反映，都具有值得后人研究的史料价值。如果能够获得一部书稿在编稿过程中出现的不同文本，我们就能获得许多额外的信息，说不定会对作者的思想发展过程、社会环境或人事活动有重要的发现。我们评定一部书的稿本、不同时期的抄本和作者的校本的价值，注意的就是这个方面。这里我们特别需要注意初编本。

一部书从草创到最终作为定本问世，可以有一个积少成多逐渐发展的过程。在这个过程中，书的内容可以修改，也可以增删。这些书稿刻印出来以后，就形成了不同时期的印本流传开来。书稿可以一编再编，不同时期刻印的本子也就有不同的内容。粗粗地分一下，早期书稿的印本可以叫作初编本，后期书稿的印本可以叫作重编本或再编本。

我们现在对一部书做修订或增订时，可以用原版，也可以重排。古人也是这样。重编本可能另行刊刻，不用旧版。也可能还使用初编的旧版，加刻重编的内容，整部书的版片就是一个前后相续的刊印过程。如果时间比较长，就可能过一个阶段增加一些内容，随刻随印，不同时期的印本内容各不相同。中间印本内容可能少于完工之后的印本，如何命名就是需要考虑的问题。这里姑且不作区分，不管是不是用旧版，早期编印的本子一律叫作初编本。说起来，初编本可以叫初刻本，重编本可以叫重刻本。如果不加分辨，就作为两个独立的版本处理。二者内容有什么不同，在提要、叙录乃至书志中会有所说明，一般并不反映在书目著录的条目之中。

最常见的初编本是别集和丛书。我们知道，诗文集的内容都是积少成多。一篇文字写成后，也可以刻版刷印若干赠送友朋。我们看到有些别集各篇文字自成起讫，一篇结束另起一叶再刻下一篇。这分两种情况。一种是，各篇文字原来是随时刻印，积攒多了，把版片汇总在一起印出来就成了集子。情况很像是现在我们发表论文时，每一篇给一些单行本，各篇订在一起就是一册论文集。另一种是，刻版时因为某种缘故还没有编好全书的目次，各篇独立就便于最后统一编排重定序次。现在看几个例子。

吴梅有阮元一篇文字的抽印本，《吴梅日记》说：

> 检敝麓得阮元《南北书派论》，为单行大字本，有"阮元之印""擘经老人"两方印，当是选刊赠送之物，故有文达二印。中有朱笔涂乙处，细按笔迹，即出文达之手，此当是晚年校订者，弥可宝贵矣。[1]

阮元的《擘经室集》通行的本子是道光汇印本。曾见早期单印本一册，封面作"擘经室文集"，仅24篇，各篇独立；不分卷，版心刻有韵目字，按《佩文诗韵》序次编排，从"东"到"庚"，"元"字有两篇；文字跟汇印本也有不同之处。

清代散文名家方苞的文集先有乾隆王兆符、程崟编辑本，程氏序言说"各从其类，而不敢编次卷数"。嘉庆十七年（1812）曾孙方传贵编外集，说："当王、程编集时，文自为篇，不用古人刻书首尾相衔之法，恐编后复有所增加也。今传贵意亦正然，故刻书仍用其体焉。"[2] 所

---

1 吴梅：《吴梅全集·日记卷》上《瞿安日记》，石家庄：河北教育出版社，2002年，第4页。
2 《传贵刻外集跋》，见：[清] 方苞：《方苞集》，刘季高校点，上海：上海古籍出版社，2008年，第910页。

谓不用首尾相衔之法，是指各篇文章不连接在一起，这就是各篇文字独立的本子。所以如此，一个原因是便于随时增加文章，另一个原因是编书者不敢自作主张确定各篇文章的先后次序，以免遭到指摘。

一部规模很大的丛书大都包含很多种书，经常是一边编集，一边刻，全部刻印出来就需要很长的时间。刻印过程中随时刷印，种数逐渐增多，初编本就比后期子目要少。关于丛书，下文还要专门讨论。

仔细分辨起来，初编本后续也有不同的情况。第一种情况是，一部文集先刻一部分，后刻一部分，两部分前后衔接，基本上不混合，这种类型可以叫作增刻。第二种情况是，先刻部分和后刻部分内容混合在一起，重新编订目次，这种情况可以叫作增刻重编。

对于有初编和重编的书，注意不要把初编本误认作残本摈弃不顾。一部书印出以后，流传过程有了残缺，那是残本或残书。而初编本印出的时候就是那些内容，并没有缺失。这一点值得注意。因为初编本往往比较少见，学者和藏家都会给予特别的关注，而残本一般不受欢迎。

一副版片有先刻一部分后刻一部分的情况，后刻的部分可以叫作续刻或增刻，这时候注意不要把二者割裂开来，作为两个刻本。沈钦韩的《幼学堂诗稿》十卷《文稿》四卷有嘉庆刻本，后来《诗稿》刻至十七卷、《文稿》刻至八卷，《中国古籍善本书目》把前者著录为"清嘉庆十八年（1813）刻本"，后者著录为"清嘉庆刻道光续刻本"，没有说是嘉庆哪一年[1]。王欣夫先生（名大隆）的《蛾术轩箧存

---

1 中国古籍善本书目编辑委员会：《中国古籍善本书目·集部》，上海：上海古籍出版社，1998年，第1266页。

《幼学诗稿》 清嘉庆十八年刻本

导论 古籍版本研究和收藏面面观 | 15

幼學堂詩稿 嘉慶丙辰季夏起至十月止

吳縣 沈欽韓 文起

白紵舞辭二首

金泥作燭輝高堂纖要束素搖明璫含聲含喍中心藏春
風一舉羅襦香翚仙來下鸞皇翔嗋呷萃蔡飄華梁迴腰
欲裹神洋洋珠塵不動凝清光歌聲嫋嫋進洪梁朱顏微
酖雙眉長含意欲申牽柔腸萬歲千秋樂未央
金屏匝低羅帷象牀纖手翻氷絲著來輕軀宜不宜釵
聲玉色委瑤埠襄回翔舞不自支流風迴雪絶世姿如行
似止合還離含嬌弄態偏遲遲可憐無比好要支橫波流

善本书录》就著录为嘉庆十八年、道光八年（1828）递刊本[1]。至于王鸣盛的《西庄始存稿》三十九卷本（又名《西庄居士始存稿》）和三十卷本（又名《王西庄先生诗文集》），《中国古籍善本书目》著录前者为乾隆三十年（1765）自刻本，后者为乾隆三十年自刻乾隆三十一年重修本[2]。二者版式字体完全相同，只是后者内容少、卷数不同而已，这也是一个重编的例子。

2. 雕版

一部书稿从写样上版开始，版片由少到多，直到全书告成，一副版片完工，这是雕版过程。这个过程的要点在于书的形式。

这个过程第一步是写样，写样要跟书手打交道。书手是什么人，字迹有无特点，有无时代风格，这是一个值得关注的要点。因为书写风格经常有时代特征或地域特征，这是版本鉴定中观风望气的一个重要根据。

第二步是镂版刻字，刻字要跟刻工打交道。刻工是什么人，刀法是否成熟，有无流行特点，这也是一个值得关注的要点。因为刻工的雕刻方式同样有助于判断版本的时代，最显而易见的是，无论翻刻时多么认真，跟原刻也有明显的差别。

雕版过程可长可短，有时雕版从开始到完工会拖得很久，明嘉靖袁褧嘉趣堂刻《文选》有袁氏识语，说从嘉靖十三年（1534）开工到二十八年完工，历时16年。如果中间出现什么变故，像明刻《豫章黄

---

1 王欣夫：《蛾术轩箧存善本书录》，上海：上海古籍出版社，2002年，第1623页。
2 中国古籍善本书目编辑委员会：《中国古籍善本书目·集部》，上海：上海古籍出版社，1998年，第1181页。

先生文集》，从弘治（1488—1505）开始到嘉靖六年（1527）完成，时间就更长。时间一长难免会发生一些变故，比如先刻成的版片损坏，就需要修版甚至补刻。

3. 印刷

印刷过程需要注意的，第一是印本的内容，第二是印本的形式。我们来看几种值得注意的情况。

特印本

雕版完工后，往往要用好纸好墨精印若干部，最初印的几部大抵是红色或蓝色，这些印本可以叫作特印本。特印本的质量和效果不同一般，价值远非普通印本所能企及，值得珍视。清代刻本一般都是普通的竹纸或连史纸墨印本，清前期印本有的用所谓纸白如玉的开化纸，还有"色疑金粟"的太史连纸。讲究的文人雅士也用皮纸、棉纸、宣纸印书。清末以来兴起赏鉴之风，各种特印本应运而生。像淮南书局刻的《复古编》和《四书章句集注》就有日本皮纸初印本。民国初年好古的赏鉴家印制的特印本使用明代旧纸、高丽纸、公牍册子纸、棉纸、罗纹纸等，都十分珍贵。

李一氓先生的《一氓题跋》说，吴昌绶《仁和吴氏双照楼景刊宋元本词》中张孝祥《于湖居士乐府》较为特殊[1]。这部书有袁克文的特印本。袁氏说最初一种印本是用明装书中的衬纸和乾隆御制墨

1　吴昌绶于1911年至1917年间刊《仁和吴氏双照楼景刊宋元本词》17种。陶湘于1917年至1923年续刊《武进陶氏涉园续刊景宋金元明本词》23种，后陶氏又补辑3家，共26家。后来出版者将两者合刊，合计43家，统称《景刊宋金元明本词》。

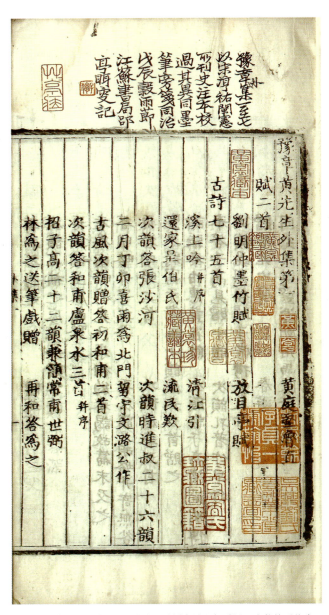

以宋泮祐闕憲
所刊史注本校
過其異同墨
筆安幾幾同治
戊辰穀雨即
江蘇書局刻
亭明受記

《豫章黃先生文集》 明弘治叶天爵刻嘉靖六年乔迁、余载仕重修本

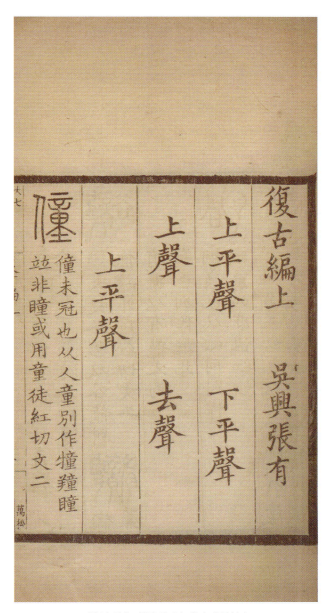

復古編上 吳興張有

上平聲　　　下平聲

上聲　　去聲

上平聲

僮　僮未冠也从人童別作㩣鐘瞳並非瞳或用童徒紅切文二

《复古编》 清光绪八年淮南书局刻本

精印的。李氏又得到一种白宣纸本，当是袁氏加印赠人用的[1]。

我们知道，黎庶昌在日本刻的《古逸丛书》初印有美浓纸、皮纸印本。版片运回国经过上海县署时，清末民初著名藏书家铜井文房主人莫棠曾用佳纸印若干种，由于刷印方法不同，已经不如日本印本。等到交由江苏书局刷印以后，纸墨更差，效果完全不同。据莫棠说日本印本不足二百本，如今已难见到。

校样本

雕版初成时，校刊者用来校修文字的校样大都出于学者或名家之手，尤其值得珍视。像汲古阁刻《说文解字》初印本有毛扆（字斧季）校修批注，嘉庆、道光时就为学者所重视。因为通过毛扆的校改，可以看到毛本怎样从底本开始，一步步修改成正式印本的样子，中间有哪些地方修版改字时出现了错误。段玉裁看到毛扆的五校本后，甚至专门写出《汲古阁说文订》指出修版的失误[2]。现在不仅毛扆校本珍如球璧，即使汲古阁刻《说文》的初印未修或初修的本子也已经是难得的珍本，莫棠得到半部初印本后，说是"乾嘉老辈业以为稀有可宝，况今日乎"，还要花费心力用淮南书局翻刻的汲古阁第四次印本把它补全。

清道光车秋舲刻的《舆地碑记目》校样本，有些叶子还是红印，笔画锋颖毕现，钤有"积学斋徐乃昌藏书"印。全书有不少地方有墨笔校改。卷四末原接刻顾广圻（字千里）的《校刊舆地碑记目叙

---

1 李一氓：《一氓题跋》，吴泰昌辑，北京：生活·读书·新知三联书店，1981年，第171–173页。
2 [清] 段玉裁：《经韵楼集》，上海：上海古籍出版社，2007年，第372–373页。

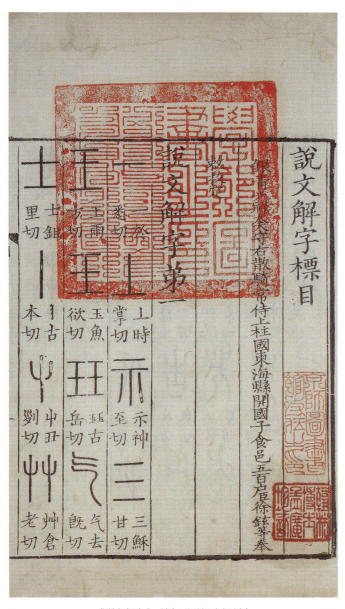

《说文解字》 清初毛氏汲古阁刻本

录》，叶码连续；版心墨笔改为"叙录"，并单独编叶码。

清徐时栋刻的《宋元四明六志》有校样本存世，书上有徐时栋和他人的朱墨笔批注，有校字和修版的详细指示，也有随时记下的别本异文，极为可贵。

初印和后印

版片刻完后最初刷印的几十部书字画锋颖毕现，筋骨嶙然，叫作初印本。随着刷印次数的增多，笔画逐渐失去锋芒，难免有模糊断缺之处，于是有中印和后印的名目。作为艺术品欣赏，初印本绝对不是中印和后印所能企及的。

初印本不仅外观精彩，内容跟后来的印本也会有一些差异。首先是，初印本可能有些地方还没有来得及校改，遗留个别错误。特别是内封、序跋、题词乃至卷首、附录等，后来往往会有更动。如光绪二十四年（1898）况周颐辑刻的《薇省词钞》，初印本书前王鹏运题词有衔名，卷十第二十一叶文廷式词有错简，与后来的印本不同。这种情况在校样本上看得十分清楚，校者有注，说明应该怎样修改。清乾隆刻顾贞观的《弹指词》，初印有错字，后来一一改正[1]。

我们有时候会看到有些初印本中有墨钉，而后印本已经把字补上。曾见朱师辙的《黄山樵唱》红印本，其中有墨钉，已用墨笔填上文字。像这些细微之处，只要我们仔细翻翻书，经常会有所发现。

初印本的序跋、附录、校勘记等附件，不一定完备。往年曾得到清光绪谭献刻的一部《白香词谱笺》，极初印本，墨色浓

1　详参林夕：《闲闲书室读书记》，桂林：广西师范大学出版社，2011年，第111–116页。

郁，里面就没有丹徒李恩绶的序。该书刊记写明"光绪乙酉秋仲刻成"，序言落款"丙戌清明前六日"，序是后补的，初印本自然没有。

清道光刻宋赵闻礼编的《阳春白雪》，赵万里先生在《校辑宋金元人词》中亟称瞿世瑛清吟阁刻本后附校勘记三通为善。按：那是瞿氏看到秦恩复刻本后重校修版的本子，最初印本没有校勘记。

清乾隆秦黉刻《封氏闻见记》极为罕见，赵贞信先生整理此书时所见傅增湘双鉴楼藏本后有校勘记一叶。这一叶也是初印本没有的。

虽然一般是后印本附件比较完备，但也存在与此相反的情况，那就是初印本的序跋后来的印本反而没有了，当然这种情况比较少见。

内容的盈绌、卷叶的多少是版本研究的一个重要着眼点。这一点对于宋元旧刻尤其重要，因为版片流传时间一长，难免会有损坏，缺叶多少是刷印早晚的一个标志。这方面的工作应该引起我们更多的注意，这有利于把我们的版本研究推向更高的层次。

4. 加工

版片从完工开始印刷起，可以有修版、补版、增刻等几种加工方式。这个过程同样涉及一部书的内容和形式两方面。这一部分，我们在后面细谈。

（二）古书印制流程的启示

现在我们顺着一部书印刷出版过程走下来，对可能遇到的种种情

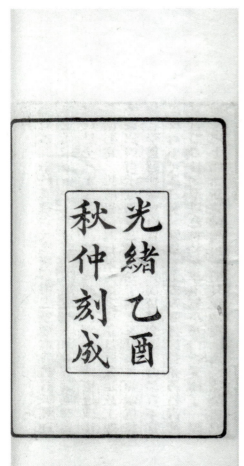

《白香词谱笺》 清光绪十一年刻本

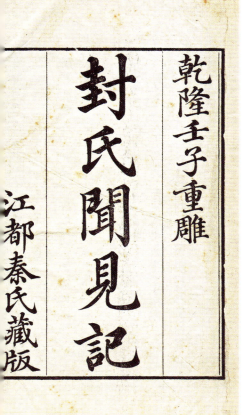

乾隆壬子重雕

封氏聞見記

江都秦氏藏版

封氏聞見記卷第一

唐朝散大夫檢校尚書吏部郎中兼御史中丞封演

道教

本自黃帝至老君祖述其言故稱爲黃老之學戰國之

時圉寇蒙莊之徒著書咸以黃老爲宗師圉寇天瑞篇

引黃帝之書曰谷神不死是爲牝牡牝之門是爲天

地根綿綿若存用之不勤此章黃帝之言而存五千之

內則老氏所書同出巳明矣其後學道學儒學墨諸家

末必有佛教一條疑脫去　分門各爲一教漢武帝進

用儒術黃老由是見廢後漢桓帝夢見老子詔陳相孔

案此所云墨卽指佛氏言卷

《封氏聞見记》 清乾隆秦黄刻本

况略加说明，待我们看完整个过程，应当可以得到一些启示。

1. 所谓"一个版本"

第一点是，名义上是一个版本，其实它包含着的是可能有这样那样不同的一些印本，而不是本本如一的一个整体。用我们今天的眼光看，古书刻本的一个版本，至少有几次印本，很可能还有第一版、第二版、第三版等几个不同的版次。想想今天图书的不同印次和版次之间可能有什么差异，也就可以知道古书的所谓一个版本，会是怎样的情况。

只要我们跟古书打交道，无论是利用其中的资料做学术研究，还是对古书本身做版本鉴定，都必须对这一点了然于胸次。引用古书的时候，我们习惯注明所用的是什么书、什么版本，但是不能不清醒地认识到我们其实是使用了那个版本的一个印本，那个印本可以在一定程度上代表那个版本的一些特点，但是它很可能远远不是那个版本的全貌。如果认识不到这一点，误以为它就是那部书、就是那一版，说不定会出现什么偏差。

对于古书的版本鉴定来说，一个版本可以包括多种印本，不同的印本之间可以有内容或形式方面的差异，这无疑对版本学工作者提出了更高的要求。我们看到一部书，不仅要知道它是哪一个版本，还要知道那个版本有没有不同的印本，如果有不同的印本，怎样把它们区分开来。

一个版本的不同印本间除了内容和形式方面的差异以外，传世数量也会有所不同。了解了这些情况，就能更为正确地评定一部书的价值。许多书的初编本、特印本原来印数就不会多，流传到今天更为珍稀。国家图书馆传统上就很重视书的初编本，一些初编本已经收入善本书库。

当然具体情况还要具体分析，有些重编本比初编本还要罕见。其原因大多是重编之后没有来得及大量刷印，版片就毁坏无存了。像沈钦韩《幼学堂诗文集》（卷端题"幼学堂诗稿""幼学堂文稿"），初刊本就很少见，而有续刊者更不易得。

上述这些复杂情况，给目录版本学者提出了更高的要求，归结起来，最重要的就是认真看书，不仅要看书的表面特征，还要看书的内容。每看到一部书，必须认真地翻阅一遍，记下内封面、目录、序跋、刊记等要点，而且要注意各卷开头处署名方式，何人撰、何人校、何人刊都是重要的资料。像宋刻本《说文解字》，卷首的署名有的是"许慎"，有的是"许氏"，这就跟宋代的帝讳有关系。如能摘要记录卷数、内容，则获益更多。以后看到同一部书，就可以翻开笔记，进行核对，比较不同印本的异同。一部书一部书地看，随时记录，随时比较，我们对古书版本的真知灼见就是这样一点一滴地积累起来的。

2. 古书的完缺

对于一部书，我们最关心它完整不完整，有了残缺就是残书，价值大损。过去旧书店遇到残书通常是放到后屋，不能配全，就不上架。遇到名贵罕见的本子，实在难以配全，就要设法抄补齐全。

既然一个版本在不同时期有不同的印本，内容有多有少，那么内容较少的本子是不是残书就是个需要探究的问题。像沈钦韩《幼学堂诗文集》嘉庆十八年（1813）刻本卷数少，道光增刻后卷数多，嘉庆印本是不是残本？而查慎行《敬业堂诗集》四十八卷本，是不是缺两卷？大量的初编本都存在内容较少的现象，知道它们是初编，本来如此还好，否则肯定会斥为残本。

按照通例，如果书印出来的时候本来就看作一部书，哪怕看作一个选本，也不能视作残书；它在流传过程中有了短缺，才是残书。如果一个作者的一部文集，先刻印了二卷，后来写的稿子多了加刻了一卷，变成三卷本，再后来又加刻到四卷本，那么按照惯例我们只能把它们分开著录，各立一条，书名可以相同，但是下级卷数不同。这里需要我们特别注意的是，要博闻多识，了解不同印本的存在，不要把一部初编本当作残书打入冷宫。

对于不同时期的印本，怎样命名才能既把它们区分开来，又能表示出它们同属一版，这是个问题。初期印本内容较少，按说用"初印本"最符合实际情况；可是"初印本"习惯上用来指一副书版刻成后最初刷印的、字迹崭然、清晰可观的本子，无关乎内容多少，已经有固定的含义，不便挪用。

这里我们要特别谈谈丛书的问题。一部丛书刻印有一个过程，往往先印几种，逐渐增加，积少成多，最后汇成全书。若按照诗文集印本卷数递增时的处理方法，那么种数不同的丛书，著录时也就有资格各成一条，书名是一个，但是下面所列的种数不同。要是有这个观念，我们对丛书就要有新的认识和新的研究了，因为像《中国丛书综录》那样，每一种丛书都规定一个标准子目，就不够——它反映的是一部丛书的某一次印本的子目，而不是一部丛书的一个版本的身世和经历。

丛书的情况相当复杂，有时候一批版片可以互相组合，一个组合就可以成为一部独立的丛书，这种现象尤其值得研究。明代后期，书坊之间似乎就流传着这样一批版片，拼凑一下，加上个名目就成为一种丛书，如今传本都不多，要一一梳理清楚很不容易。像明代胡文焕编刻的《格致丛书》，全目很难查考；明末刻的《说郛》则版片混杂，初印、后印情况复杂，真相不明，详参昌彼得先生的《说郛考》[1]。这些都是值得认真研究的课题。

清代丛书也有这种情况。有些丛书最完整的印本到底包括哪些书，现在并不十分清楚。《中国丛书综录》著录的子目力图反映每一部丛书的大全集的面貌，但是过犹不及，部分条目因此失实。像杨尚文编的《连筠簃丛书》，《中国丛书综录》著录的是道光二十八年（1848）刊本[2]，但是所列的子目跟道光二十八年刊本书前子目表不同，有几种书当时显然还没有刻成。相反，有些丛书所列的子目不全，像胡珽编的《琳琅秘室丛书》，《中国丛书综录》著录的是清光绪十三年（1887）、十四年董金鉴木活字重排本，只有四集[3]。其实咸丰胡氏木活字排印本原有五集，如今第五集已经无人提起，但是第五集零种还能看到，有没有第五集全书，很有必要加以寻访。

《中国丛书综录》给每一部丛书列出一份子目，不能反映它们每一次印本的内容。阳海清先生编补录[4]，列出了一些馆藏本的实有子

---

1 昌彼得：《说郛考》，台北：文史哲出版社，1979年。
2 上海图书馆：《中国丛书综录》（第一册），上海：上海古籍出版社，1982年，第184–185页。
3 上海图书馆：《中国丛书综录》（第一册），第192–193页。
4 阳海清：《中国丛书综录补正》，扬州：江苏广陵古籍刻印社，1984年；阳海清：《中国丛书广录》，武汉：湖北人民出版社，1999年。

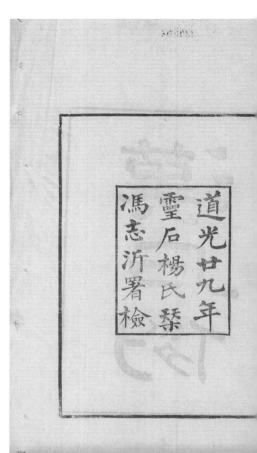

《连筠簃丛书》 清道光灵石杨氏刻本

目，反映的就是同一部丛书不同印本子目的异同。这项工作深入下去，对于了解每一部丛书的刷印历程很有帮助。像清末民初朱孝臧刻的《彊村丛书》，一般都著录为民国十一年（1922）校印本[1]。其实这部丛书从清光绪年间开始陆续刻印，先是以天干排序分集刷印，有所谓甲、乙、丙、丁诸集，每一集四册，大概一直出到八集三十二册；以后才有民国十一年汇印本，之后还在增订，像《龙洲词》民国十三年还有增补。

丛书是一个丰富的宝藏，有许多人所未知的内情，值得认真开发。当然这项工作难度很大。首先是丛书都是大部头，动辄几十册，有的甚至几百册。像这样的宏编巨帙，翻一遍就要许多时日，要比较异同，还要翻上好几部书，想想花费的时间和精力，令人望而生畏。再说藏家得到一部就不容易，哪里会有好几部丛书并几比观的可能。客观条件的限制，要求我们付出更多的劳动和坚韧，去探索这个相对空白的角落。

3. 原版和重刻

从书版刊刻流程看，一副版片可以刷印许多次，印出来的本子是它的原版本；根据原版本翻印的本子则是重刻本。辨认一部书是原版印本还是翻版重刻本，这是版本研究的一个要点。

版片保存时间一长，难免磨损蠹蚀至无法使用，天灾人祸也会随时令版片报废。一副版片存世多久，刷印数量多少，这直接影响书

1《中国丛书综录》著录为："民国十一年归安朱氏刊本。"见：上海图书馆：《中国丛书综录》（第一册），上海：上海古籍出版社，1982年，第906–907页。

的传世数量。有的书版刚刚刻成，还没有来得及正式刷印，就遽然损毁，无法使用。之前偶然刷印几部样本，有幸留存，就成了珍本，甚至是孤本。更不幸的是一部印本也没有留下，后人空自扼腕兴叹。年代久远的书没有传本还可以理解，有些书到今天没有多少年也稀如星凤，可见一部书或者一个版本要想流传几百年也不是易事。像清光绪常熟刘继增得旧抄本《南唐二主词》，整理重刻，书版遽毁，未曾印行。民国七年，无锡县公立图书馆重付排印，印本仍不多见，1957年王仲闻先生整理出版《南唐二主词校订》时就没有看到。这样的例子俯拾皆是。

"重刻"或者"重刊"有二义，其一是本人或本家重刻，与初刻对；其二是重刻前人旧书，如曹寅扬州使院所云重刊。重刻旧书时，一般是请人重新写样上版，至多行格跟原版一致，字体就可以随意。这样的重刻本跟原版的区别比较明显，把原版和翻版比较一下，就可以分辨出来。如果连字体也追摹原版，那就叫作摹刻、覆刻或影刻：一般是用薄纸照原版印本描摹，简单一点也可以临写，极少数是直接用原书印本上版。这时原刻本和重刻本面貌相似，分辨起来就麻烦一些。

重刻时一般要加上刻书者的序跋，说明刻书的经过，至少也会加上重刊的刊记。如果不加任何重刊标记，就有可能跟原版混淆。特别是摹刻，年代一久，缺乏文献记载，本来就很难分辨，再加上书商作伪，削去重刊痕迹，就更加扑朔迷离，难辨真伪。北宋本跟南宋本混淆，宋本跟元明本混淆，元本跟明本混淆，原因就在这里。清代也有这样的例子，比如清朝末年，淮南书局就曾覆刻前人所刻的佳本，常见的有《复古编》《东都事略》《四书章句集注》等，甚至原书刊记也照刻，只是在封面上写明淮南书局刻，版心下方有刻工名，可据以分辨。如果封面被撤去，那就注意一下版心的刻工，不要仅据刊记误作原版。

翻版覆刻本是刻意追摹原版，书法评论中有所谓"婢为夫人"，无论"形"多么逼肖，"神"总是会有些距离，所以总体风格总会有些个性，甚至不自然的感觉。清人叶廷琯《吹网录》卷四载，顾广圻曾撰序影刻明嘉靖吴元恭本《尔雅郭注》三卷，并刻戈襄跋，有戈襄、钮树玉印章，及张敦仁和袁廷梼等借读印章。后来版片送给门人程槼初，程氏把顾氏思适斋刻款改为"瀿意轩重刊"，并削去顾序、戈跋及袁、张、钮各印[1]。其他人以顾刻为底本另行翻刻，亦步亦趋，顾刻内封及款识一应俱全，骤然一见很难分辨。但是翻刻本卷末虽照刻"刘文楷刻"一行刊记，而刀法生硬，字迹呆板，不像名工之作。我当年初见此书时，看到的就是翻版本，而引起怀疑的也就是这一点。如果取原本并几比较，孰为原版，孰为翻版，立见高下。今日所见此书多为翻版，而且少有人知有原、翻之别，目录著录的本子大抵为翻刻本，却都混称顾刻，不能不加注意。

这里插说一句。如果有两个印本在手，要鉴定它们是不是同出一版，最常用的方法是比较相同的叶子的栏线和字迹是否相合。只是要注意，即使是同一副版片，版框有时也会有伸缩，相差可达半厘米，不要误认为是重刻。

1［清］叶廷琯《吹网录》，见：《续修四库全书》编纂委员会：《续修四库全书》第1163册，上海：上海古籍出版社，1996年，第51—52页。

精工的翻刻本酷似原版，差别只在几微之间，而事情千变万化，有时候也让人无从揣摩。版本史上一个令人迷惑的例子是唐陆龟蒙的《笠泽丛书》，虽然经过学者反复讨论，内情至今也未必完全清楚。我们可以确定的是，此书最初有吴门顾榉碧筠草堂仿元刻本，王岐手写上版，雍正九年（1731）扬州陆锺辉水云渔屋随即如式翻刻。陆版系覆刻，字画略瘦，两副版片不同，应该不会混淆。但是顾刻堂号为碧筠草堂，而陆版堂号却有碧筠草堂和水云渔屋两种，不同印本扑朔迷离，长期以来学者没有确论。叶德辉所藏所见至少有六七本之多[1]，《郋园读书志》卷七有三篇跋反复考索，仍为堂号所惑，错误地认为水云渔屋本乃陆本初印，碧筠草堂本乃陆本稍后印。吴庠和秦更年

---

[1] 叶德辉《郋园读书志》（上海：上海古籍出版社，2010年，第363–370页）记载各本如下：

（甲）叶氏题为"雍正辛亥江都陆锺辉仿元至元庚辰陆惠原刻本"。内封有"碧筠草堂重雕"，无重刊序跋。叶氏认为与姚觐元大叠山房刻本相同，姚本有陆锺辉跋，所以定为陆锺辉刻本。按：叶氏第二跋称与水云渔屋本逐字逐句核对，实为一版，与叶氏所见钤顾氏印、字肥大者不同，较水云渔屋本后印，框线多断裂。此本应是陆刻，但若说陆氏初翻用碧筠封面，则何以有此封面而后印却不可解。（一、二跋）

（乙）叶康侯、定侯弟兄藏本，后有陆锺辉跋，内封为"水云渔屋刊本"，初印精绝。与甲本同是一版，乙本印在前，甲本印在后。（一、二跋）三跋云陆本"清朝"不提行。

（丙）叶定侯藏本，无年月序跋，卷首首叶钤有"中吴顾榉手校重刊"八字朱文篆书长方印，字画较陆本肥大，与甲本不同。叶德辉称为吴门顾榉重刊陆本。（一、三跋）

（丁）碧筠草堂重雕元至元庚辰陆惠原刻本。叶氏藏四十年不知何人所刻。

（戊）上海杨寿祺来青阁见一本，内封为"碧筠草堂重雕"，卷首钤"中吴顾榉手校重刊"八字朱文篆书长方印。按：有印，显然无仿帖。

（己）书贾李子东处见一本，亦碧筠草堂本，叙目下钤"碧筠草堂"四字朱文篆书大方印。按：此为四字方印，与他印不同，疑是顾氏自藏本。亦无仿帖。

唐賢陸龜蒙字魯望三吳人也幼而聰悟通六
籍尤長於春秋常體江謝賦事名振江右與顏
蓋皮日休羅隱吳融為友性高潔家貧親老屈
與張搏為湖藕二郡佐嘗至饒州三月無所詣
刺史率官屬就見之龜蒙不樂拂衣去居松江
甫里多所論誤著吳興實錄四十卷松陵集十

重刊校正笠澤叢書

叢書甲

陸魯望文集序

《重刊校正笠泽丛书》　清雍正九年陆锺辉水云渔屋刻本

都精于版本之学，而且又有好几个本子做参考[1]，本来已经定"碧筠草堂"为顾刻，"水云渔屋"为陆刻，但是突然见到一本版为陆刻，却有"碧筠草堂"封面的，二人苦思之后，认为陆氏初印本封面确作"碧筠草堂"，后来改刻"水云渔屋"[2]。王欣夫《蛾术轩箧存善本书录》也曾引证与顾、陆同时的姚世钰的《孱守斋遗稿》中的记载，说明了顾、陆二刻的传刻实情[3]。今《中国古籍善本书目》著录顾氏碧筠草堂和陆氏水云渔屋两刻，其实二者关系十分复杂，封面和钤印有许多花样，恐怕还有隐情为今人所不知，梁颖先生曾为文详考[4]。

重刻本内容不一定跟原刻完全相同，治学之士不能不三致意焉。清周济的《词辨》二卷道光二十七年（1847）潘曾玮初刻有序，光绪四年（1878）江苏书局重刻本下卷苏轼的《贺新凉》"乳燕飞华屋"

1 秦更年所见各本，至少有：
 （甲秦）无重刻序跋，无书面印记，不辨为何本，"清朝"提行。辛未夏见陆本，"清朝"连写，有雍正辛亥陆跋。
 （乙秦）书面题"碧筠草堂重雕"篆书，首页边栏外有"中吴顾楗手校重刊"八字朱文长方印。与甲秦同一版刻。
 （丙刘）刘范吾藏本，封面题水云渔屋刊本，据甲秦、乙秦二本覆刻，有四点证据。补正顾本之处有痕迹，为别一人所书。版已微有漫漶，仍题"水云渔屋"，秦氏以为叶说不确。有甫里先生像、小名录，有自跋。
 （丁吴）陆刻初印，封面篆书"笠泽丛书"四字，小分书"碧筠草堂重雕"六字，与顾本同，但与乙秦笔画肥瘦、边栏断缺不符。与戊吴同版。
 （戊吴）陆刻稍后印，丁卷四页微有漫漶，增入甫里先生像，封面改为楷书，改为"水云渔屋"。与丁吴同版。大叠山房刻本翻陆初印本，陆刻校改多处，姚本未改。
 （己陈）顾刻，一本桃花纸本，一本皮纸本，一本后附木刻启事一则，所谓考异皆无。
2 秦更年：《婴闇题跋》，秦蓁整理，北京：中华书局，2018年，第118–123页。
3 王欣夫：《蛾术轩箧存善本书录》，上海：上海古籍出版社，2002年，第244–247页。
4 梁颖：《雍正刊本〈笠泽丛书〉之谜》，《藏书家》第9辑，济南：齐鲁书社，2004年，第17–25页。

一词改为李玉之作，卷末还增刻张翥《多丽》和康与之《宝鼎现》各一首，没有重刻说明，不知底本所出何处。徐珂刻谭献评本内容跟道光原刻本相同，与重刻本不同。今人整理的《清人选评词集三种》不知此书各本有异[1]，遽指谭评本更改原书，显然是误以为光绪重刻本出自道光本，不知二者原不尽同。此书道光本颇为罕见，通常所见都为光绪本，二者有此差异，学者不可不知。

　　一部书是旧版重印还是重刻，前人往往不加分辨，动辄视为重刻。在作版本鉴定查阅文献时，就要认真复核，不要贸然信从。像《金石录》一书，据洪迈《容斋四笔》和赵不谫跋所说，原刻于龙舒郡斋。传本有赵不谫跋，只说"且惜夫易安之跋不附焉，因刻以殿之"，并没有说重刻全书[2]。不料从《四库全书总目提要》以来，都说是赵不谫重刻，结果沿袭下来就以为《金石录》有两种宋本[3]。直到近年才发现原来赵氏是修版重印[4]。这个错误就是对文献的理解不够慎重造成的。

1　［清］黄苏等选评：《清人选评词集三种》，济南：齐鲁书社，1988年。
2　［宋］洪迈：《容斋随笔》，上海师范大学古籍整理研究所：《全宋笔记》第五编之六，郑州：大象出版社，2012年，第255–256页；［宋］赵明诚：《金石录》，《中华再造善本》，北京：北京图书馆出版社，2002年。
3　《四库全书总目》卷八六谓，《金石录》"初锓版于龙舒。开禧元年，浚仪赵不谫又重刻之，其本今已罕传。故归有光、朱彝尊所见皆传钞之本，或遂指为未完之书"（［清］永瑢等：《四库全书总目》，北京：中华书局，2003年，第733页）。
4　冀淑英：《冀淑英文集·影印宋本〈金石录〉说明》，北京：北京图书馆出版社，2004年，第203页；陈先行：《打开金匮石室之门：古籍善本》，上海：上海文艺出版社，2003年，第93–94页。

三 版本鉴定总说

版本鉴定是评定古书价值的基本工作，包括确定古书的印制时期、印制所在、印制方式和版本传承的来龙去脉。编制古籍目录时，确定古书的版本是最重要的一项工作。

以版本鉴定工作为基础，进一步就可以评定一部古书的价值，包括文献价值和文物价值。

现在根据个人的体会，同时也总结一下古往今来学者和藏家对版本鉴定的经验，提出一些值得注意的方向，与同好共勉。

（一）基础工作

1. 博通广览

傅增湘先生在比观宋刻《宋淳熙刊小字本通鉴纪事本末》各本，发现互有差异后，说：

> 设非尽取各本，森陈几案，一一条比而字推之，又乌能确知其差异如此乎！世人矜言板本之学，大氐穷搜目录，考其行款，或参摩书影，记其格式，遂谓纲要尽在是矣。然此第为寻行数墨者言耳。若欲确定年代先后，风气迁移，与夫修补、重刊、初开、晚印之异趣，非博通广览，亲见原书，殆未易以空言而悬决也。[1]

---

1 傅增湘：《藏园群书题记》，上海：上海古籍出版社，1989年，第130页。

这段话提到的是鉴定版本最常用的方法，翻阅已有的目录，观看已刊的书影，这就是我们一般都要做的工作。但是仅止于此还不够，进一步的工作是博通广览，去看原书，细细比较各本的异同。修补、重刊、初开、晚印，这些情况正是上文所述在观察刻版流程时的几个重要的着眼点。

当然，如果每一部都要去找寻原书，尽取各本，并几比阅，这不是一般人都能做到的事情。然而我们却不能因此停步，特别是不能忘记：如果没有尽见各本，没有认真比勘，我们的认识就总是会有一定的局限。特别是在宋元本的研究方面，这一点显得尤为重要。因为宋元本是最珍贵的文物，流传极少，获见更难。除非有高精度的珂罗版印本，一般影印之本都难以准确地传达其细微之处，这一点我们必须有足够的认识。

2. 广阅文献

无论做什么事情，都要做到知己知彼。研究一个课题，首先要广泛阅览文献，看看此前已经做过哪些工作。其次要对文献提供的资料作出认真的分析，看看哪些看法可信，哪些看法有待研究。然后才进行自己的观察和分析，得出自己的结论。

说到这里，我们不能不指出，目前文献检索查阅工作还存在不足。我们看到，有些文章在作出结论时，并不提原始文献。有些问题前人分明已经得出了结论，发表了研究成果，可是文章作者只字不提，仿佛是他自己的创获。这一点关乎学风的严正，一定要杜绝此类情况发生，否则会被读者指摘。

现在我们查阅文献的条件越来越好，大量文献的复制和出版，网络信息的广泛传播，大大改善了文献查阅时的窘迫状况。不过现在信息渠道十分多样，如果我们不熟悉这些流通方式，也还难以充分利用。特别是海外的许多研究成果，需要我们给予特殊的关注。我们应该养成勤于收集资料的好习惯，开卷有益，随手记下有用的材料。

从事中国古文献工作，特别是治古书目录版本之学，有些经典著作需要精读，像《书林清话》和《藏书纪事诗》就是年轻同道的必读书。清代以来学者和藏家编纂的大量书目和题跋，都需要认真阅读，遇到有关的问题随时查考。这类题材近年出版了一些大部头的丛刊，编纂不够严谨，内容混杂，还不能叫人满意。但是无论如何，这些丛刊提供了一些过去看不到的资料，对我们还是有很大帮助的。

特别需要说明的是，古书翻刻或传抄时，写下的序跋对考证书籍的版本源流有很大帮助。那些序跋不仅会说到自身源出何处，有时候还会提供一些版本源流信息，说明各本的流传情况，时至今日，都是极为珍贵的资料，值得重视。

这里需要注意，前人的鉴定一般的倾向是时代偏前。清人经常把一些书定为北宋本，如今原书具在，几乎全部改为南宋本。有些书看看讳字已经清楚，有些书则是依靠刻工名姓作证据，予以改判。这里有藏书之家矜奇自高身分的成分，也有受时代限制、鉴定手段不够全面的因素。现在我们在认识水平和鉴定手段方面都已经超越前人，但是对于前人在这方面的努力，我们还是应该怀有敬意。对他们的记述给予重视，吸收成功之处，分析失误的缘由，提高我们的认识。

3. 慎思明辨

"慎思之，明辨之"，这是古人的至理名言。对于版本之学，同样有指导意义。遇到一部书，先认真地观察，然后仔细地鉴别，得出初步的结论之后，还要反复核实，力求面面俱到，语无剩义。

举一个例子。杨绍和的《楹书隅录初编》卷一著录"宋本《仪礼郑注》十七卷"："此严州本。先公四经四史斋藏宋本三《礼》郑注之一也。……每半叶八行，行十七字。"[1]此本在民国初年杨敬夫出售时，已经被认定为明刻本。傅增湘先生认为系杨氏误认明本为宋本。王绍曾先生编《海源阁书目五种》据冀淑英先生复函，认为原书早已失去，不得不以明本充数，并非误认[2]。

按：据黄丕烈《百宋一廛赋》的注文可知，"严州本《仪礼郑氏注》十七卷，每半叶十四行，每行大廿五字，小卅字不等"[3]。《楹书隅录》著录本为八行十七字，行款明显不合。黄本经过顾广圻考证，以张淳《仪礼识误》所载各本校记核对，定为严州本[4]。杨氏别无佐证，把八行十七字本遽断为严州本，没有根据。

又据黄氏《百宋一廛书录》："至于藏书印，有'旂溪艸堂'一印、'宗伯'一印，通部副叶有'臣是酒中仙'一印，皆不知其人。"[5]

1　[清]杨绍和:《楹书隅录》,《清人书目题跋丛刊》(三),北京:中华书局,1990年,第403页。
2　冀淑英:《冀淑英文集·冀淑英有关海源阁书目覆王绍曾书》,北京:北京图书馆出版社,2004年,第409-429页。
3　[清]黄丕烈:《黄丕烈藏书题跋集》,余鸣鸿等点校,上海:上海古籍出版社,2013年,第942页。
4　[清]顾广圻:《顾千里集》,王欣夫辑,北京:中华书局,2007年,第260页。
5　[清]黄丕烈:《黄丕烈藏书题跋集》,第976页。

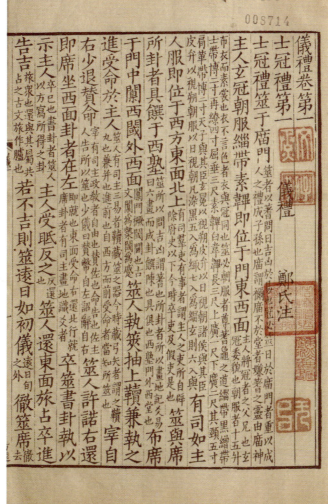

《仪礼郑氏注》 清嘉庆二十年吴门黄氏读未见书斋重刻宋严州本

《楹书隅录》本藏印"有'半窗修竹''南沙草堂''华山马仲安家藏善本''金星轺藏书记'各印"[1]。马仲安是著名藏书家马思赞，金星轺即文瑞楼主人金檀，时代都远在黄氏之前。这些印章并非黄氏散出后所钤，若黄本有此印，黄氏当言及。而且黄《录》云"纸背有笺翰字句"；杨《录》则云"纸墨如新"，只字未及纸背事。可以确定杨氏所云严州本《仪礼》，并非黄氏藏严州本。至此可以知道《楹书隅录》所谓严州本《仪礼郑注》与严州本全然不符，冀、王二先生所云原书遗失后补以明本，只可存疑，以待更考。

（二）比勘推定

1. 类比推论

拿已有结论的对象跟未知的对象比较，从它们的共同之处和不同之处入手判断二者之间的关系，这种类比推论是科学研究的一个重要方法。这个方法在古书版本鉴定中，也有广泛的用途。所谓"观风望气"，其实就是在古书的字体、版式、纸张、装潢等形式特征方面运用类比推论的方法。

如《汪氏丛书七种》，这部书原来是不是有一个总名，现在还不清楚。看文献记载，先是叶德辉在《郋园读书志》卷六跋《重刻武英殿聚珍版七种》说，此七种书无刊刻说明，因与旧藏汪汝瑮刻《书

---

1 ［清］杨绍和:《楹书隅录》，《清人书目题跋丛刊》（三），北京：中华书局，1990年，第403页。

苑菁华》版式相同，断为汪刻[1]。征诸傅增湘《藏园群书题记》，可知傅氏也曾考索此书来历，并曾请教缪荃孙，据版式风格也定为汪氏所刻[2]。

今按：这是根据版式风格类比推断的一个成功的例子。七种书中有《曲洧旧闻》，曾见一本封面有"钱塘振绮堂汪氏藏板"，末叶有刊记"大理寺寺丞职衔臣汪汝瑮恭校刊"一行，证明它们确实是汪汝瑮所刻。可以补充的是，据顾广圻跋，《曲洧旧闻》是鲍廷博所刻[3]。顾跋本为同版别一印本，末叶无刊记，此书应该是鲍氏为汪汝瑮刻。这是嘉道间杭州地区刻书的典型风格，看得多了，即使没有刊记，也会有似曾相识的感觉。

类比推论首先要确定一个模型，作为类比的标准。没有这样一个模型，类比就无从下手。但如果模型本身有瑕疵，靠不住，贸然信从，就会一误再误，得出的结论一无是处。《盐铁论》是子部的要籍，宋刊本久已不存，然而清末丁日昌却得到一个本子，有"淳熙改元锦谿张监税宅善本"楷书木记，版本名家莫友芝未加分辨，遽然当作

1　上海古籍出版社整理本此条标题作"《唐阙史》二卷《曲洧纪闻》（疑当作《曲洧旧闻》）十卷《敬斋古今黈》八卷《五经算术》二卷《蛮书》十卷《金石史》二卷《云谷杂记》四卷。汪汝瑮无年月重刻武英殿聚珍本"。而岳麓书社整理本之标题则为"《重刻武英殿聚珍版七种》。汪汝瑮无年月刻本"。见：叶德辉：《郋园读书志》，杨洪升点校，上海：上海古籍出版社，2010年，第322-323页；湖南图书馆编：《湖南近现代藏书家题跋选》第1册《郋园读书志》，长沙：岳麓书社，2011年，第352-353页。

2　傅氏题"汪氏丛书七种跋"。傅增湘：《藏园群书题记》，上海：上海古籍出版社，1989年，第544页。

3　顾氏跋文为："红豆先生手校此书《秘笈》本在小读书堆，予借临于鲍君渌饮新刻本，盖新刻与《秘笈》正同也。思适居士记。"见：［清］顾广圻：《顾千里集》，王欣夫辑，北京：中华书局，2007年，第338页。

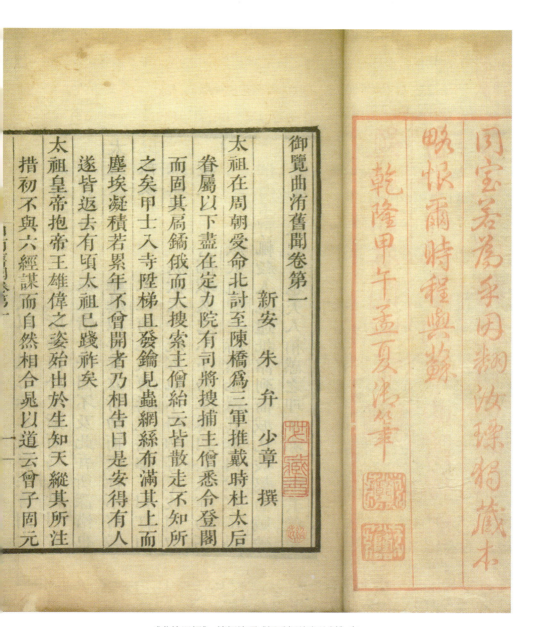

太祖皇帝抱帝王雄偉之姿始出於生知天縱其所注
措初不與六經謀而自然相合昆以道云曾子固元

太祖在周朝受命北討至陳橋爲三軍推戴時杜太后
眷屬以下盡在定力院有司將搜捕主僧悉令登閣
而固其局鑰俄而大搜索主僧給云皆散走不知所
之矣甲士入寺陞梯且發鑰見蟲網絲布滿其上而
塵埃凝積若累年不曾開者乃相告曰是安得有人
遂皆返去有頃太祖已踐祚矣

御覽曲洧舊聞卷第一

　　　　　　　　　新安　朱　弁　少章　撰

《曲洧旧闻》　清汪汝瑮《汪氏振绮堂丛刻》本

同宝若爲予因翻汝璱徇藏本
眒恨爾時程與蘇
乾隆甲午孟夏汸⋯⋯

宋本著录于《宋元旧本书经眼录》[1]。后来当丁日昌藏本出现于市场时，大家发现它本是一部明刻本，只是补上了一个刊记，根本不是宋本。当年编纂《四部丛刊》时，叶德辉坚持说他藏的《盐铁论》是明弘治涂桢刻本[2]，原因就是以一个伪造的宋本作标准，推出了错误的结论，误导了许多人。

叶德辉的推理根据是，丁日昌的《持静斋书目》和莫友芝的《宋元旧本书经眼录》都载有宋本《盐铁论》十卷，云每半叶九行，每行十八字，第十卷末页有"淳熙改元锦谿张监税宅善本"楷书木记。他看到明刻九行十八字本前有弘治十四年（1501）吴郡都穆序，行格与宋本同，"桓宽"之"桓"及书中"匡"字均沿宋讳阙笔，认为这就是出自宋本的明弘治涂桢刻本，进而断言十行十八字的真涂桢刻本为非，结果构成版本学史上的一个著名的案例。

根据刻工名姓确定版本，这是上世纪初发展起来的一项很有成效的版本鉴定方法，其实这就是类比推论的一个实例。这个方法有相当的伸缩余地，同样是一把两刃剑。使用的时候，要结合其他手段多方论证。作为推论的根据可靠，结论的正确性才有保证。一旦失慎，就会得出错误的结论。

类比推论不仅仅针对书的形式特征，还包括书的内容，下节对此将有所说明。

---

1 ［清］莫友芝：《宋元旧本书经眼录》，邱丽玫等点校，上海：上海古籍出版社，2009年，第38页。
2 叶德辉：《郋园读书志》，杨洪升点校，上海：上海古籍出版社，2010年，第203–204页。

2. 内容判定

根据内容鉴定一部书的版本，这是进一步的功夫。一般人注意的是书的名称、作者署名、校刊者题名等比较明显的地方。从文字内容方面去辨别版本，经常见于古籍校勘整理工作者的论著之中。

大家都知道汲古阁刻《说文解字》出自宋本，但是到底以哪个本子作底本，历来就有不同的说法。阮元说毛氏的底本就是后来归王昶的宋刻小字本，而孙星衍则说毛本出自宋刻大字本，一直没有确论。清末王氏藏宋本转归陆心源，今在日本静嘉堂文库。民国初年，商务印书馆曾影印收入《四部丛刊》和《续古逸丛书》。周祖谟先生得以对照段玉裁在《汲古阁说文订》中列举的宋本异文，比勘各个本子，得出的结论是毛本跟王氏宋本为近，阮元之说近是[1]。当然，世存宋本不止一部，毛本是不是仅以一本为据也还需要更多的论证。

鉴定版本的传承关系，比勘内容是最重要的一步。这样毕竟可以从深层次上看出各本之间的传嬗关系。十三经宋代版本众多，后代翻刻时各有所从，要想找寻它们的源头，除了借助于序跋外，最有效的方法还是直接比较各本的文字。前面说到，顾广圻曾经核对宋张淳《仪礼识误》的引文，断定黄丕烈收藏的《仪礼》为宋严州刻本。王国维核对《九经三传沿革例》的引文，断定明嘉靖徐氏刻的《周礼郑注》出于宋建刻大字本[2]。在这方面前人已经做出了很好的榜样。

1 周祖谟：《问学集·说文解字之宋刻本》，北京：中华书局，1966年，第760–800页。
2 王国维：《王国维全集》第9卷《传书堂藏善本书志上》，杭州：浙江教育出版社，2009年，第26–27页。

3. 形式鉴定

从书的外表形式判断它的版本，这是最初步也是最直接的方法。过去旧书业人员的功夫大抵就在这里，所谓观风望气，主要是指形式判断。

版式风格本质上是一种时尚，有明显的时代性和地域性。在书坊集中的地区，一定时期的书籍会呈现一些共性，多少有一种不成文的行业标准的意味。泛泛而言，构成版式风格的基本因素，一是版框大小，二是字体，三是版面黑白比例，包括行格疏密、笔画粗细和边框宽窄等。

一部书拿在手里，一般是首先弄清书的名称，头脑中对书先有一个一般认识，然后观看书叶的字体和版式，这就是我们常说的：字是宋体、写体、欧体、颜体等，半叶多少行、每行多少字，版心是黑口、白口，鱼尾一个还是一双，有无耳题，如此等等。翻开细看时，注意序跋、刊记，其次是纸张、装潢等。再深入一些，就是讳字和刻工标记，包括刻工名姓、版面字数、卷首和卷尾的题名等。

这些方面都可以说是有助于鉴定的形式要点，作为对一部书的全面记载，这些方面都应该加以注意，但是对于不同时期的书，这些形式特征的重要性有所不同。对于各个时期的古书，一般都以字体版式最为重要，宋本则注意避讳和刻工，元本注意笔法，明本注意字体，清本注意讳字。其余像宋代的麻纸、明代的白棉纸、清代的开化纸等特殊纸张和帘纹宽狭，都可以参考，但是应用范围有些限制。

目前对古书形式特征的研究虽然逐渐增多，而且取得了很多成果，但是总结工作有些滞后。讳字和刻工方面，迄今还没有出版规模较大的工具书，查考起来很不方便。

4. 字体雕工

傅增湘《藏园群书经眼录》在辨正陆心源以《艺文类聚》有宗文堂跋语就归为元刻本之失时，指出："观书以字体雕工风气定其时代，可百不失一，若拘拘于纸墨之古旧、牌记之年月及避讳与否，皆其末焉者也。"[1]

张元济先生鉴定版本也很注重字体雕工。《四部丛刊续编》收有宋本《公是先生七经小传》，此书《天禄琳琅书目后编》卷三以"匡""殷"阙笔，"桓"字不阙，定为北宋刻本。张元济发现"敦"字缺笔，至早应在光宗之世。在跋语中说："考版刻之先后，当以笔法镌工为断，而不能专于避讳求之。是本即无'敦'字之证，亦不能不认为南宋所刻。质之知者，当不河汉斯言。"[2]

黄永年先生的《古籍版本学》也说，精确地鉴别版本，主要是看字体[3]。前辈学者对字体雕工的倚重，于此可见一斑。

5. 流传端绪

弄清一部古书的流传过程，我们就可以沿路追寻它的踪迹，这对鉴定它的版本也有很大的帮助。因为，如果这个过程没有错误，我们就可以从源头追溯它的出处。而且，在流传过程中会有一些人给予记载，发表议论，品评优劣，考辨真赝，说出他们的各种看法，给我们

---

1 傅增湘：《藏园群书经眼录》，北京：中华书局，2009年，第670–671页。
2 张元济：《张元济全集》第9卷《古籍研究著作》，北京：商务印书馆，2010年，第87页。
3 黄永年：《古籍版本学》，南京：江苏教育出版社，2009年，第20–21页。

提供许多有用的资料。

探索一部古书的流传和收藏历程时，常用的方法是看书上的印章和题记，其次是查阅藏家的目录和题跋记载，然后泛及其他有关资料的记载。平时要注意阅读论述古书版本的文章，现在整理出版的古籍一般都有关于版本的说明，而且还会辑录古往今来有关的记载，这些都是很好的参考资料。

关于印章和题记，近年也出版了一些书籍，都值得我们浏览。多看看这些书籍可以提高我们对古书的识别和鉴定能力。当然这类的书目前还是少了一些，现存的大量古书中题跋累累，内容十分可贵，可是迄今还大多没有编辑出版。已经出版的一些书内容比较分散，没有经过系统的编辑。而且没有集中的论著和便查的辞书，这就有待有心人致力编纂。前面说过书目和题跋方面的书籍，同样也存在缺陷，那就是没有便于查阅的手段。随着电子化技术的发展，这些问题就可能逐渐得到解决。

（三）学无止境

1. 鉴定困局

古书版本鉴定的首要任务就是确定它的年代，然而在许多情况下，要作出准确的定位极为困难，甚至无法实现。从一部书的刊刻流程已经看到，一副版片可能有一个发展过程，具体在哪一年做了哪些事情，只有当事人知道，别人未必知情。

我们著录版本时，通例是必须划定朝代，宋就是宋，元就是元，不能写宋末元初。甚至在宋本中，北宋就是北宋，南宋就是南宋，北宋末南宋初也是不允许的——当然跟宋元划界不同，写作"宋刻本"还是可以对付一下。想想现实之中，刻书时间哪里会跟改朝换代一致。总不能宋朝皇帝一投海，库存的书版、刻至中途的书版，就随之全部销毁；然后改换大元旗号，重新开张，从零开始。如果实际是修修补补，接着干下去，那么宋耶，元耶，如今去问谁何？

牌记是我们恃为利器的标志。上文已经举过例子，牌记只是刻版过程的一个标志，它标的日期可能是开版之初，可能是一个阶段，也可能是完工的时间，没有一定之规。它只是一个孤证，不结合书的内容、序跋以及其他材料，所得结论总不能叫人放心。

序跋，特别是序，落款署年最没有准头。作序可以在刊刻之前多少年，可以在刊刻中间，可以在刊刻之后多少年，根据序言确定年份最靠不住。然而在许多情况下，我们实际还是依靠序言，但这只能当作一个线索，有了更好的依据，随时修正就是了。我们会看到有些书目在以序言确定刻书年份时，后面用括号注上"序"字，表明这是序言年代，是不是实际刊刻时间待考。

版本之学的研究没有止境，我们要正确地认识学术研究跟实际工作的关系。为了实际工作的需要，我们可以制定一个可以实施的方案。在实施过程中，可以通过不断地有所发现，有所改进，使这门学问一天天走向高峰。

必须指出，清代藏家鉴定古书版本的经验和手段都很有限，这是一门学问萌芽时期难以避免的筚路蓝缕阶段。他们提前了一些版本的刊刻时间，需要我们给予纠正。在纠正冒进时也要谨防矫枉过正，比如前人说是北宋本，现在非要往南宋初年靠；前人说是元版，现在非要拉到明初刻本。版本鉴定毕竟追求的是事实，"过犹不及"，保守和冒进都不是科学的态度。勉强给个说法不难，难的是让人家相信那就是全部事实。

2. 技术手段

版本鉴定现在还是以人工为主，科技手段很少使用。听说有用碳14鉴定纸张年代的例子，因为没有看到具体的研究报告，我们还不能作出明确的结论。纸张成分分析有多大作用现在也还有待研究，至少没有正式投入使用。总之，科技手段无疑会更多地进入版本鉴定领域，只是目前还没有得到足够的注意。

这种现象可能跟其他文物鉴定不同，古书作伪的手段比较简单，鉴定手段涉及很多方面，不是那么迫切地依赖科技手段的介入。不过这总是初级阶段的表现，将来情况会有改变。纸墨毕竟都是实实在在的东西，总会有各种科技鉴定手段。不过在目前而言，人工方面可做的工作还很多，即使有科技手段，道高一尺魔高一丈，人工还是不可或缺的。

3. 辨别真伪

有些古书在流传过程中经人做过手脚，希图以假乱真，拿较次的版本或伪造的东西蒙混过关。辨别版本真伪，就是版本鉴定的一项内容。上面说过翻版摹刻的事情，那是重刻而已，本来没有冒充真本的意图。后人拿它当原版，这可能是出于不知内情，也可能是有意鱼目混珠，蒙骗他人。

作伪的方式有两个方面，一方面是"减"，另一方面是"加"。"减"指的是消除一切可以看出真实年代的痕迹，刊记、序跋最先遭到毒手。有些书本来有刊记，可是今天见到的本子几乎都没有刊记。有些书本来有刻书时的序或跋，流传到今天也是十之八九不复存在。这都不是自然的损耗，而是书贾作伪，故意挖掉刊记、撤去序跋，让人摸不清底细，混充前代印本。

《蔡中郎文集》十卷有明正德十年（1515）华氏兰雪堂活字本，黄丕烈所得的一本目录后刊记作"□□乙亥春三月锡山兰雪堂华坚允刚活字铜版印行"，前缺二字，就是书贾作伪使用的减法。黄氏没有细检，遽"以他书证之，当在成、弘间"[1]。其实成化和弘治两朝都没有乙亥年，黄氏失之眉睫，为人所笑。然而后人多从之而误，如陆心源重刻活字本，明明牌记已经刻成"正德乙亥"[2]，却还在讲此弘治中华坚兰雪堂活字本如何如何[3]。

"加"指的是加上前代才有的标记，伪造刊记又是一项惯技。这样的例子举不胜举，前面提到的《盐铁论》版本争议就是版本学史上颇有影响的例子，作伪者补上了一个刊记，迷惑了很多人。

辨伪的工作没有诀窍，可以说的不过是，孤证不可遽信，十八般武器该用的就要用，多存疑，不冒进，仅此而已。此外，多看看文献资料有好处，像一些书的刻书刊记和序跋，这本没有，说不定那本会有，现在没有，过去的翻印本也会转载，多看看就会有收获。需要特

---

1 ［清］黄丕烈：《黄丕烈藏书题跋集》，余鸣鸿等点校，上海：上海古籍出版社，2013年，第373页。
2 ［清］陆心源：《仪顾堂书目题跋汇编》，冯惠民整理，北京：中华书局，2009年，第622页。
3 ［清］陆心源：《仪顾堂集》卷六《重雕兰雪堂本蔡中郎集序》，王增清点校，杭州：浙江古籍出版社，2015年，第100页。

别提出的是，日本保存的一些书，刊记序跋往往比较齐备，翻翻东瀛学者的著述很有益处。

四　结束语

我们从印制过程开始，对古书的版本这个课题作了一个粗略的概论式的探讨，只是不论哪一个问题也没有作深入的阐述。说实话，版本鉴定这项工作跟医生看病差不多，教科书需要看，有关的知识需要掌握，但是仅仅这些还不够，还要有一个实习的过程。而且真正进入临床工作之后，随着工作的历练，经验日益增多，已经掌握的知识就会升华到一个很高的境界，这就是所谓的化境。

做版本鉴定工作的难处是，一不能并几而观，二没有摄影图片，仅凭记忆印象不能作出精确的比较。而且作精细的版本研究要通看全书，看照片有许多不便之处。当条件具备的时候，一定要充分利用，不要因陋就简。

第一讲

宋刻本的鉴赏与收藏

一 宋刻概述

雕版印刷技术发明于唐代，经过唐、五代的磨砺和演进，到宋代已经发展成熟，普及开来，得到了广泛的应用。就现存的古代文献资料而言，唐、五代时期的制品几乎都是写本，道地的印刷品稀如星凤。宋代的情况恰恰相反，大量的是印刷品，宋人的写本却难得一见。可见宋代的印刷已经取代抄写，成为书面文化的主要传播手段。宋代基本采用雕版印刷，印制的书籍享誉青史，历久不衰，万古不磨，永远是中华民族最灿烂的文化遗产的一部分。宋刻本的可贵有内因，也有外因。

建隆元年（960）北宋建国，靖康二年（1127）北宋终结南宋开始，祥兴二年（1279）南宋灭亡，在宋朝前后历经18帝首尾320年期间，不同时期刻的书有不同时期的时代特征。首先要对年号有所把握。宋代共有57个年号。北宋9帝167年有35个年号，每个年号寥寥数年，没有一个超过十年。记住这些年号，需要一点时间。不过跟古书刊刻印制打交道，经常遇到的是太祖开宝，太宗淳化，真宗景德，仁宗明道、景祐、嘉祐，英宗治平，哲宗元祐，徽宗大观、政和等年号。南宋刻本流传较多，哪个年号都能遇到，特别是年代较长的高宗绍兴，孝宗乾道、淳熙等，绝对不能忘记。宋代皇帝的名字也应该记住，因为宋刻本避讳，跟皇帝名字相同、甚至同音或同形的字需要加以更改以示尊崇。

北宋是大规模雕版印刷的起步时期，许多重要的典籍由朝廷主持，重新校勘整理，刻印行世，不过流传到今天已经寥寥无几。南宋初期战乱之后，重理旧业，着手复兴文化翻印旧刻，有些书很难断定其刻于南宋还是北宋。南宋中期是宋代印刷出版事业最为兴盛的时期，印制技术纯熟，各种风格都有表现。南宋后期书坊刻书体现出商业化气息，质量有所下降，版面风格也有变化。宋、元之交的刻本往往难以确定属宋还是属元。

宋代有浙江、福建、四川三个印刷中心：浙江地区的刻本，通称浙本；北宋朝廷所刻经史要籍，大都是浙刻，所以浙刻风格对宋代各地刻本有很大影响。福建地区的刻本，通称建本或闽本，刻书以建安、建阳一带最为著名。四川地区的刻本，通称蜀本。不同地区所刻的书，在风格和用料上有明显的地域特点。赵万里先生主编的《中国版刻图录》宋刻部分就是按地域编排的，相互比较，可以看到不同印本在版式和字体上体现的地域特点和行业规范。

宋代刻书主要由朝廷、官府、学院、私家、书坊等处主持，校勘和用料水平也有高下。官方刻书一般比较讲究，像国子监所刻的书特称"监本"，这是标准定本的标志。书坊刻书更多考虑成本和利润，难免有苟简的情况，像福建书坊刻的书人称"麻沙本"，当时就有人指出多有错讹。叶德辉编纂的《书林清话》（卷三）分类介绍宋代各处刻本，可供查考。

综上所述，给宋刻本分类，可以从时间、地域和出版者来考虑。从时间上看，有北宋、南宋初期、中期和后期诸阶段。从地域上看，主要是浙江、福建、四川三个印刷中心。从出版者看，主要由朝廷、官府、学院、私家、书坊主持。

宋刻本有许多值得研究的地方，历代学者和藏家作过许多论述，无论正确与否，都值得注意。以下从文献价值、印制形式和版本鉴定三方面，略述与宋刻本的赏鉴和研究有关的几个问题。

二　宋刻本的文献价值

刻版印刷兴盛之前，古书流传依靠抄写。抄写容易出现错漏，也难免有意无意地更改字句。刻版印书就不同，一副版片印出来的书文字一般都相同，无形中就给一部书确定了一个统一的文本形式。特别是，宋代皇家和官府大规模地主持校定古来重要的典籍，私家也不断地搜集整理前人的著述，经过校勘订正的本子刻印出来，流传后世，自然成为各书的定本。可以说，我们今天所看到的古书，大都出自宋代刻本，正是宋本赋予它们今天我们看到的这样一个定型。

因为经过校勘整理，宋代刻印的古书一般内容完整，文字可靠，适合作为定本，流行于世。宋刻古书最可贵之处是内容最为接近古本原貌，后代翻刻本虽然大都直接或间接出自宋本，但是有时是有意更改，有时是疏忽失校，免不了要有些出入。历代学者整理古书时，都是千方百计地搜求宋本，作为根据。看看学者和藏家的宋本题跋就知道，用宋本认真核对一下，后世印本可能有各种错讹。清代嘉庆、道光年间的顾广圻和黄丕烈就是众所周知的例子，他们得到一部宋本就要跟别的本子对校，题跋中总是会记述宋本优异之处，为后代印本所不及。往年张元济先生辑印《百衲本二十四史》，其中有十五史用的是宋本，跋语指出明刻本和武英殿本有讹误、阙文、衍文乃至缺叶等情，具见于《校史随笔》，读之不能不为之悚然动容。

宋本固然有许多优越之处，但是需要伯乐巨眼赏识，需要读者善于阅读。顾广圻曾说"宋本书虽无字处亦好"[1]，意思是宋本书遇到缺字的地方，不像后人那样贸然增补，消灭痕迹。这使我们想起宋代陈从易跟朋友读杜诗，看到"身轻一鸟"一句下面缺一个字，大家斟酌补"疾""落""起""下"诸字，后来得到善本，原诗是"过"字[2]。飞鸟的轻盈姿态宛然在目，远远胜过他们补的字。这个故事说明古书有错讹或可疑之处，如果贸然动笔，自以为改得文从字顺，却可能差之毫厘谬以千里，他人连思索的余地也没有了。清初学者陆贻典（字敕先）总结自己校书的经验，说："古今书籍，宋板不必尽是，时板不必尽非。然较是非以为常，宋刻之非者居二三，时刻之是者无六七，则宁从其旧也。"[3]就是说，一旦宋本跟流行本有出入，大都是宋本正确，所以校勘古书时宁可保留旧文，也不要轻易更改。

这里要注意，学问之道博大精深，读者有深厚的学力和缜密的用心，才能充分体会宋本的长处所在。我们知道古代字多通用，宋本往往保留古书原字。如"遂古"不改为"邃古"，"常娥"不改为"嫦娥"。如果按照后世的正字法说它们是错字，那就愧为宋本的知音。

元、明、清以来，直到近代，经过后人不断地传抄、翻印，宋刻本大都化身千百，然而宋刻原书并不因有影本而失去文本价值。无论是抄还是刻，都难以如实地保留宋本文字原貌。后代翻印古书

---

1 ［清］顾广圻：《思适斋书跋》，黄明标点，上海：上海古籍出版社，2007年，第53页。
2 ［宋］欧阳修：《欧阳修全集》，北京：中华书局，2001年，第1951页。
3 《跋宋刻本〈管子〉》，见：［清］黄丕烈：《黄丕烈藏书题跋集》，余鸣鸿等点校，上海：上海古籍出版社，2013年，第178页。

时难免有所更改，自然跟原书不尽一致。即使旨在追摹原本面貌的影宋本也并非毫发不爽。后人以宋本为底本翻印古书，增加无谓的错漏，如清道光四年（1824）扬州汪氏问礼堂仿宋刻本《春秋公羊经传解诂》，瞿镛《铁琴铜剑楼藏书目录》指出许多错误，其实十之八九都是翻印的过失，底本无误[1]。毛氏汲古阁影宋抄本享有盛名，称为"下真迹一等"，其实仍然靠不住：毛氏影宋抄本《谢宣城集》，跟宋本对校，"讹舛时复错出"[2]；毛抄《棠湖诗稿》与宋本有多处不符，黄丕烈慨叹："书必宋刻乃佳，此论甚确。否则汲古如毛氏，而一经影写，已多歧异，何论书经三写者乎！"[3]黄丕烈旧藏元刻本《稼轩词甲乙丙丁稿》，内有涂改未定的文字[4]，宋本不存，今已不知原文如何。

清光绪十九年（1893）王鹏运四印斋影宋《花间集》，收入《四印斋所刻词》中，也有单行本和石印本，并有《四部备要》排印本，流传甚广。四印斋本封面大书"影宋淳熙鄂州本花间集十卷"，版式颇有仿宋意味，学界皆信为影宋善本。其实王本行款时有更动，文字更多出入，所补缺叶既无说明，也不可据，称之影宋，未免厚诬此本。近今学者未见原书，惑于王本，立论辄误，今《中华再造善本》以国家图书馆藏宋刻递修公文纸印本《花间集》十卷真本影印行世，

1 ［清］瞿镛：《铁琴铜剑楼藏书目录》，上海：上海古籍出版社，2000年，第112–120页。
2 傅增湘：《藏园群书题记》，上海：上海古籍出版社，1989年，第559页。
3 ［清］黄丕烈：《黄丕烈藏书题跋集》，余鸣鸿等点校，上海：上海古籍出版社，2013年，第505页。
4 ［清］黄丕烈：《黄丕烈藏书题跋集》，第648页。

家有影宋鈔本與此正同余聞之欣然久而無以應我之求適陶君往嘉興於小肆中獲其半檢所缺葉一完好字蹟與刻本纖毫不爽方信影鈔者即從余所浮本出而下半部偶失之耳命工用宋箋從影鈔本重摹毂鈔補偽刻之葉而重裝之管子至今日宗

管子卷第一

經義向謹第錄上

山高一名形勢凡管子書務富國安民道約言要可以曉合
救其惡故上下能相親愛盡管仲之謂乎九府書民間無有
氏牧民山高乘馬輕重九府詳哉言之也又曰將順其美匡

唐司窣房　玄齡　註

牧民第一　　　形勢第二

　　　　　　　立政第四

權脩第三

乘馬第五

牧民第一　士經　四維　四順
　　　國頌　六親五法　　　經言一

凡有地牧民者務在四時　四時所以生成萬物也
守在倉廪　食者人之天也國多財
則遠者來地辟舉則民留處　舉則人盡地盡地辟闢則人留而安居處也
　　　　　　　　　　　　倉廩實則知
禮節衣食足則知榮辱上服度則六親固
親各得其故能感恩

《管子》　宋刻本

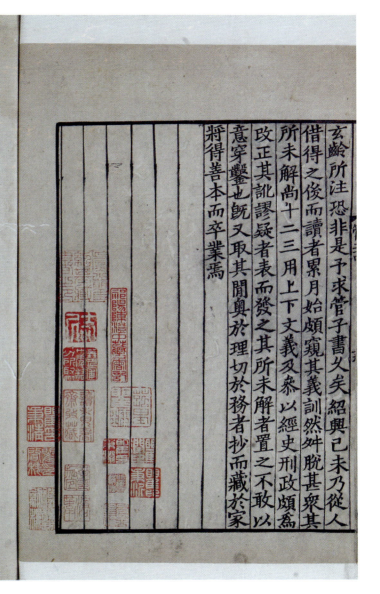

玄齡所注恐非是予求管子書久矣紹興已未乃從人
借得之俊而讀者累月始頗窺其義訓然姝脫甚衆其
所未解尚十二三用上下文義及參以經史刑政頗為
政正其訛謬疑者表而發之其所未解者置之不敢以
意穿鑿也既又取其間奧於理切於務者抄而藏於家
將得善本而卒業焉

管子世鮮善本往時曾見陸勑先校宋本在小讀書堆後於任橋顧氏借
得小字宋本其卷一後有長方印記其文云瞿源蔡潛道宅墨寶堂新雕印驗
其歐式當在南宋末年中缺十三至十九卷即其存者取與陸校本對亦多不
同益非最善之本也甲子歲余友陶蘊輝徽萬書於都門得大宋甲申秋楊
忱序本板寬而行密亦小字者因以寄余素直一百二十金豪釐余亦
重其代購之意如數許之遂得有其全本案大宋甲申不言何朝後其板

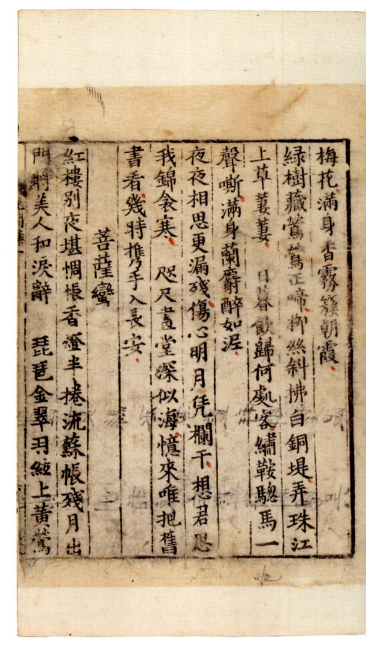

梅花滿身香霧簇朝霞

綠樹藏鶯鶯正啼柳絲斜拂自銅堤弄珠江
上草萋萋　日暮欲歸何處客繡鞍驄馬一

聲嘶滿身蘭麝醉如泥

夜夜相思更漏殘傷心明月憑欄干想君思
我錦衾寒　咫尺畫堂深似海憶來唯把舊
書看幾特攜手入長安

　　菩薩蠻

紅樓別夜堪惆悵香燈半捲流蘇帳殘月出
門時美人和淚辭　琵琶金翠羽絃上黃鶯

《花间集》　宋刻递修公文纸印本

花間集卷第三　　五十首

韋相莊 二十五首

調金門 二首　　江城子 二首　　河傳 三首

天仙子 五首　　喜遷鶯 二首　　思帝鄉 二首

訴衷情 二首　　上行盃 二首　　女冠子 二首

更漏子 一首　　酒泉子 一首　　木蘭花 一首

小重山 一首

薛侍郎 昭蘊

浣溪沙 十九首

離別難 一首　　喜遷鶯 三首　　小重山 二首

　　　　　　　相見歡 一首　　辭公子 一首

可发其覆[1]。

民国间涉园陶湘辑印的《影刊宋金元明本词》，以影摹工致，逼肖原书，学界评价极高，直接当宋本使用。一经复检宋本原书，即可发现陶本多有讹误失真，不可取代宋本。

三　宋刻本的印制形式

宋代开始大规模雕版印书，在南、北宋三百多年中，书籍的印制形式和工艺技术经历了从萌芽兴起到茁壮发展，终至繁荣昌盛的历程。简单地讲，开始是规行矩步，朴素严谨；继而行有余力，逐渐树立个性；最后进退自如，面向市场。

从版面形式上看，今日所存不多的几部早期刻本字体古朴，有时还留有旧日写卷的样式和规矩，总体印象多少有些拘谨，手脚还没有放开。南宋刻本字体就有明显的个性，各种书体都可以采用，风格趋向精美明丽。随着技术的成熟和市场的发展，蓬勃兴起的书坊刻书就有商业化的倾向，操作开始程式化，态度也流露出轻率。在书坊密集的福建地区，这一点表现最为明显，以南宋中期的刻本，跟宋末元初或入元之后的刻本比较，工艺水平立见高下。

北宋本断代不见得准确，现在认定的北宋本恐怕还有斟酌的余地，所以我们谈宋刻本的赏鉴时，南北宋之间、宋元之间还是以"多

---

1 《中华再造善本总目提要》之《花间集》由杨成凯先生撰写。见：中华再造善本工程编纂出版委员会：《中华再造善本总目提要·唐宋编》，北京：国家图书馆出版社，2013年，第793–795页。

闻阙疑，慎言其余"为是。

从鉴赏的角度观察，不仅不同时期、不同地区的形制风格会有不同的时尚和取向，由于财力、物力、兴趣、意旨的不同，不同的主持者所印制的书籍风格和水平也有所不同。皇家和官府印书一般比较精致工整，"监本"成为招牌，私家印书旨在传世也会慎重将事。书坊印书就有精有粗，有时刻印精美，但是校勘不精。

（一）字体

从宋代到清代，刻书字体虽然有各种样式，但总体发展趋势则是从书写体走向版刻体。宋代刻本无论严谨还是洒脱，都有书写的意味。宋代浙江、福建和四川三个印刷出版中心，字体呈现三种有影响的地域性的风格。浙江地区以欧体为主，字体方正端庄，结构匀称，笔画横平竖直，粗细均匀。福建地区则有颜、柳风格，颜体字结构重心偏上，笔画有粗细，也有弧度，与浙本明显不同。四川地区字有颜风，但是笔画萧散，不像建本那么峭厉。这是宋刻本最主要的字体风格。

北宋刻本流传极少，从中、日两国现存无几可以信为早期的刻本看，基调是字体方正端庄，结构匀称，大多有欧体的风格。这可能是因为北宋朝廷刻书多在浙江一带。不过福州东禅寺等觉院刻《万寿大藏》却有颜体风范，看来福建刻本走颜、柳的路子，渊源有自。

南宋刻本存世很多，风格并不一致。我们可以感觉到，它们开始追求时尚精美，体现出更多的个性，古拙和质朴的气息渐渐消失。

福州懷安縣信士葉　　冀　與妻黃十一娘　永固

皇基王延　帝祚長輝佛日深報　師慈善父母恩酬擅那德同與

二寶共樂眾生四句菩提齊戒正覺紹興甲寅歲造捨東禪寺

辯正論卷第二

三教治道篇第一（明二卷）

沙門　法琳　撰

公子問曰竊覽道門齋法略有二等一者極

道二者濟度極道者洞神經去心齋坐忘至

極道矣濟度者依經有三錄七品三錄者一

曰金錄上消天災保鎮帝王正理分度太平

天下二曰玉錄救度兆民政惡從善悔過謝

罪求恩請福三曰黃錄救度九玄七祖超出

《辩正论》 宋福州东禅寺等觉禅院刻《崇宁万寿大藏》本

（二）版式

宋刻本版式的典型风格，是左右双边，上下白口。建刻后期发展出细黑口。版面看上去清朗整洁，跟墨色浓重的元刻本相比，二者的黑白比例有明显的差异，视觉效果很不相同。下面介绍版面上一些值得注意的地方。

行格　行格指的是一叶有多少行，每行有多少字。计算行格时，一般是以半叶为准，所以一部书半叶九行，每行十八字，可以简单地说它是"九行十八字"。古人翻印古书，为了便于抄写和校对，往往遵照原书的行格，所以一部书两个版本行格相同，就可以猜想二者或许有什么渊源关系。前人在看不到实物时，判断版本的传嬗关系，行格就是重要的帮手。过去有种说法，宋本一个整叶有多少行，一行就有多少字。这只是大致的比例，不过一般出入不大，因为汉字是正方形，长宽基本相等。例如宋刻群经中，国子监刻经注本是半叶八行十六字，浙东和蜀中刻注疏本行格相同，王国维认为这是旧日卷子本的格式[1]。对后世颇有影响的是建刻十行十八字本群经注疏，元代的翻刻本明代中期还在使用；杭州陈氏书籍铺刻十行十八字本唐人诗集，衍生出明正、嘉年间开创的宋体字，在印刷史上有重要意义。清末江标编有《宋元本行格表》，可供参考。

耳题　耳题在版框左栏外或右栏外，标明当叶的章节或要目，也称书耳或耳格。耳题多见于宋本，后世很少使用。近代藏书名家群碧

1　王国维：《王国维全集》第7卷《五代两宋监本考》，杭州：浙江教育出版社，2009年，第201页。

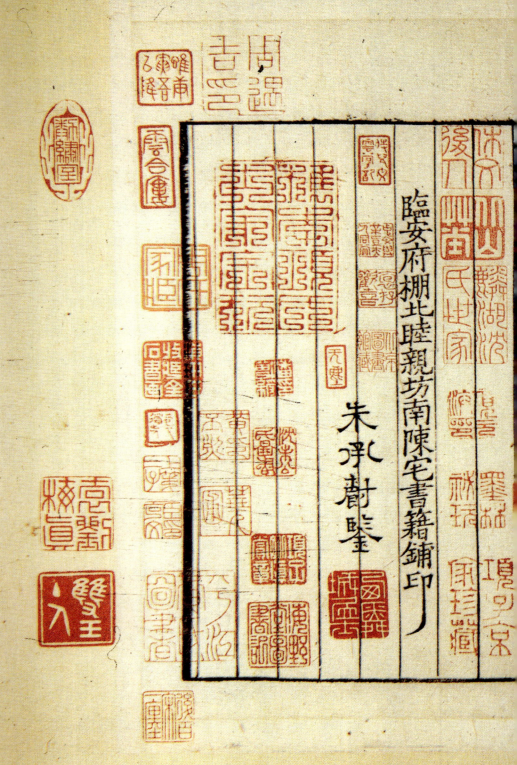

臨安府棚北睦親坊南陳宅書籍鋪印

朱承爵鑒

豔歌奏杳杳四絃輕撥語喃喃當臺競鬥青絲
髮對月爭誇白玉簪小有洞中松露滴大羅天
上柳煙含但能為雨心長在不怕吹簫事未諧
阿母幾嗔花下語潘郎曾向夢中參斬持清句
覓猶斷若觀紅顏死亦甘悵望佳人何處在行
雲歸北又歸南

唐女郎魚玄機詩集終

《唐女郎鱼玄机诗》 宋临安府陈宅书籍铺刻本

等軍遣洛陽守恩以便拜自慶肩轝出近大祖怒詬曰

以頭子命文呵代守恩爲留守守恩罷去後隱帝殺史

弘肇等乃召群臣慰諭之守恩曰陛下始睡覺矣聞者皆

縮頸

○嗚呼道德仁義所以爲治而法制綱紀亦以維持之

也自古亂亡之國必先壞其法制而後亂從之亂與壞

相乘至蕩然無復綱紀則必極於大亂而後返此勢之

自然也五代之際若文珂守恩皆位兼將相而周太祖

以一摳密使頭子易置之如更戍卒是時太祖與漢末

有間隙其無君叛上之志宜未萌於心而其所爲如此

者何哉蓋習爲常事故特發於喜怒頤指之間而文珂

不敢違守恩不得拒太祖既慮之不疑而漢廷君臣亦

置而不問其上下安然而不怪者豈非朝廷法制綱紀

王宴球　王守恩

○雜傳

王晏球

晏球字瑩之洛陽人梁（太祖）選富家子之材武者置帳
下號廳子都晏球為廳子都指揮使後隆唐（庄宗）賜姓
名曰李紹虔明宗立定州王都反晏球為招討使契
丹又遣將萬騎救都晏球敗之橫刀弃甲六十餘里契
丹又遣惕隱以七千騎益都晏球擊走之為趙德鈞擒
送京師中國之威大震而契丹衰伏自晏球為將有
機略善撫士卒其擊柔餒既因敗少為功先張延朗諸
將皆欲乘勝取之晏球返不動卒以持久弊之

王守恩

《京本增修五代史詳节》 宋刻本（有耳题）

楼主人邓邦述说："凡书之有耳者，多属宋刊。余所藏《五代史详节》及《汉唐事实》诸书皆然。虽中统本《史记》亦有之，然在南宋时刻，不可以元刻论也。唯明刊本亦间有之，如顾氏《文房小说》，则世称佳本，为仿宋式刊行者也。"[1] 这就是说，有耳题的书要么是宋本，要么是仿宋本，都是好书。

流水 今天所见的古书，各卷自成单元，每一卷都要另起一叶，并不接印。书前如果有目录，目录后面即使有空行，也是另起一叶印正文。单元跟单元之间的空行，就是所谓的流水。

有一些宋刻本情况不同，目录后面直接印正文，各卷之间也不另起叶，这是唐五代写卷的样式。我们知道，写卷是一张横行长纸，并不分叶，当然无所谓另起一叶。这种版式很少见，一般出现在较早的印本中，前人认为其底本出自写卷，经常把它们定为北宋本。

（三）刊记与避讳

刊记 古书上刊印的文字或图记，写明该书由何人何时刻印，这就是刊记。私家、书坊刻书大多有刊记，像杭州陈氏刻书多有"陈宅书籍铺印"之类刊记。

刊记是鉴定版本的有力根据，书有刊记，我们就可以查考它刻于何时何地，而且便于比较不同刻本的刊印水平。而作伪者则经常在刊记上打主意，或者把后代刻本的刊记去掉，或者伪造宋代的刊记，以

---

1 邓邦述：《群碧楼善本书录·纂图互注荀子》，金晓东整理，上海：上海古籍出版社，2014年，第52页。

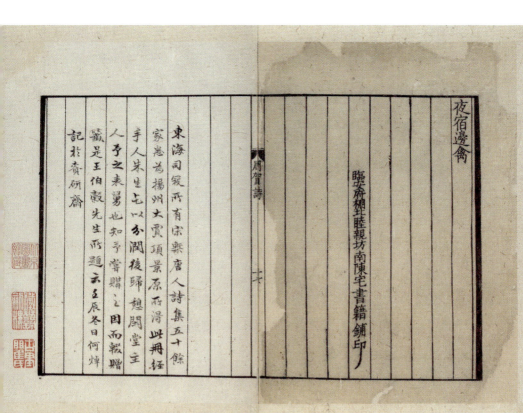

東海司寇所有宗栗唐人詩集五十餘
家悉為揚州大賈項景原所淆此冊經
手人朱生七以分潤後歸想開堂主
人予之表弟也知予嘗購之因而輟贈
蓋是王伯穀先生所題云壬辰冬日何煒
記於賁研齋

夜宿邊禽

臨安府棚北睦親坊南陳宅書籍鋪印

周賀詩

十七

《周贺诗集》 宋临安府陈宅书籍铺刻本

便鱼目混珠，冒充宋本。

避讳　宋本文字上最值得注意的是讳字。宋代刻书通例避讳，遇到宋代皇帝名讳，一般要少写一笔，这叫做"为字不成"。有时不用原字，加上小注说明所缺的字是某帝的名讳，如"今上御名""渊圣御名"等。根据避用哪些皇帝的名讳，可以推断书可能刻于何时。

要判断一部书是不是宋代所刻，以及刻于宋代何时，讳字是重要的证据，但是不能完全信赖。因为：第一，宋代官府刻本避讳严格，民间刻书就有马虎的时候。南宋末年有些书几乎不避宋讳，现在仍然归为宋本。第二，后代翻刻时也会保留宋本的讳字，元、明两代翻印宋本避宋讳是常见的事情，仅凭讳字就会误作宋本。

还有一种事后补讳的现象，也需要注意。原书刻得早，后期刷印时又有新皇帝登基，就要加讳。补讳时一般是就原字剔去一笔，有时是修版另刻。把补讳跟原讳区分开来，才能知道原版刻于何时。毛扆所见的宋刻《松陵集》，北宋庙讳都是缺一笔，而南宋高宗名"構（构）"字，或左或右，凿去半边，因而定为北宋刻本，南宋刷印加避"構"字[1]。如果毛扆鉴察无误，确系补讳，自然可以定在高宗之前，起码在南北宋之间。

（四）刻工

古书有时候在版心或其他地方注有刻工的姓名，以便检查每个刻工的工作情况。根据刻工生活的年代，可以判断其书大致在什么时候

---

1 傅增湘：《藏园群书经眼录》，北京：中华书局，2009年，第1260页。

刻印。这是20世纪兴起的版本鉴定方式，现在已经通行开来。

应该说，由刻工断定版本的年代是很有根据的鉴定方法，可以发现和解决很多问题。像十行本《十三经注疏》，宋讳阙笔，历来归为宋本，现在根据刻工断代，大都是元代翻刻宋本。不过一个刻工可以工作多年，有时候不易确定一部书刊刻的具体时间。而且也要注意他是原版刻工还是补版刻工，以免弄错年代。元刻《通鉴总类》世间颇多流传，此本有宋刻风格，宋讳有阙笔，前有元至正二十三年（1363）周伯琦序，说此书系蒋德明据宋潮阳刻本重刻于苏州郡学。今见各本大都无此序，过去许多藏家都归为宋本。然而此书刻工有"平江张俊"，平江是苏州地区，与序所说相合，其他刻工也可推定为元时人，可证此本绝非宋潮阳刻本。

然而事情也并不这么简单，不要说许多书不注刻工姓名，即使有刻工名也要慎重。我们应当看到：（1）后代翻印时，有时保留底本的刻工名；（2）一个人可以工作几十年，所刻的书不一定都在同一时间；（3）有同名的现象，同一个名不一定就是同一个人。也就是说，刻工名是断代的一项重要根据，但是仅仅根据一部书中有一两个刻工名出现在另一部书中，不再审查其他特征，就断言两部书刻于同时，这种方法也不可靠。

（五）纸张和装帧

宋代的纸张相传有一些美妙的名目，流传到今天的宋刻本用纸也不一致，不过大多数是麻纸、皮纸或竹纸。帘纹很宽，大都在两公分以上，这是个重要的特征。麻纸和皮纸呈白色；竹纸多为黄色，有的呈灰黄色，纸质较差。厚薄也有很大的差异，有的很厚，多见于佛经。观察颜色、厚薄、帘纹、致密程度，可以看出宋本纸张跟晚近有很大差别，跟元代的纸张差别倒是不很明显。若有志于此道，就要尽可能多看实物。

值得注意的是，宋代有时用过时的公牍册子纸背面印书。在当时不过是废物利用，而今天则已古色古香，别有情趣，每一翻阅，似乎与宋人晤对，不由得发思古之幽情，可惜这些书今天已经十分罕见。

宋代书籍流行蝴蝶装，各叶版心向内折叠，版心处粘在一起，就成为一册书。不过流传到今天，大多已经改为线装，保持原装的已不多见。

（六）版片修补

版片在印刷过程中，有时需要修版，若有损坏或丢失还要补版。现存的宋刻本大多数是后印有修甚至有补的本子，很少有初印本。时间一长，一次一次地不断修补，就出现所谓"递修本"。开始是宋代本朝修补，版片传到后世就有元代甚至明代的修补。

一个最好的例子就是宋刻"南北朝七史"（即《宋书》《南齐书》《梁书》《陈书》《魏书》《北齐书》和《北周书》，俗称"眉山七史"），版片存世很久，到明末还在修补刷印，今天流传的本子大都是明代中后期印本，叫做"三朝本"。后印本历经修补，宋刻版片所剩无几，磨损严重，字迹模糊，元、明补版字体明显不同，讹误很多，甚至缺叶。整部书斑驳烂漫，一片糊涂，人称"邋遢本"。如今不仅宋代印本难以见到，即使元代印本也是稀世的珍宝。当年傅增湘先生在琉璃厂买到一部《南齐书》的较早的印本，开始还没有注意，后来章钰借其书校勘，发现其中有四叶为明代印本所无，断定是元代印本[1]。看看张元济先生在《校史随笔》和《百衲本二十四史》所附有关题记中对这些情况的说明，我们就能理解，宋刻宋印本特别值得珍爱，不仅仅是藏家因其少见而矜贵，还有更为重要的文献价值。

当然版片经过修补也不都是每况愈下。宋建安余仁仲刻《春秋公羊经传解诂》和《春秋穀梁传》初刻于绍熙二年（1191），绍熙四年重修。以《公羊》为例，清嘉庆、道光间扬州汪氏藏有前者，曾影刻行世；常熟瞿氏藏有后者。瞿氏通过对校，列出汪刻多处讹误，与后者不同[2]。现用汪藏宋本复核，上述讹误绝大多数是汪刻的失误，宋本不讹。但是也有一些地方，后者经过校勘修版，改正了初刻的讹误。说明余氏刻书态度严肃负责，发现错误及时纠正。

版片经过修补，讳字和刻工就会有所不同，这就给断代带来很多麻烦。我们可以看到，有些字本来不阙笔，后来剔去一笔，变成讳字。"南北朝七史"不同时期的版片刻工名不同。鉴定版本时，这些情况都需要明辨，以免做出错误的结论。

---

1 傅增湘：《藏园群书题记》，上海：上海古籍出版社，1989年，第83—84页。
2 ［清］瞿镛：《铁琴铜剑楼藏书目录》，上海：上海古籍出版社，2000年，第112—120页。

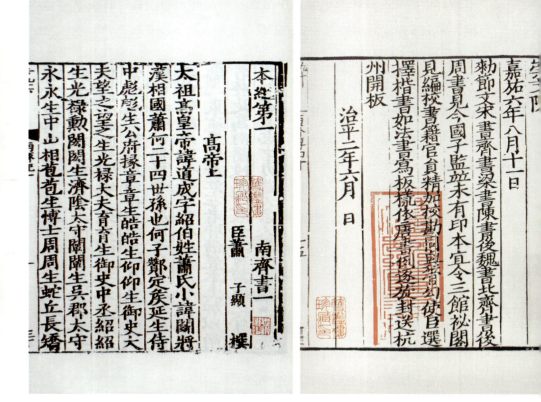

《南齐书》 宋刻宋元明递修本

四 宋刻本的版本鉴定

对宋刻本做周密的版本鉴定时，首先要断定它是不是宋刻本，如果是宋刻本，还要确定它具体刻于什么时候。鉴定宋刻本时，经常使用的方法是看版本风格、讳字和刻工姓名，当然还要认真阅读内容，并参阅有关的文献记载。这些事情很细致，十分复杂。事实上，上文有关段落已经略有所述，这里举几个典型的例子进一步作具体说明。

（一）北宋南宋

怎样分辨南宋本和北宋本，这是一个值得研究的问题。靖康二年，北宋终结，南宋开始，朝代的变迁对刻书事业没有多大影响，如果没有明确的记载，从形式上很难断言一部书刻于南宋还是北宋。

过去藏家喜欢抬高自己的藏书，书上有北宋刻书或进书的公文，就归为北宋本。清代藏家所认定的北宋本，今天能够落实的微乎其微。像清以来所传的《五经正义》，有北宋端拱元年（988）进书公文，就曾被说成北宋本，实际是南宋翻刻本，"構"字已避讳。

在分辨两宋刻本时，刻工姓名是重要的根据。像《周易正义》所注的就是南宋初年杭州地区刻工的姓名，结合史书记载北宋灭亡后书版遭到金人洗劫，高宗曾下令翻印旧本的史实，就可以推断它是南宋监本。

《龙龛手鉴》是一个值得玩味的例子。此书有辽僧人法炬统和十五年（997）丁酉（当宋太宗至道三年）序，钱曾（1629—1701）《读书敏求记》定为辽刻原本，黄丕烈指出此书本名《龙龛手镜》，宋

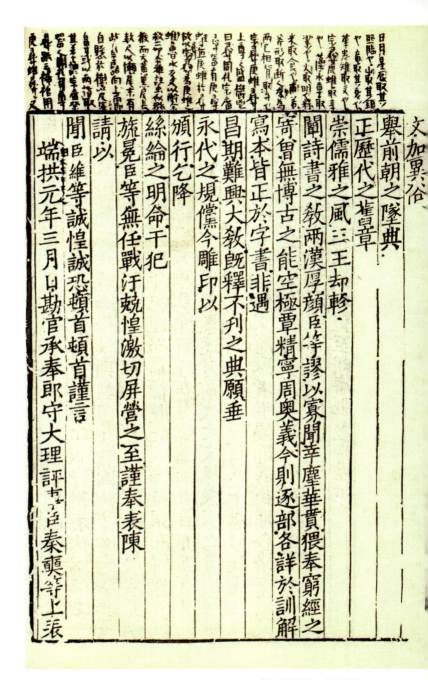

文加異俗

舉前朝之隆典·

正歷代之彝章·

崇儒雅之風·三王却軒·

闡詩書之敎·兩漢厚顏臣等謬以寡聞幸塵華貫猥奉窮經之

寄曾無博古之能空極覃精窮奧義今則逐部各詳於訓解

寫本皆正於字書非遇

昌期難與大敎旣釋不列之典願垂

永代之規償今雕印以

頒行乞降

絲綸之明命干犯

旒冕臣等無任戰汗兢惶激切屏營之至謹奉表陳

請以

聞臣維等誠惶誠恐頓首頓首謹言

端拱元年三月日勘官承奉郎守大理評事臣秦奭等上狀

《尚书正义》 南宋刻本

臣維等言臣等先奉

敕校勘五經正義今已見有成其雕印版行用者伏以三十分
而書契肇啓六籍著而學校斯興由是體國辨方必宗乎典禮
修文立教資本於膠庠則郁郁乎文於周為盛矣後暨法值挾
書復時經戰國或年祀遠而篇簡爛脫或師徒衆而傳授差訛
存歷朝錯綜之文雖其陳解說在羣儒講論之旨亦互有異同

唐貞觀中國子祭酒孔穎達考前代之文採衆家之善隨經析
理去短從長用功二十四五年撰成一百八十卷自是至此三
百餘年講經者止務銷文應舉者唯編節義苟期合格志望策
名出身者急在干榮食祿者多忘本業一登科級便罷披尋因
循而舛謬漸滋節略而宗源莫究伏惟

應運統天睿文英武大聖至明廣孝皇帝陛下
道高貫月
德邁重暉

武陽毀取

群經注疏以單疏本為最古八行注疏本次之顧單

疏刊於北宋覆於南宋傳世乃絕罕就余所見者尚

書正義二十卷藏日本帝國圖書寮毛詩正義四十

卷藏日本內藤湖南家缺首七卷禮記正義殘本四卷藏日

本身延山久遠寺公羊疏殘本九卷藏上海涵芬樓爾

雅疏十卷二部一藏烏程蔣氏密韻樓一藏日本靜嘉

堂文庫寶應劉氏藏儀禮疏舊藏汪閬源家今不知何

在合此周易計之存於天壤間者祇此七經而已易單疏

本自清初以來相傳有錢孫保校宋本然其書藏於

誰氏則不可知後閱程春海侍郎遺集乃知徐星伯家

有之（集中丙午七夕集蔡心友宅和吳荷屋詩有免中徐公今漢儒午繪勬澤昆侖圖嗣袖易孤本禰宗初注述是日呈伯前輩攜宗禀單疏周易）

嗣歸道州何氏最後為臨清徐監丞梧生所得監丞藏

書多異本然巖扃深鐍祕不示人同時京曹官嗜古如

《周易正义》 宋刻递修本

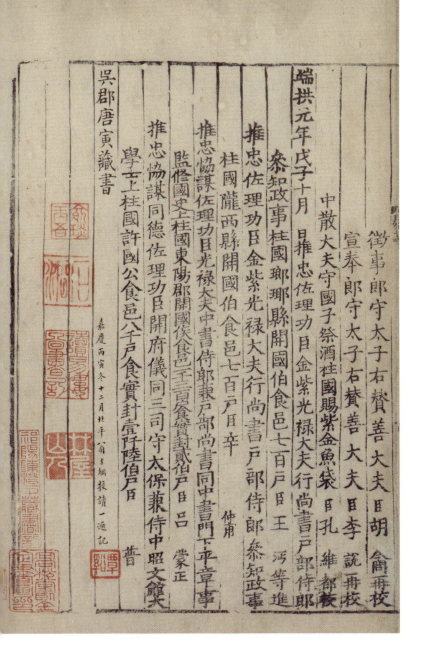

人避太祖之祖嫌名，改"镜"为"鉴"，此本应是宋人重刻本[1]。这个观点得到公认。往年《四部丛刊续编》影印此书，张元济先生跋语说，"卷二'上声'一册，字迹劲挺厚重，有率更法度，的是北宋剞劂"。并说卷二的刻工、版式、笔意、镌法与他卷不同，卷三"构"字避讳，因而推断卷二为此书入宋后初刻本，其他则为后来翻刻本。卷二刻工有20人，张元济发现其中二人见于绍兴十九年（1149）明州刻《徐公文集》。宋人初刻《龙龛手鉴》在神宗或哲宗时，下距绍兴十九年有四五十年，张元济认为此二人年轻时刻此书，所以四五十年后还能继续刻他书[2]。然而赵万里先生发现卷二刻工名见于南宋初年所刻各书者不止二人，因而定为南宋初年刻本[3]。

关于刻工的时代，目前的研究还很不够。一般只是说，某某人刻过什么朝代的什么书，那么他出现在这里，就也该归入那个朝代。这里涉及的问题是，用作标准的那部书的时代是不是毫无疑义，一个人刻书的活动时间上下有多大范围，南宋初跟北宋末的界限如何确定，这些问题没有明确的、科学的回答，一切结论都只是一种看法罢了。一个刻工在北宋徽、钦二帝时期刻过书，南宋绍兴年间仍可继续供职。不能因为他绍兴年间刻书，就断言他所刻的书都在南宋时期。科学的态度仍然是存疑，尽可能从正反两面作进一步研究。

1 ［清］黄丕烈：《黄丕烈藏书题跋集》，余鸣鸿等点校，上海：上海古籍出版社，2013年，第981–982页。
2 张元济：《张元济全集》第9卷《古籍研究著作》，北京：商务印书馆，2010年，第92页；《涵芬楼烬余书录》，《张元济全集》第8卷《古籍研究著作》，北京：商务印书馆，2009年，第220页。
3 北京图书馆编：《中国版刻图录》（第1册），北京：文物出版社，1961年，第9页。

《龙龛手鉴》 宋刻本

北宋本传世最少最罕见，日本学者尾崎康仅列出日本藏本十种[1]。此外有中国国家图书馆藏《范文正公文集》、"通"字缺笔本《文选》、北京大学图书馆藏十四行本《史记》。还有所谓北宋末南宋初的《史记》、两《汉书》、《三国志》。

清代以来所说的北宋本，现在几乎都被否定。又有好几部被归为南宋初年的刻本，这些断言的根据几乎都只有刻工名这一项而已，讳字已经是可有可无，字体、雕工也无人理会，不能形成证据链，难以令人完全信服。可以说，怎样确定北宋本，目前仍然是一个难题，值得我们深入研究。下面我们看几个例子：

《白氏六帖事类集》　静嘉堂藏皕宋楼旧藏本"構"不避，双鉴楼旧藏本"構"避讳。尾崎康先生认为前者是北宋本，后者为南宋本[2]。

《史记》　张玉春先生的《〈史记〉版本研究》认为台湾历史语言研究所藏的《史记》为北宋景祐修淳化本[3]；日本学者则根据书中的刻工名，认为是北宋末南宋初刻本[4]。这部书也是一个众说纷纭的难点，原藏傅增湘双鉴楼，当时学者大都认为是北宋本。此书有修版，有讳字，有刻工，有丰富的研究内容，目前的论述都还是初步的意见，仍有进一步研究的必要。此书有《仁寿本二十五史》影印本。

1 [日]尾崎康：《以正史为中心的宋元版本研究》，陈捷译，北京：北京大学出版社，1993年，第9–10页。
2 [日]尾崎康：《以正史为中心的宋元版本研究》，第12页。
3 张玉春：《〈史记〉版本研究》，北京：商务印书馆，2001年。
4 [日]尾崎康：《以正史为中心的宋元版本研究》，第15–22页。

宋刻《文选》　　根据"通"字缺笔，定为北宋本（仁宗朝曾避章献明肃太后父刘通讳）。按：大概是由于字体和雕工的关系，有人对此表示怀疑。

《歌诗编》　　袁克文（号寒云）旧藏李贺《歌诗编》四卷外集一卷，袁氏说仁宗以下讳皆不避，卷二"桓"字，称系剜补避讳，以证原版不讳"桓"字[1]。此字避讳极易，剔去一横即可，何以要费力剜补？袁氏之说似有拔高藏本之嫌。傅增湘认为原版应是北宋本，序目不隔流水直接正文，是卷子本样式。序目及卷一第一叶、集外诗一卷为南宋补版，他叶似乎也有补版[2]。此本有董氏诵芬室影印本和蒋氏密韵楼影刻本。台馆《善本书志》定为北宋末南宋初刊本[3]。

《南华真经注》（《续古逸丛书》本）　　后四卷刊工与《歌诗编》同，张元济认为也是北宋本。此书傅增湘《藏园群书经眼录》未著录，《藏园订补郘亭知见传本书目》则说是北宋本，末四卷是另一宋本。张元济《涵芬楼烬余书录》认为前六卷是南宋本。

《松陵集》　　毛扆所见宋刻《松陵集》，北宋庙讳俱缺一笔，南宋高宗名"構"字，或左或右，凿去半边，因而定为北宋本。按：此宋本今已无传。中国国家图书馆有清初影宋抄本。

《花间集》　　《花间集》今存宋本两部，皆为孤本。一部是南宋绍兴十八年（1148）晁谦之刻本，内容完整，印制精美，书品绝佳，

1　李红英：《寒云藏书题跋辑释》，北京：中华书局，2016年，第398–400页。
2　傅增湘：《藏园群书经眼录》，北京：中华书局，2009年，第906页。
3　台湾"国家图书馆"特藏组：《"国家图书馆"善本书志初稿·集部》，台北："国家图书馆"出版中心，1999年，第147–148页。

清末藏朱氏结一庐。另一部用南宋淳熙十二、十三年（1185—1186）鄂州公文册子纸刷印，清末藏杨氏海源阁。二本今皆藏国家图书馆。鄂州公文纸印本，周叔弢、赵万里都认为是北宋刻南宋修补。可以跟上面李贺的《歌诗编》比较。《花间集》宋本两种，今《中华再造善本》都已影印出版，鄂州公文纸印本真面已不难获见。清以来所谓影刻本以往推为善本，实则都难以毫发不爽，即使照像影印本，也难免修版之失。有心人细细比勘，不难发现个中款曲。

《唐百家诗选》　此本最耐人寻味，傅增湘说：避讳到佶，则为宋徽宗时，或其后刻，但是"構"字注"御名"，字体与原书不类，系补刊。此本刻工多有绍兴年间刻他书者，则此类刻工应处南北宋两期。傅增湘又说："然有不可解者，杨蟠序言：'细字轻帙，不过出斗酒金而直挟之于怀袖中。'以其词测之，必为巾箱本矣。余本则版匡甚高，大字疏朗，岂杨序者为别一本而兹刻乃转录杨序与？……古人一书而两本并行，详略互见者，如《郡斋读书志》《名臣言行录》之类甚多，又乌足致疑乎？"[1]

"纂图互注"四子　　邓邦述《群碧楼善本书录》说有书耳为《纂图互注荀子》是宋本之证，"此宋椠也。每叶有耳标题，固是一证"，"凡书之有耳者多属宋刊"[2]。按：此行款国家图书馆有宋本和明初本，台北"国家图书馆"有元刻和明覆宋刻。傅增湘云宋本仅

1　傅增湘：《藏园群书题记》，上海：上海古籍出版社，1989年，第949页。
2　邓邦述：《群碧楼善本书录·纂图互注荀子》，金晓东整理，上海：上海古籍出版社，2014年，第52页。

老、庄、荀、扬四子，元明翻刻五子仅四子有"纂图互注"字样[1]。傅藏《扬子法言》有木记云四子，但木记不完整，无堂号。究竟是宋刻元修，抑或是元刻明修尚可存疑。吴哲夫《论六子书》："宋刻经子诸书凡有纂图、互注、重言、重意等标题者，大都出于坊刻，以供士人帖括之用。如坊刻七经：《周易》《尚书》《毛诗》《周礼》《礼记》《春秋经传集解》《论语》等，皆有纂图互注本。《仪礼》《孟子》非场屋所用，故未见此种刊本行世。……南宋坊刻纂图互注之子书，以老、庄、荀、扬四子最为显例……随后坊估重刻，又杂凑以文中子、列子，号称'纂图互注六子全书'（见《天禄琳琅书目续编》卷五），然此后增二子之书，既无附图，亦乏互注，与前列四子之书体例不一，愈知其为后加之书，而非原有也。"[2]

宋余仁仲万卷堂刻《春秋穀梁传》 《沈氏研易楼善本图录》吴哲夫题识说，《古逸丛书》本出日本影宋抄本，卷十二末叶"余氏万卷堂藏书记"后有"癸丑仲秋重校讫"，而瞿本无，断为瞿本初印[3]。按：如果日本影抄本忠实，那么不是两副版片，就是修版。而瞿本《春秋公羊经传解诂》卷末有"癸丑仲秋重校"，瞿氏校记云汪喜孙问礼堂覆宋本无，而且校出许多歧异[4]。如此则万卷堂刻《春秋公羊经传解诂》也有两种印本，不一定是汪氏覆刻失真。汪本《春秋公羊

---

1 傅增湘：《藏园群书题记》，上海：上海古籍出版社，1989年，第294—295页。
2 "国立故宫博物院"编辑委员会：《"国立故宫博物院"藏沈氏研易楼善本图录》，台北："国立故宫博物院"，1986年，第54页。
3 "国立故宫博物院"编辑委员会：《"国立故宫博物院"藏沈氏研易楼善本图录》，第9页。
4 ［清］瞿镛：《铁琴铜剑楼藏书目录》，上海：上海古籍出版社，2000年，第112—120页。

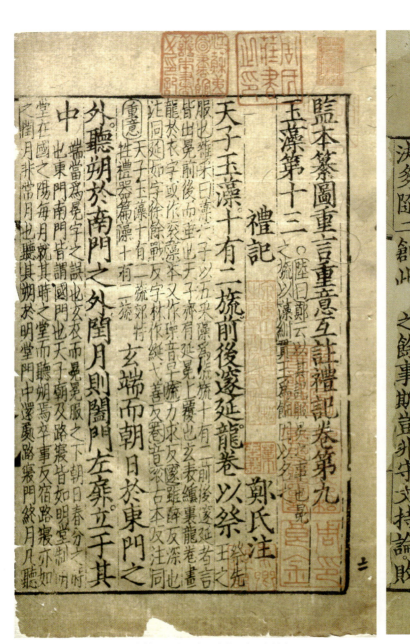

監本纂圖重言重意互註禮記卷第九

玉藻第十三　○陸曰鄭云以其記天子諸侯服冕之事也見

禮記

鄭氏注

天子玉藻十有二旒前後邃延龍卷以祭
服也雜采曰藻天子以五采藻爲旒旒十有二前後邃延
皆出於冕前後而垂也天子齊有延龍卷以祭先王之服
玄端而朝日於東門之外聽朔於南門之
外閏月則闔門左扉立于其
中也端當爲冕字之誤也玄衣而冕服之下朝日春分之
朝日也天子朝及路寢皆如明堂制度
天子玉藻十有二旒前後邃延龍卷以祭

外。聽朔於南門之
外。閏月則闔門。左扉立于其
中。

《监本纂图重言重意互注礼记》　宋刻本

其句讀以無爲有。其可閔笑者不可勝記也。是
以治古學。貴文章者。謂之俗儒。至使賈逵緣隙
奮筆。以爲公羊可奪。左氏可興。恨先師觀聽不
決。多隨二創。此之餘事。斯豈非守丈持論。敗

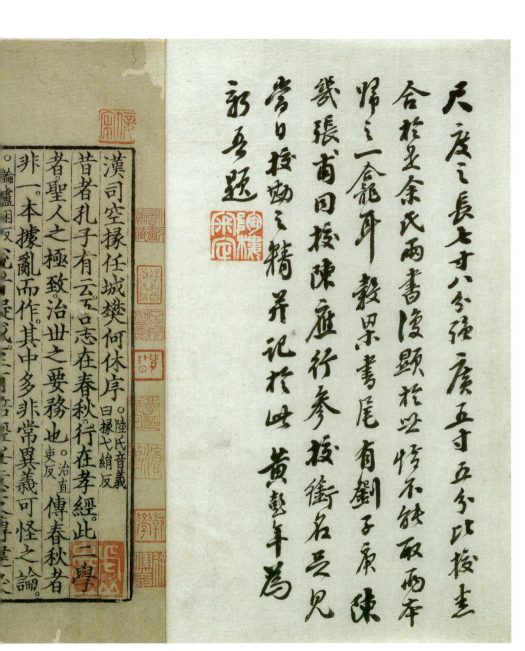

《春秋公羊经传解诂》　宋绍熙二年余仁仲万卷堂刻本

经传解诂》今在国家图书馆，可以用瞿氏校记核对。又按：李盛铎（号木斋）跋汪本说有"虚中印"，与瞿氏《春秋穀梁传》同，瞿本无重校字样，则汪氏《公羊传》或亦无重校字样。李盛铎从瞿氏说，以为汪刻不忠实，恐非是[1]。按：瞿氏宋本只存后六卷，由研易楼归台湾故宫。又按：阿部隆一《中国访书志》云，金泽文库旧藏宋绍熙建安余仁仲万卷堂刻本《春秋穀梁传》，杨守敬有影抄本，刻入《古逸丛书》。宋本失于战后德岛光庆图书馆火灾[2]。

（二）宋刻元刻

分辨宋刻本和元刻本时，着眼点仍然是上文说过的几方面。典型的元刻本版面黑色比例高，字体有行书笔意，视觉效果与宋刻不同。但是宋、元两代相接，元代初期刻本并没有形成自己的风格，跟宋末刻本没有什么不同，如果没有刊记标明刻书时间，二者就很难分辨。元代翻印宋本保留宋讳，元代自身又没有避讳一说，讳字对鉴定也没有什么帮助。

考察刻工名，可以发现若干所谓宋本其实是元代翻印本。元翻宋十行本群经注疏是个典型的例子，避宋讳，无刊记，孤零零地看，真不好说它们是宋刻还是元刻，前人也一直将它们当做宋本。但是十行本《论语注疏》版心下刻"泰定四年程瑞卿"，据此可以确定刻工的时代，比较相关各书的刻工名，可以确认为元代刻本。日本学者尾崎

---

1 李致忠：《宋版书叙录》，北京：北京图书馆出版社，1994年，第196–197页。
2 ［日］阿部隆一：《增订中国访书志》，东京：汲古书院，1983年，第709页。

康对正史版本的研究表明，现存所谓宋刻十行十八字或十九字本《晋书》《唐书》《五代史》，十之八九靠不住，尽管《五代史》有"庆元五年鲁郡曾三异校定"一行文字[1]。还有其他一些书恐怕也值得怀疑。

宋元刻本有的很难确认，特别是建刻本，书坊从宋代延续到元代，甚至到明代还在刻书。同一种书，辗转翻版重刻，当时已经形成了行业规范，刻出来的书彼此面貌相似，不易分辨。书商又趁机作伪，经常删削原有的版刻标志，辨认时毫无线索，使得宋、元直到明前期的福建刻本的鉴别工作难上加难。这里举几个例子。

《孝经注》　世彩堂廖氏刻《九经》是哪九经，排次如何，流传如何，张政烺先生有论证，见《读〈相台书塾刊正九经三传沿革例〉》[2]。其中涉及今藏中国国家图书馆的《孝经注》一书，刻印十分精美，为周叔弢旧藏。傅增湘认为此本没有牌记，较世行岳氏所刻他经刊印更为工丽，未定为岳刻本[3]。张政烺先生根据此本刻工名"翁"和"寿昌"，断定刻工就是曾为廖氏世彩堂刻《韩昌黎集》的"翁寿昌"。然而张先生看到此本不避宋讳，版心没有"世彩堂"三字，版式也跟其他两种翻廖本有不同之处，最终认为此本是翻廖本，保留了廖本原刻工名而已。此本《孝经注》有周叔弢影印和影刻两种版本，已收入《中华再造善本》。

《礼书》和《乐书》　对于元刻十行本《十三经注疏》，有的

1　[日]尾崎康：《以正史为中心的宋元版本研究》，陈捷译，北京：北京大学出版社，1993年，第57页。
2　张政烺：《文史丛考》，北京：中华书局，2012年，第313–340页。
3　傅增湘：《藏园群书经眼录》，北京：中华书局，2009年，第76页。

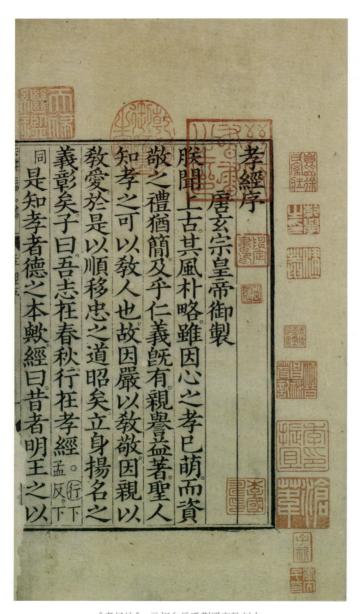

《孝经注》 元相台岳氏荆溪家塾刻本

学者折衷其间，认为本是宋版，从宋元到明，递有修版、补版。其实就十行本《十三经注疏》而言，情况未必如此，但是有些书恐怕就是这种情况。像《礼书》和《乐书》，清人一直定为宋刻，近人更多的是看作元刻。实际情况有可能是原来是宋庆元刻，到元至正七年(1347)福州路儒学用原版修补重新刷印时，宋代的版片所存已经不多，大部分都是当时补刻的，后来明代还在继续修补刷印。此二书有元人序跋，直言是重刻。台馆《善本书志》著录《礼书》定为元至正福州路儒学刻本，其说是："此本原为南宋刊本，元人得其版而重修之，由于宋刻部分已残存殆无，因此直称元刻本，似近其实。"[1]而《静嘉堂文库宋元版图录》著录《礼书》和《乐书》时，定为宋庆元刻元至正七年重修明递修。其中避宋讳，还有注"渊圣御名"的地方，但也说宋版所存无几[2]。

（三）宋刻明刻

明跟元相接，跟宋相去一百多年，按说刻书风格已有很大变化，字体和刀法迥然有别，不易跟宋本相混。但是明代正、嘉时文坛兴起复古之风，作为楷模，唐诗一下子被推到前台，明人开始大规模地刊刻唐诗。宋代杭州陈氏书籍铺所刻的许多唐人诗集就成为重刊的底本，结果不仅内容，连宋本的版式风格也传输给明代刻本。而这也正是明本跟宋本易于混淆的缘由。以往的藏家看朱成碧的情况

---

[1] 台湾"国家图书馆"特藏组：《"国家图书馆"善本书志初稿·经部》，台北："国家图书馆"出版中心，1996年，第130页。
[2] 静嘉堂文库编：《静嘉堂文库宋元版图录》，东京：汲古书院，1992年，第18、24页。

并不少见，如明刻本《春秋经传集解》，有南宋淳熙阮仲猷种德堂刻书牌记，历来看作宋本。然而此书字体方正呆滞，毫无书写的笔意，这是明代正、嘉年间兴起的体式，现在已经定为明本。清末陆心源把明刻《百川学海》单种当做宋本，凑足皕宋之数，也曾为人讥弹。

明刻本中最容易跟宋刻混淆的是翻宋本，特别是正德、嘉靖年间仿宋本，像明刻《脉经》《黄帝内经素问》《梦溪笔谈》《文选》等许多书，过去都曾被认作宋本。明刻十行十八字或二十字的唐人诗集出自宋本，略具宋书棚本的风范，草草一看，很容易误作宋本。明末刻本误作宋本的很少，只是明崇祯六年（1633）赵均小宛堂刻《玉台新咏》版式有宋风，印本用纸也非同一般，清代以来所称的宋本《玉台新咏》今天可以证实的都是赵氏小宛堂刻本。

明刻本号称宋本的情况并不少见，这里只略举几个例子：

《史记》　《史记》三家注本，明王延喆本出自宋黄善夫本，字体极为相似。但是版式不同，王本单鱼尾，上下白口，有刻工姓氏。笔画也较黄本略显平直刚硬，起笔住笔缺乏回锋笔意。仔细看看，可以体会到二者字体雕工存在差异，而这差异正是来自时代风气的不同。

《文选》　《天禄琳琅书目》卷十明袁褧嘉趣堂刻《六家文选》十部，九部作伪，添加宋刻刊记，其中有两部卷六十末改刊"河东裴氏考订诸大家善本命工锓于宋开庆辛酉季夏至咸淳甲戌仲春工毕"，并于末一行增刊"把总锓手曹仁"。《天禄琳琅书目》说："其字画既与前绝不相类，版心墨线亦参差不齐，且考订'订'字误作金旁，则伪饰之迹显然毕露矣。"[1] 按，题记之伪有二：一是干支不合，开庆无辛酉；二是开庆前加"宋"字，一似恐人不知其为宋代年号，宋人记本朝年号何须有此。《书目》说"其伪制盖出一人之手也"。又说："合计此书共成十部，而作伪者居其九。其间变易之计狡狯多端，或假为汴京所传，或托之南渡之末。虽由书贾谋利欺人，亦足见袁氏此书模印精良，实为一时不易得之本。"[2]《天禄琳琅书目后编》卷七著录的宋刻本卷末恰有此刊记，一字不差。又一部卷末改刊另一刊记，亦系割去原纸，别刊半叶粘接于后，干支亦误，作伪之迹更明显[3]。明袁氏刻本全书有多处刊记，印本也不尽同。加以贾人作伪，更形纷乱，值得认真考校一番。

《皇朝文鉴》　《皇朝文鉴》（又称《宋文鉴》）一百五十卷，有宋嘉泰四年（1204）刊本，十行十九字。还有宋麻沙刘将仕宅刻本，十三行二十一字，今北京大学图书馆有李盛铎旧藏本。杨守敬《日本访书志》载有《皇朝文鉴》明天顺八年（1464）严州刊本，并说，《宋文鉴》有张金吾爱日精庐藏明叶盛影抄宋本[4]，"序、跋完好，惜未重刻。其次则明天顺严州刊本为佳，又其次则胡公韶补刊严州本。至

---

1 ［清］于敏中：《天禄琳琅书目》，徐德明标点，上海：上海古籍出版社，2007年，第358页。
2 ［清］于敏中：《天禄琳琅书目》，第365页。
3 ［清］彭元瑞：《天禄琳琅书目后编》，徐德明标点，上海：上海古籍出版社，2007年，第551–553页。
4 《爱日精庐藏书志》著录为："《端平重修皇朝文鉴》一百五十卷。旧抄本，菉竹堂藏书。"见：［清］张金吾：《爱日精庐藏书志》，冯惠民整理，北京：中华书局，2012年，第598–599页。

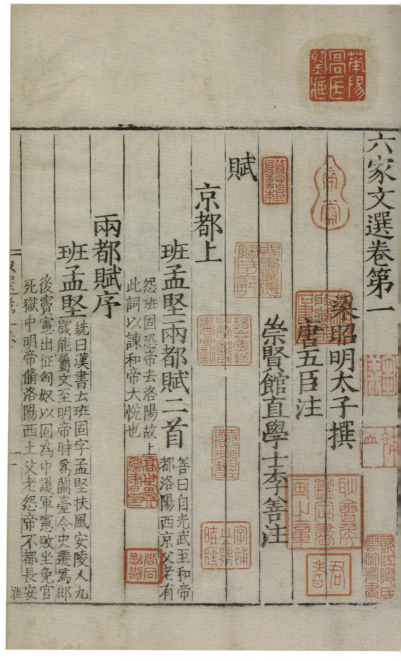

《六家文选》 明嘉靖十三至二十八年袁褧嘉趣堂刻本

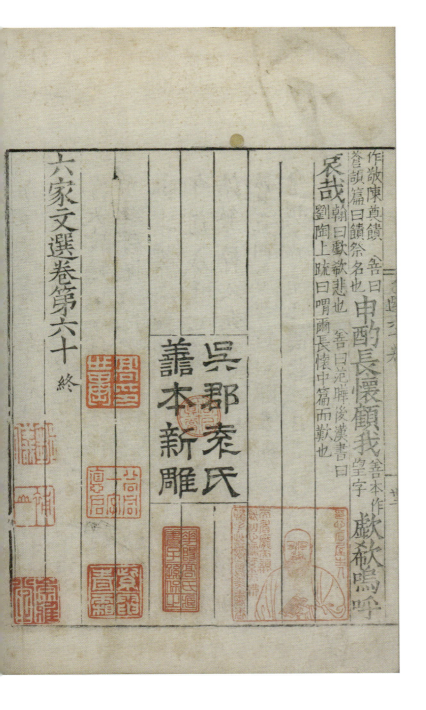

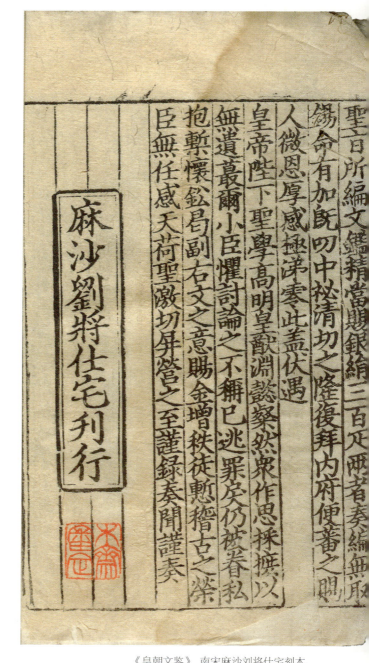

《皇朝文鉴》 南宋麻沙刘将仕宅刻本

賦

皇畿賦　　　　　　　　　　　　　　揚侃

大酺賦　　　　　　　　　　　　　　劉筠

中興賦　　　　　　　　　　　　　　晏殊

明堂賦　　　　　　　　　　　　　　范仲淹

皇畿賦　　　　　　　　　　　　　　揚侃

有賦家者流欲馳名於當世思著詠於神州忽念前古
深攘景慕誦二京於張衡覽兩都於班固於是輟卷意
慙閣筆心伏讓而謂臣請書簡牘臣辭不獲已而謂之
曰子讀二子之賦而知兩漢都邑之制宮殿之麗而未
知大宋畿甸之美政化之始也子幸得職採風謠官
參儒雅千里之郊坼是巡八使之詔車斯段若夫大邑

刘洪慎独斋、晋藩本，则讹谬不可读矣。"[1]据书前明商辂序此本是以宋本上木。杨守敬说："今按其款式、字体，精致绝伦，的是翻刻宋本。每半叶十三行，行二十一字。首商辂序，次周必大序，次《缴进文鉴札子》，次《谢赐银绢除直秘阁表》。首卷题'文鉴卷第一'，上空二字，盖原'皇朝'二字也。每卷尾亦然。次行低二字题'朝奉郎行秘省著作佐郎兼国史院编修官兼权礼部郎官臣吕祖谦奉圣旨诠次'，三行与'朝'字齐。又次'赋总目'。又次《五凤楼赋》。卷二以下则无官衔。唯吕乔年以下诸跋此本不载，幸皆存《爱日精庐藏书志》中。余意若以此本重刻，而以张氏所载诸跋补之，亦庶几成公之旧。又按：据成公《缴进札子》，其书原名《圣宋文海》，至周益公奉旨作序，始称《皇朝文鉴》，此本惟商辂序题《新刊宋文鉴》及成公《札子》前改'皇'字为'宋'字。其它每卷题'文鉴卷第几'，皆上空二字，不补以'宋朝'二字。晋藩以下刻本，始直题为'宋文鉴'。"[2]

但杨守敬对这个本子的描述与事实还是小有出入的。比如此本各卷首叶书名"皇朝"二字，有的是被剜去，有的则未改或改为"宋朝"，而且还有牌记"庆元庚申太平府学重刻"。很多人认为这是宋版重修，不相信是重刻。太平府学刻本不知人间是否还有孑遗，可一

---

1 杨守敬：《日本访书志》，沈阳：辽宁教育出版社，2003年，第210页。
2 杨守敬：《日本访书志》，第210–211页。按，《宋史》卷四三四《儒林传四·吕祖谦传》载："书肆有书曰《圣宋文海》，孝宗命临安府校正刊行。学士周必大言《文海》去取差谬，恐难传后，盍委馆职铨择，以成一代之书。孝宗命命祖谦。遂断自中兴以前，崇雅黜浮，类为百五十卷，上之，赐名《皇朝文鉴》。"则《皇朝文鉴》与《圣宋文海》并非同一书。

决此疑。

《名臣碑传琬琰集》　　潘景郑先生《著砚楼书跋》说《新刊名臣碑传琬琰集》所谓宋本，实际都是明翻宋本，"惜其书流传藏家，沿称宋椠，就余目睹，未敢置信，实皆明代覆本而已"[1]。《中国古籍善本书目》著录只有宋本和宋刻元明递修本，明代没有刻本。而《藏园订补郘亭知见传本书目》中，莫友芝认为孙星衍藏宋本实际是明初本。傅增湘增补则著录为宋刻元明递修本[2]。此书详情见《"国立故宫博物院"藏沈氏研易楼善本图录》，据说避宋讳极不严谨，版心刻工单字有何、可、王、立、吐、土、川等[3]。

（四）宋刻清刻

清代刻本与宋本相去很远，按说不会混淆，事实上却不尽然。这种情况大都发生在清代初期，像清初刻《友林乙稿》《节孝先生文集》等都曾引起很大的迷惑。至于清康熙通志堂、泽存堂等刻仿宋本被当做宋本甚至北宋本进入内府天禄琳琅，当事诸公是不是真的眼拙如此，才几十年的书就可以蒙混过关，不能不令人心有所疑。

1　潘景郑：《著砚楼书跋》，上海：上海古籍出版社，2006年，第83页。
2　［清］莫友芝撰、傅增湘订补：《藏园订补郘亭知见传本书目》，傅熹年整理，北京：中华书局，2009年，第320—321页。
3　《"国立故宫博物院"藏沈氏研易楼善本图录》著录藏本为宋末建刊本，谓："是帙略见断版，亦有修补痕迹，唯楮墨精爽，为建刊本之上乘。"见"国立故宫博物院"编辑委员会：《"国立故宫博物院"藏沈氏研易楼善本图录》，台北："国立故宫博物院"，1986年，第31页。

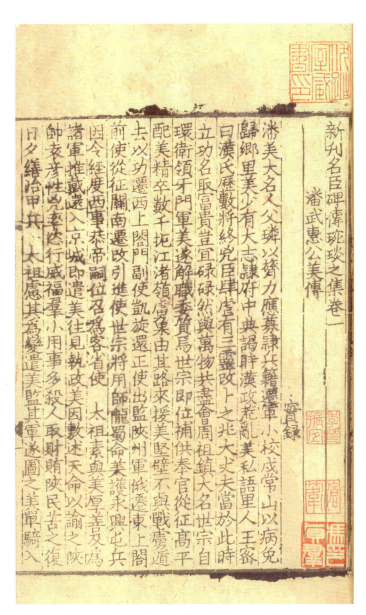

《新刊名臣碑传琬琰之集》 宋刻元明递修本

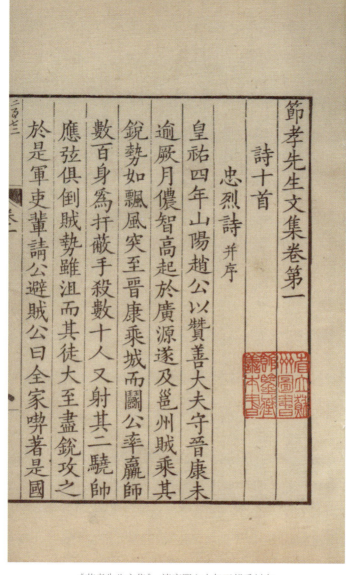

節孝先生文集卷第一

詩十首

忠烈詩 并序

皇祐四年山陽趙公以贊善大夫守晉康未
逾厥月儂智高起於廣源遂及邕州賊乘其
銳勢如飄風突至晉康乘城而鬬公率羸師
數百身為扞蔽手殺數十人又射其二驍帥
應弦俱倒賊勢雖沮而其徒大至盡銳攻之
於是軍吏輩請公避賊公曰全家喋著是國

二百七二 卷一

《节孝先生文集》 清康熙六十年王邦采刻本

（五）刻工局限

这些论证涉及书名、版式、字体、讳字、刻工等多种因素，似乎刻工起决定性的作用。但是我们不能不指出，用刻工作证也有局限性，如果一个人能工作四五十年，时间跨度就很大，也就不能因为两部书上有几个刻工名相同，就断言它们是同时刻版。此外同名的情况和补版的辨别都是需要注意的事情。

今天宋、元、明、清各朝刻本的影印本、书影等已经随处可得，一经比较，真假皎然，鉴定版本的条件非昔人可比。但是版本鉴定是极其复杂的事情，以往的断代不断要作翻案文章，现在认定的结论正确与否也怕还有斟酌的余地，所以我们谈宋刻本的赏鉴时，南北宋之间、宋元明之间还是以"多闻阙疑，慎言其余"为是。

五　宋刻本收藏鉴赏的背后

最后我们简单谈一谈宋刻本的收藏、寻访以及赏鉴的真谛所在，供大家参考。

第一，无论志在收藏还是研究，宋本的流传脉络都值得认真探索。早在明代，宋刻本就是藏家竞相追逐的焦点。入清以后递相授受，各藏书名家的书目中都有记载。今天所见的宋刻本，几乎都曾著录于清初毛氏汲古阁、钱氏述古堂、徐氏传是楼、季振宜、天禄琳琅以及清中期黄丕烈、汪士钟以来的著名藏家的书目中。书上所加盖的印章，除了偶见宋、元、明藏家以外，也大都不出清以来这些著名的藏家。于是我们就可以根据历代藏家书目对宋本的记载，沿着流传脉络，追踪宋本的下落。

情况确实如此。像瞿镛《铁琴铜剑楼藏书目录》著录的部分宋本久久不知所在，有几种后来出现在沈氏研易楼捐赠台北故宫的书目中，而宋婺州刻本《重言重意互注尚书》则出现在嘉德2003年秋季拍卖会上。清宫天禄琳琅旧藏的一些宋本民国初年流失，近年也会在拍卖会上现身。可以预期，今后通过有目的的查考和访寻，就有可能找到曩已记录在案、清末民初以后却不见踪影的一些宋本。

事实上，只要我们警觉，还是会有闪光的亮点，出现在意想之外。1999年上海朵云轩拍卖会上出现的《资治通鉴纲目》[1]，1998年和2005年嘉德拍卖会上出现的蜀刻中字本《春秋经传集解》[2]，开始都未曾引起应有的注意。更不可思议的是，宋杭州书棚刻本刘克庄的《南岳稿》和《南岳旧稿》，八百年来不为人知，2006年竟悄然面世，以致书林行家里手也不敢相信自己的眼睛[3]。

第二，要想欣赏宋刻本的妙处，形式之外，更重要的是注意其文本内容。顾广圻曾说："向闻人说校书何难，无以应之。今已得一语，

---

1 陈先行：《打开金匮石室之门：古籍善本》，上海：上海文艺出版社，2003年，第82–83页。
2 拓晓堂：《槐市书话·破解七百弄的迷局》，北京：商务印书馆，2017年，第15–19页；陈先行：《从宋蜀刻中字本〈春秋经传集解〉谈蜀刻本的鉴定》，2019年4月28日，https://www.trueart.com/news/337681.html。
3 赵前：《谈谈新发现的宋刻本〈南岳稿〉》，《国家图书馆第九次科学讨论会论文集》，2007年，第265–267页；陈东：《宋刻本〈南岳稿〉上拍小记》，《荣宝斋》，2008年第5期，第238–243页；沈乃文：《刘克庄〈南岳稿〉与陈起〈江湖集〉——宋刊〈南岳稿〉影印序言》，《版本目录学研究》第7辑，2016年，第273–284页；程章灿：《宋刻〈南岳稿〉考证》，《文献》，2016年第1期，第3–14页。

曰：所谓何难者，只是未校。若真校便难。"[1]这是他校勘《韩非子》一书宋版书时因其中文字异同引发的一番议论，他是学者，关注这些事情也许不足为奇。然而即使仅以赏鉴和收藏闻名的黄丕烈，书跋中也是经常谈论宋本文字之可据，得到一部好书不等过夜，挑灯急校，而不是仅仅玩赏它的形式之美和张扬它的珍稀难得。

清末瞿镛、杨绍和、丁丙、陆心源四大藏书家都有目录或书志传世[2]，其中瞿氏藏书目录《铁琴铜剑楼藏书目录》最获好评[3]。这是因为瞿目"内外兼修"，对一些书的文献价值有所评论，写出了它们内容的优异之处，这些地方得力于当时博学之士的参与和合作。一部书珍稀固然可贵，如果内容并不出色，那也仅仅可以当古董珍藏罢了，难免要为庸闲斋主人陈其元所笑，要问看宋椠《孟子》"可较别本多记数行乎"[4]？这虽然近乎玩笑，但是收藏家不能不谨记于心，只要我们认真去读宋本，花费的精力和时间必有意想不到的回报，遇到妙处，一字千金，"恰如灯下故人，万里归来对影，口不能言，心下快活自省"[5]。

1 ［清］顾广圻：《思适斋书跋》，黄明标点，上海：上海古籍出版社，2007年，第57页。
2 瞿氏书目题跋有：瞿镛《铁琴铜剑楼藏书目录》《铁琴铜剑楼藏宋元本书目》，瞿启甲辑《铁琴铜剑楼题跋辑录》《铁琴铜剑楼宋金元本书影》；杨氏有：杨绍和《海源阁书目》《楹书隅录》，杨保彝《海源阁宋元秘本书目》；丁丙有《善本书室藏书志》等；陆心源有《皕宋楼藏书志》等。
3 王欣夫说："在近世藏书志中，尚没有超过他的。"（王欣夫：《王欣夫说文献学》，上海：上海古籍出版社，2000年，第59页。）
4 ［清］陈其元：《庸闲斋笔记》，杨璐点校，北京：中华书局，1989年，第179页。
5 黄庭坚《品令》词。见：［宋］黄庭坚：《山谷词》，马兴荣等校注，上海：上海古籍出版社，2001年，第82页。

第二讲

金刻本的鉴赏与收藏

金太祖建国于收国元年（1115），时当宋徽宗政和五年，已是北宋末年。金代享国120年，天兴三年（1234）为蒙古所灭，当时是南宋理宗端平元年。元太祖成吉思汗建蒙古国于南宋开禧二年（1206），1260年世祖忽必烈建年号中统，1271年建国号大元。南宋到祥兴二年（1279）覆亡。

宋、金、元三朝年代互有交叠，元代本身又分不同的阶段，给古书版本命名时就要仔细分辨。过去藏书家往往把中统以前的蒙古刻本归为金刻本，中统以后有年号则归为元刻。近年编纂的书目按照历史时期和刻书的所在，把金、蒙古、元三者分划开来。

一　金刻本的历史定位

按照朝代历史排序，依次是唐、五代、宋、辽、金、元，金在宋后，但是金代从北宋到南宋中期，在很长一段时间跟北宋、南宋并存。金灭亡后，先是蒙古，接着是元，继续跟南宋并存，直到南宋灭亡。

金在中华大地北部，跟宋朝战战和和，长期交往，文化、社会、生活都在宋代的影响之下。金刻本实际上跟宋刻本同源分流，现存宋刻本主要体现南方传统，而金刻本体现北方传统。从这个角度去看金刻本的形式和内容，我们可以看到金刻本跟宋刻本是弟兄行辈，都体现出当时中华大地印刷出版传统的特点，其不同之处反映出二者在习俗和风尚等方面存在着地区差异。

金代文化出版业得益于宋人文化的滋养，刻书、藏书也有一定的规模，篇帙浩瀚的释、道二藏金代都曾刊印。但是金代只有一百多年的历史，刊印的书籍当时很少传入宋境，历经战火，流传到今天，除了赵城大藏以外，其他书籍已经寥寥无几。正是因为金刻难得，金又跟北宋相交，增添了尊贵，自然得到历代藏家更多的青睐。金代之后蒙古时期的刻本习惯上往往称为金刻，讲金刻本免不了也要说到蒙古刻本。

二　金刻本的版式特点

女真民族很早就跟北宋打交道，印刷工匠和工艺技术应该较多地体现宋代北地的传统。我们今日所见推为主流风格的宋代刻本，大都是南宋浙、建、蜀等地的产物。可以确认为北宋时期刻本的已是凤毛麟角，零零散散，不成规模。宋朝南迁后，北方刻本已归属金、元，要窥测北宋刻本和北方刻本的版面风貌，虎贲有似中郎，金代和蒙古刻本应该是最重要的参照对象。

可惜金代和蒙古刻本今日所存也是寥寥无几。不过跟已成典型的浙、建、蜀三种南方风格相比，金代刻本的版式朴素、厚实，确实还有引人注目的地方。金刻本有一种颇为普遍的版刻风格，字体方正茂密，笔画分布均衡，尽可能把方格空白填满，甚至略显拥挤。结构重心靠上，略有颜体厚实重拙之风，跟轻巧峭丽的建本颜体有明显差异。

金刻本笔画坚挺硬实，起笔住笔有时略有棱角，这应该是北派的传统风格。像金刻《黄帝内经素问》和蒙古刻《云笈七签》等，程度

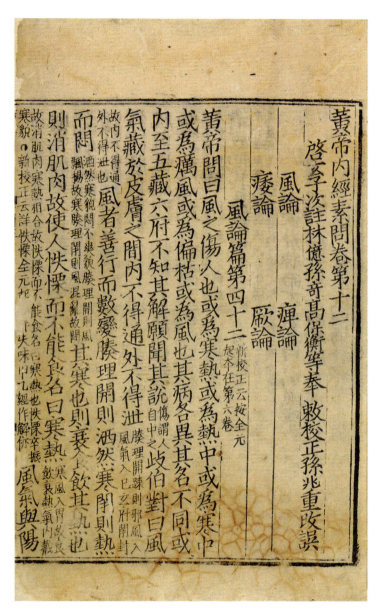

《黄帝内经素问》 金刻本

有常耶俱無常耶耶常無常耶非非無常耶
爾時天尊安心含笑苔海空言善哉善哉善
男子一切凡夫有身無身煩惱之身何以故
煩惱身者囊裹膿血障於道性是故眾生不
悟煩惱有真道性之性不在內耶不不在
外耶不在中間亦不不有耶亦不無耶非色非
耶非見在耶非未來耶非色心耶非自他耶
非有命耶非無命耶非有身耶非無身耶非
有常耶非無常耶爾時海空稽首作禮白天
尊言如是所說非有身耶非無身耶云何煩
惱障於道性道性之身從父母耶從微塵耶
從幻化耶從自然耶從虛空耶從變易耶從
善生耶從惡生耶從畜生耶從地獄耶從天
上耶若從父母生道性者云何父是煩惱
耶非煩惱耶若是煩惱云何能生真道性者
若是真生真性應當云何真性從煩惱生若
從煩惱煩惱之障或墮於地獄道性之生亦

《云笈七签》 蒙古乃马真后三年刻《道藏》本

虽有不同，但是都有这个特点。

有些金刻本字体雕刻都潇散随意，并不追求整饬工致，像黑水城出土文献给人的印象就十分质朴。而一些金代后期至蒙古时期的刻本，如平阳张氏晦明轩所刻的《经史证类备用本草》、《增节标目音注精议资治通鉴》等，以及《尚书注疏》、《萧闲老人明秀集注》等，可以跟字体明丽的南宋精刻颉颃。这跟刻板时间、地区和主持人都有关系。

三　金刻本的文献价值

世所共知北宋本珍罕，断代没有多少争议的北宋本屈指可数。然而除了金刻藏经以外，可以确认的金刻本也十分罕见。《中华再造善本·金元编》所收的金本仅仅十种，另有蒙古刻本七种。张丽娟和程有庆合撰的《宋本》一书附有《金代刻本知见录》可供参考，所收不过二十来种[1]。尽管数量如此之少，学者研究的机会不多，但是金刻本的文献价值还是不时地闪耀光彩，这跟金刻本的来历有关。

金朝文化事业的发展取资于宋人。金人攻下汴京，获得了大量的宋刻书籍和版片，大批捆载北上。文献记载有金刻"五经""三史"，甚至有金刻"十七史"，应该是直接或间接来自宋代旧版。这些经史要籍自古以来，从抄写到印刷版本众多，很有必要细细比勘一番，弄清其版本源流。可惜今日只知道有这些金刻名目，实物却近乎绝迹人

---

1 张丽娟、程有庆:《宋本》，南京：江苏古籍出版社，2002年，第154–159页。

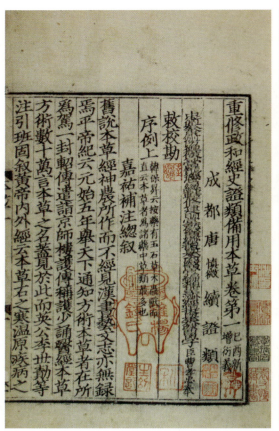

《重修政和经史证类备用本草》
蒙古定宗四年平阳张存惠晦明轩刻本

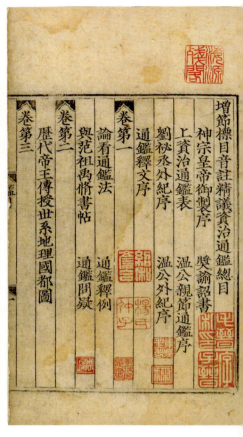

《增节标目音注精议资治通鉴》
蒙古宪宗三至五年平阳张存惠晦明轩刻本

國子祭酒上護軍曲阜縣開國子孔穎達等奉　勅撰

尚書序（疏）

正義曰道本沖寂非有名言既以道生萬物由名生物之物形必有名形既有名則此諸史因物立名物既名矣其物形從事著象則於上世尚書者上代以來之書故以尚書者上代之書也言者意之聲記言之書故曰書以其上世帝王之遺書故曰尚書也又劉向別錄云尚書者庶也以其上世之事故曰尚書也馬融云上古有虞氏之書故曰尚書也此諸書雖有別立其稱惟以事立名故書非一時君出言則書之書為記言而已諸部但諸部名各自載耳昭二年左傳晉韓宣子適魯見易象與魯春秋曰周禮盡在魯矣此所謂題意別名各各自異故名以事立見之故也其尚書所載六經者謂之六籍皆是尊書也此獨稱書者本書以事為重義不煩重故也

古者伏犧氏之王天下也始畫八卦造書契以代結繩之政由是文籍生焉（疏）

古者至生焉　正義曰古者自至生焉言代之結繩者言前世之政用結繩今有書契以代之則伏犧始有文字也又作案古者以聖德伏物故曰伏犧或曰宓犧音亦同律歷志曰結繩作網罟以取犧牲故曰伏犧或曰包犧取其犧牲以供庖廚顏氏又引帝王世紀云伏犧母曰華胥

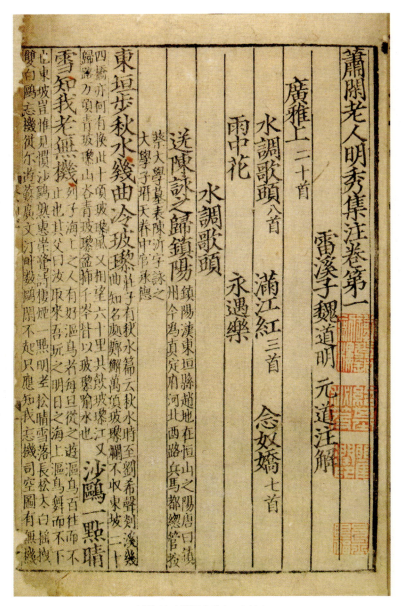

蕭閑老人明秀集注卷第一　　雷溪子魏道明 元道注解

廣雅上二十首

水調歌頭八首　滿江紅三首　念奴嬌七首

雨中花　永遇樂

水調歌頭

送陳詠之歸鎮陽

鎮陽漢東垣縣趙地在恒山之陽唐曰鎮
州今為真定府河北西路兵馬都總管教

蔡大學士塈表陳沂字承翁
大學子塈天并中寧承祖

東垣步秋水幾曲冷玻瓈曲

秋水篇云秋水時至劉希聲劉溪幾
四橋亦何有換此十頃玻瓈風又相羊六十里共飲玻瓈江又
歸路力頓青玻瓈盆肺千峯計以玻瓈渝水也
大學子塈天并中寧承祖

雪知我老無機

止此父曰波取來吾玩之遊漚鳥者每旦從之遊漚鳥百仕而不
心東坡豈惟見慣沙鷗熟東崖鷗詩便婍一點明老松晴雪落長松太白

雙白鷗志機從爾消蠶廣汀間數鷗關不起只應知我志機司空圖有無機

寰，如今《中华再造善本·金元编》仅收金刻《周礼》十二卷，《尚书注疏》二十卷则归为蒙古刻本，正史一部也没有。相传有所谓金大定刻本薛氏《五代史》，一个世纪以来学者苦苦追寻，劳人心眼，始终渺无踪迹，如果能够出世，那真是稀世之宝。

金刻大宗巨制是释、道二藏，今有一部珍贵的《赵城金藏》幸存于世，出自宋初《开宝藏》，来源古老。元代道教蒙难，金刻《道藏》今已不存，只有蒙古刻《玄都宝藏》本《太清风露经》和《云笈七签》零卷幸存。

此外，今日所见金及蒙古刻本大多是医药、音韵、术数之类实用书籍，如《改并五音集韵》《黄帝内经素问》《经史证类备用本草》《地理新书》《三命消息赋》等。

现存金刻本多有避北宋帝讳的情况，这证明它们传承宋本，特别是北宋本。金朝占据北方后，获得了大批中原文献，其中也有南宋看不到的东西。像李贺《歌诗编》，传世有南宋书棚本、袁克文旧藏的所谓北宋本以及宋刻文集本等多种善本，后世递相传衍，绵延不绝。但是蒙古赵衍本却别树一帜，诗篇数目与各本不同，文字也有不少独异之处，赵衍后序说出于司马光家藏本。王国维先生曾以袁藏北宋本相校，发现袁本异文大都为后印剜改，书棚本则出自剜改本，断定袁本初印当与赵衍本相同[1]。可见赵本渊源有自，保留了古本原貌，值得珍视。

---

1 王国维：《王国维全集》第10卷《传书堂藏善本书志下》，杭州：浙江教育出版社，2009年，第177-178页；王国维：《王国维全集》第14卷《诗文》，第500-501、581页。

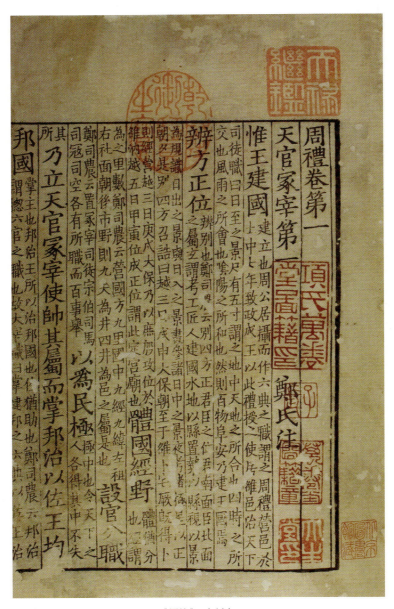

《周礼》 金刻本

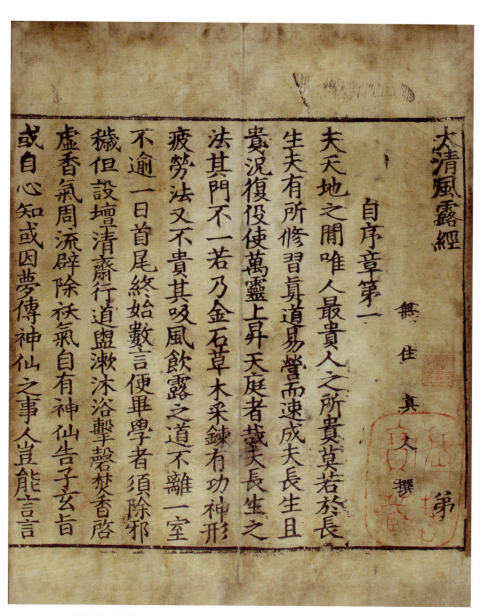

太清風露經

自序章第一

無佳真人撰

夫天地之間唯人最貴人之所貴莫若於長
生夫有所修習真道易瑩而速成夫長生且
貴況復役使萬靈上昇天庭者哉夫長生之
法其門不一若乃金石草木采鍊有功神形
疲勞法又不貴其咇風飲露之道不離一室
不逾一日首尾終始數言便畢學者須除邪
穢但設壇清齋行道盥漱沐浴擊磬焚香啓
虛香氣周流辟除祅氣自有神仙告子玄旨
或自心知或因夢傳神仙之事人豈能言言

《太清风露经》 蒙古太宗九年至乃马真后三年宋德方等刻《玄都宝藏》本

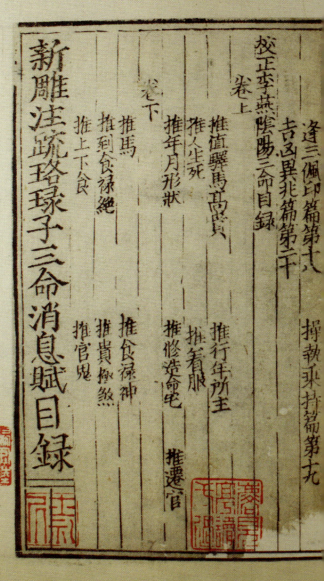

新雕注疏珞琭子三命消息賦目録

校正李燕陰陽三命目録

逢三偶即篇第十八

掉執柔持篇第十九

吉凶異兆篇第二十

卷上

推値驛馬高貴　　推行年所主

推人生死　　推着服

推年月形狀　　推修造命宅　　推遷官

卷下

推馬

推到食禄絕　　推食禄神　　推官鬼

推上下食　　推貴換煞

新雕注疏珞琭子三命消息賦目録

第上卷

先天一氣篇第一　道順循環篇第二

三奇妙用篇第三　歸定水府篇第四

息一氣以凝神篇第五　建中復氣海篇第六

鼻甲吉凶篇第七

第中卷

氣遷榮樂篇第八

元辰出入篇第九　貴地待時篇第十

庚辛甲乙篇第十一　虎嘯龍吟篇第十二

下擊下勝篇第十三

防災先道篇第十五　基在其兄篇第十四

《新雕注疏珞琭子三命消息賦》 金刻本

客縹粉壺中沉琥珀琲花臺欲暮春辭老落花起作迴

風舞榆莢相催不知數沈郎青錢夾城路

還自會稽歌 并序

梗肩吾於梁時嘗作宮體謠引以應和皇子及國世

淪敗肩吾先潛難會稽後始還家僕意其必有遺文

今無得焉故作還自會稽歌以補其悲

野粉椒壁黃濕螢滿梁殿臺城應教人秋衾夢銅輦

吳霜點歸鬢身與塘蒲晚脈脈辭金魚霸臣守屯賤

出城寄權璩楊敬之

草暖雲昏萬里春宮花拂面送行人自言漢劍當飛

《歌诗编》 蒙古宪宗六年赵衍刻本

李憑箜篌引

　　隴西李　賀　長吉

吳絲蜀桐張高秋空白凝雲頹不流江娥啼竹素女
愁李憑中國彈箜篌崑山玉碎鳳凰叫芙蓉泣露香
蘭笑十二門前融冷光二十三絲動紫篁女媧鍊石
補天處石破天驚逗秋雨夢入神山教神嫗老魚跳
波瘦蛟舞吳質不眠倚桂樹露脚斜飛濕寒兔

　殘絲曲

垂楊葉老鶯哺兒殘絲欲斷黃蜂歸綠檻少年金議

《中国版刻图录》则称赞金刻《南丰曾子固先生集》，说它源出北宋，诗文多出《元丰类稿》外，《圣宋文选》和《南丰文粹》所收各文，都见于此本[1]。参看陈杏珍《跋北京图书馆藏金刻本〈南丰曾子固先生集〉》[2]。

四　金刻本的版本鉴定

清以来藏家记载的金刻本屈指可数，并不引人注目，似乎也没有什么鉴别的麻烦。然而认真想一想，事实并不这么简单：由于时代和地域相接，金刻本跟宋刻本交错，跟蒙元刻本接续，接触紧密，难免混淆。

金代起于北宋后期，止于南宋中期，前期刻本跟北宋刻本有孳乳关系，后期刻本跟南宋刻本南北对峙，地域互补。因此，金刻本的鉴定问题跟南北宋刻本的分辨，特别是宋代不同地区刻本的辨别，性质相同。说到底，也是从序跋、刊记、形制、刻工、讳字等方面入手，道理相通。难处在于，北宋和北方刻本留存的实物太少，以致对于南北宋之间以及南北方之间的版式风格的差异，几乎总结不出多少明确的依据，难以为传统的"观风望气"法提供资粮。这里还是举几个实例，看看金刻本的鉴定方法。

有些刻本有明确的标记。像平阳张氏晦明轩刻《增节标目音注

1　北京图书馆编：《中国版刻图录》（第1册），北京：文物出版社，1961年，第48页。

2　陈杏珍：《跋北京图书馆藏金刻本〈南丰曾子固先生集〉》，《文献》1985年第1期，第148–151页。

精议资治通鉴》和《重修政和经史证类备用本草》都有刊记，而且有蒙古时期的年款，一目了然。此外，蔡松年《萧闲老人明秀集注》虽无刊记，但作者是金人，书中"供""尧""乘"等字避金帝讳缺笔；《栖霞长春子丘神仙磻溪集》所收诗篇在入元之前，前有金人撰序，语涉金帝则提行空格。若很好地利用，这些都可以作为金刻的佐证。

抄补的牌记可信程度就差，像瞿氏《铁琴铜剑楼藏书目录》著录的《经史证类大观本草》附《本草衍义》，墨图记落款有"金贞祐二年（1214）嵩州福昌孙夏氏书籍铺印行"云云[1]。傅增湘先生说牌记系抄补，风格有似元代建本，予以存疑。

金刻本跟北宋有密切的关系，其鉴别近年才得到注意，但是资料太少，视野更为狭窄。虽然《天禄琳琅书目》中标为宋本的《周礼》和《南丰曾子固先生集》都改判为金刻本，是不是还有我们没有注意到的金刻混迹宋本中，如何更准确地辨认金刻本，都值得进一步研究。如果没有明显的表征，就存在扑朔迷离的情况，需要慎重处理。这里举几个例子：

《新雕云斋广录》 《新雕云斋广录》八卷《后集》一卷，白麻纸印本，避北宋帝讳，有政和辛卯（1111）李献民自序，潘氏《滂喜斋藏书记》定为北宋政和间刊本[2]。宋代周密的《志雅堂杂钞》称买到北本《云斋广录》，宋人称金刻本为北本，赵万里先生认为潘氏藏

1 ［清］瞿镛：《铁琴铜剑楼藏书目录》，上海：上海古籍出版社，2000年，第360页。
2 ［清］潘祖荫：《滂喜斋藏书记》，余彦焱标点，上海：上海古籍出版社，2007年，第63页。

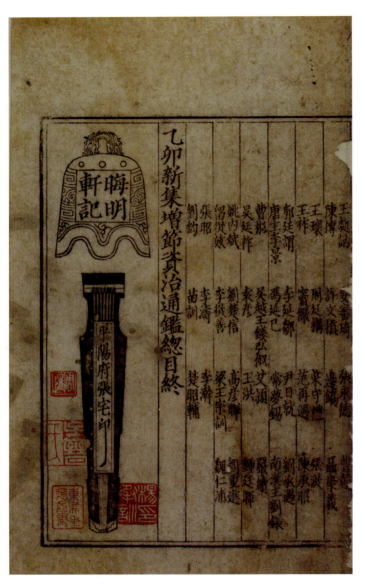

《增节标目音注精议资治通鉴》　蒙古宪宗三至五年平阳张存惠晦明轩刻本

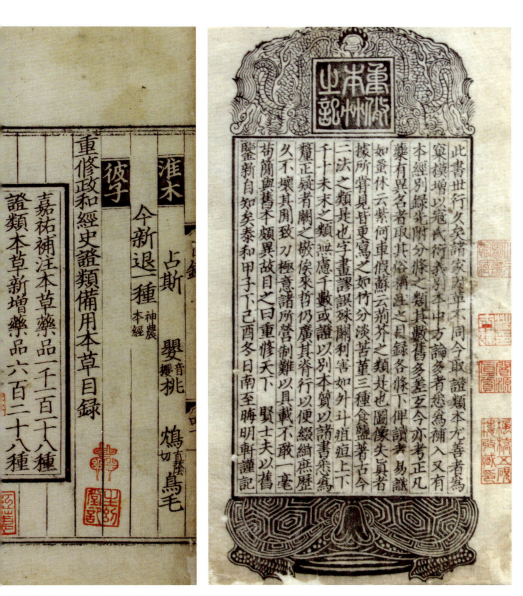

《重修政和经史证类备用本草》 蒙古定宗四年平阳张存惠晦明轩刻本

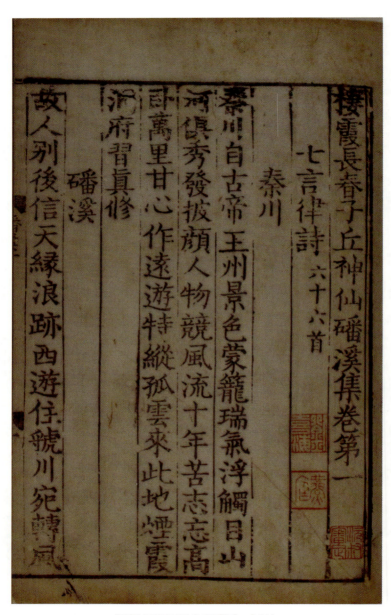

《栖霞长春子丘神仙磻溪集》 金刻本

本即金刻本¹。按：现已定为金平水刻本，不仅根据版式，平水出产白麻纸也可以作为一个参考因素。《云斋广录》一旦确定下来，随之而来，过去定为宋本的《南丰曾子固先生集》三十四卷、《周礼》十二卷《释音》一卷都类比推定为金刻本，甚至还有海源阁旧藏的《壬辰重改证吕太尉经进庄子全解》十卷。

《南丰曾子固先生集》　此书三十四卷，避北宋帝讳，《天禄琳琅书目后编》著录为宋建阳巾箱本²。赵万里先生认为版式、刀法、纸墨与潘氏旧藏《云斋广录》如出一辙，应该同属金中叶平水坊刻本³。绍兴二十二年（1152）荣六郎刻本《抱朴子》，据北宋汴梁坊本重刻，与此书版式相类似，可以推断此本源出北宋旧椠。跟此书情况类似的还有《周礼》十二卷《释音》一卷，《天禄琳琅书目后编》著录为宋刻本⁴，今藏国家图书馆，已经定为金刻本。

《壬辰重改证吕太尉经进庄子全解》　此书十卷，历来看作宋本，杨氏海源阁旧藏，见《楹书隅录》⁵。赵万里先生根据纸墨、版式、刀法，断为金时平水翻北宋本，认为《楹书隅录》定为宋本恐怕

1　北京图书馆编：《中国版刻图录》（第1册），北京：文物出版社，1961年，第48页。昌彼得谓："据今世仅存之金本观之，其书避宋讳颇谨，而于南宋诸帝不讳，尚系出自政和原本，故《湍喜斋藏书记》率直称为天水旧椠。"昌彼得：《说郛考》，台北：文史哲出版社，1979年，第70页。

2　［清］彭元瑞：《天禄琳琅书目后编》，徐德明标点，上海：上海古籍出版社，2007年，第532页。

3　北京图书馆编：《中国版刻图录》（第1册），第48页。

4　［清］彭元瑞：《天禄琳琅书目后编》，第411页。

5　［清］杨绍和撰、傅增湘批注：《藏园批注楹书隅录》，朱振华整理，北京：中华书局，2017年，第150页。

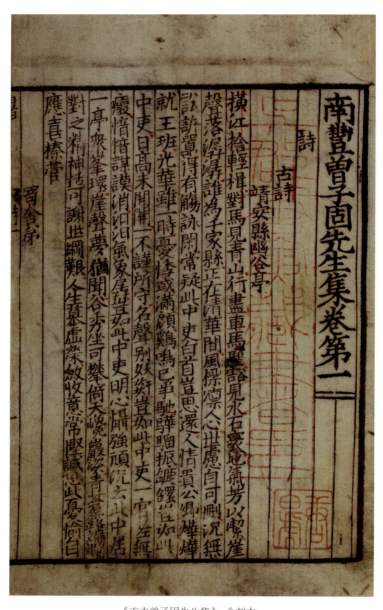

《南丰曾子固先生集》 金刻本

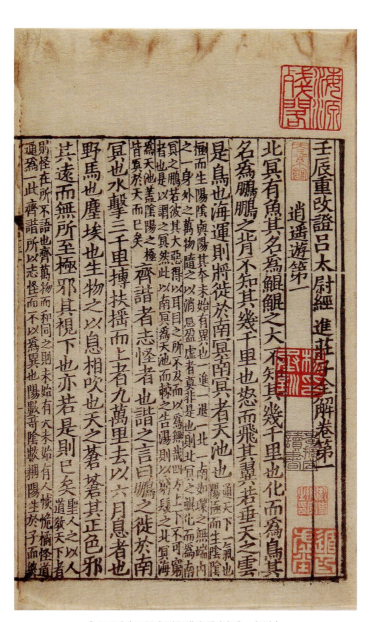

《壬辰重改证吕太尉经进庄子全解》 金刻本

不确[1]。按：此本系杨敬夫在天津出售二十六种之一，先归周叔弢，转归北图，《自庄严堪善本书目》《北京图书馆善本书目》均有著录，题《壬辰重改证吕太尉经进庄子全解》十卷，金刻本，文彭、吴元恭题款。周叔弢云："白纸，白口，左右双边，小字极精。""此是金本。"[2]

金跟蒙古的分野，前人往往不关注。瞿氏《铁琴铜剑楼藏书目录》著录有金刻本《尚书注疏》二十卷[3]，《中国版刻图录》认为此书"版式纸墨刀法，纯系平水风格"，而且刻工又曾刊张氏晦明轩本《经史证类备用本草》，后者断手于蒙古时期，因而推定此书也是蒙古时期的刻本[4]。张氏晦明轩刻书时间很长，有些书已经刻于蒙古时期。前人遇到这种情况，往往不再分辨，一律归为金刻，历来艳称的金刻李贺《歌诗编》就是个典型的例子，今已归为蒙古刻本。

金刻藏经之外，今日见诸著录的金刻本已经寥若晨星，就此有限几部书而言，未必没有鉴别的变数。这是因为，在许多情况下，我们只是根据版式直感，归入金代刻书中心平水刻本，即临汾地区，没有更过硬的证据——《中国版刻图录》对一些金刻本的说明就是这种情况。我们不能不想到，平水不止一家刻书，平水之外还有其他多处刻书，各家各地的风格我们未必都能成竹在胸，百发百中。

讳字是重要的依据，可是用于金刻本是把两刃剑：金刻本大都出自宋本，特别是北宋本，往往保留宋帝讳字，若不注意就会误断为宋本。

1 北京图书馆编：《中国版刻图录》（第1册），北京：文物出版社，1961年，第48—49页。
2 周叔弢：《周叔弢批注楹书隅录》，北京：国家图书馆出版社，2009年，第459页。周氏原批"此是金本"四字前原有"当是北宋末南宋初刻者"判语，后删去。
3 ［清］瞿镛：《铁琴铜剑楼藏书目录》，上海：上海古籍出版社，2000年，第44页。
4 北京图书馆编：《中国版刻图录》（第1册），第51页。

金帝讳字比较特殊，需要更多的观察，积累更多的资料。

刻工姓名更被当今学者恃为利器，然而有刻工的书不多，资料匮乏，对于北宋刻工和金源刻工，所知都很少，所以也只能适逢其会地行于其所当行而已。

我们还要注意到，当覆刻本亦步亦趋追随原刻本时，覆刻跟原刻的分辨是棘手的难题。《重校正地理新书》就是个例子。其书有金大定甲辰毕履道校补序、明昌壬子张谦刻书序。清代以来世所共知此书为金明昌壬子刻本，丁日昌持静斋和陈揆稽瑞楼各有一部。丁本后归李盛铎木犀轩，今在北京大学图书馆，《北京大学图书馆藏善本书录》著录为元刻本。陈本后归常熟翁氏，今在台北"国家图书馆"，著录则为金刻本。《金代刻本知见录》认为二本不是一版，详情还需要研究[1]。

《重修政和经史证类备用本草》是另一种情况。金刻本原有张氏晦明轩刊记和告白，明代翻刻本不仅版式相像，甚至保留张氏原刻告白，不看到原版很容易混淆。当年影印《四部丛刊》时失察，所用的金本实际是明成化四年（1468）原杰翻印本[2]。

五　金刻本的收藏和研究

我们一再说金刻本极其罕见，再讲收藏似乎多此一举。然而有句

<hr />

1　张丽娟、程有庆：《宋本》，南京：江苏古籍出版社，2002年，第157页。
2　龙伯坚：《现存本草书录》，北京：人民卫生出版社，1957年，第22-26页。

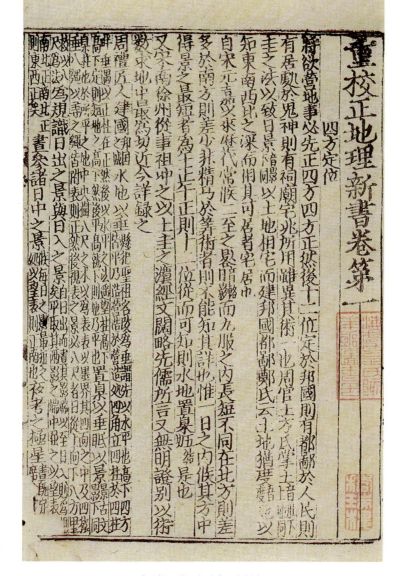

《重校正地理新书》 金刻本

话叫"地不爱宝",说不定它也会在哪里出现。尽管以清内府天禄琳琅之富有,书目中仅著录一部金刻《经史证类备用本草》,不能不令人气短,但也不是一无所见。像杨绍和《楹书隅录》就著录有金泰和丙辰张氏晦明轩刻《丹渊集》,《楹书隅录续编》著录影抄张氏晦明轩本《滏水文集》,二本今日都不知下落,是不是会意外地蓦然现身,也说不定。

另外,在现存金刻中,佛家是大宗,医药、术数、杂记、小说、曲本等生活用书也占很高的比例。这些家居日用杂书往往散在民间,不为人注意,天壤间或许还有孑遗给我们以惊喜。

从近年古籍拍卖情况看,偶尔出现金刻佛经零卷,也有标为蒙古刻的《玄都宝藏》零叶,所谓吉光片羽,弥足珍贵,都能拍得善价。一般而言,金刻释家经卷较多,今后还会陆续出现。金刻经、史、子、集四部书罕见,即使有所得,是否可靠也要细加审定。

对于金刻本的收藏家和赏鉴家而言,实物很少,没有多少发挥的余地,重心似乎应该更多地放在研究方面。

第一,黑水城旧址出土文物,过去点点滴滴有所耳闻,现在逐渐公之于世,这是一批有待认真研究的可贵资料。特别是,这批文物和近年其他一系列发现,可以帮助我们从更广阔的角度把辽、西夏、金和宋联系起来,开拓我们的视野,加深我们的认识。

第二,清代藏书家不曾为分辨南北宋刻本而苦恼,"北宋本"的标签可以随便贴。今天的学者斤斤计较,恃刻工名为利器,结果过去所说的北宋本一一倒台,最多也只能标为南北宋之间。然而有刻工名的书不多,而且现在也没有公认的北宋刻工名表,而以版式风貌作鉴别更是见仁见智的事情，于是鉴别真北宋跟翻北宋就是一个有待解决的难题。

　　总之，对于金刻本，我们过去的研究还不多，在新材料陆续出现后，有很多问题还需要我们进一步探讨。

第三讲

元刻本的鉴赏与收藏

一　元刻概说

1234年蒙古灭金，1271年建国号大元，大元之前是蒙古时期。1279年南宋灭亡，1368年元代灭亡。元代一统中华大地不过90年，远远少于有三百多年历史的宋代。然而由于时代较近，元刻书籍存世数量跟宋本比，却不像享国这么悬殊。人心免不了贵远贱近，谈起元刻本来，人们也不是那么肃然起敬。然而元刻本上承赵宋，下启朱明，在保护和传播文化遗产方面功不可没，许多重要的典籍有赖元刻接续宋本的香火。元刻本以其厚实浓重的墨色和圆活流动的行笔在印刷史上进行了新的探索，形成了特色分明的元刻风格。这种风格一直延续到明代前期，明代正、嘉以后所谓"宋体"的疏朗风格兴起以后，它才退出主流地位。

元代刻书地区很广泛，官府、书院、私家等都有刻书活动，刻书也很多。今天可以看到的元刻书籍，经、史、子、集四部都有，经部《九经三传》有宜兴岳氏刻本，《十三经注疏》有福建书坊刻本，史部正史则有官府和儒学刻本，这些都是享有盛名的版本。子部的医家、术数、类书等日用之书元刻本都很常见，元刻《藏经》过去所知不多，近年各地陆续有新发现。至于历代和本朝诗文集更是元刻本的大宗，受到后世博雅之士的推崇。

二　元刻本的版式风貌

一般地讲，从宋到元，版式风貌有比较大的变化：宋刻本版面清爽疏朗，一般是左右双边，白口，偶有细黑口；而元刻本倾向于四周双边，大黑口，墨色浓重，黑白比例明显大于宋本。宋元版刻风格的差异跟社会生活、经济状况和审美眼光等有关系，元人来自北方，天生的气质、习性和民俗与南宋有所不同，这些也影响着印刷技术的艺术取向。

如果从各个阶段看，从蒙古时期到元灭宋合在一起虽有七十来年，但是当时蒙古族地处北方，还没有占领中华大地，刻书事业蓬勃发展的江南地区在南宋版图之内。蒙元以战功立国，刻书活动还在继承北方和金源刻书的余绪，逐步发展之中，遗留到今天的蒙元刻本很少。从零散的样品《孔氏祖庭广记》《云笈七签》、李贺《歌诗编》、中统刻《史记》等书看，字画有清疏和茂密的些微差异，但是都有草创之风，结体趋于横平竖直，方正整齐，而笔划质拙，还没有成熟的工艺风格。值得注意的是金代印刷事业兴盛的平水地区，刻书活动一直延续到元代，今存平水张存惠晦明轩刻本《重修政和经史证类备用本草》和《增节标目音注精议资治通鉴》刻有金代年号，往往当作金刻，实际已经进入蒙古时期。

元代建国以后，很快占领了江南地区，南宋各地蓬勃发展的刻书事业归入元代范畴。书坊集中的福建地区就成为元代刻书事业的中坚力量，今天所见的元刻本以建刻最为大宗。福建刻书事业从宋到明，长盛不衰，刻本有明显的地方和行业特色。南宋时期福建刻本就有颜体墨重的倾向，版心多有细黑口，跟清疏的浙刻不同。但是宋刻建本笔画横细竖粗，起笔顿笔分明，有颜书前期《多宝塔碑》轻倩峭丽的流风。至于版心用大黑口，标题用阴文，加上墨盖子，字体平整，笔

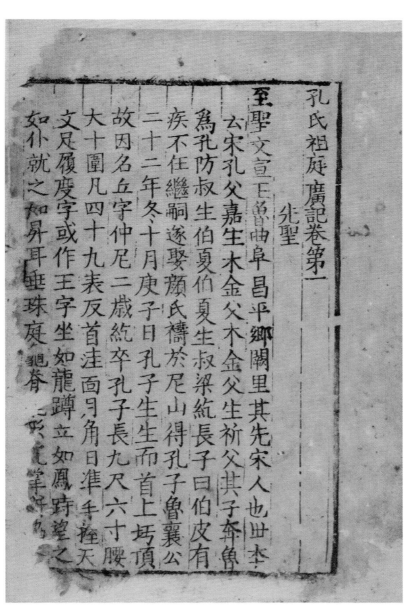

至聖文宣王即曲阜昌平鄉闕里其先宋人也世本

　　　　　先聖

孔氏祖庭廣記卷第一

云宋孔父嘉生木金父木金父生祈父其子奔魯

爲孔防叔生伯夏伯夏生叔梁紇叔梁紇長子曰伯皮有

疾不任繼嗣遂娶顏氏禱於尼山得孔子魯襄公

二十二年冬十月庚子日孔子生生而首上圩頂

故因名丘字仲尼二歲紇卒孔子長九尺六寸腰

大十圍凡四十九表反首洼面月角日準手握天

文足履度字或作王字坐如龍蹲立如鳳跱望之

如仆就之如昇耳垂珠庭〈龜脊……〉

《史记》 蒙古中统二年刻明修本

划重拙，那是南宋末期的发展，到元代才成为主流。

元代崇尚赵孟頫的书法，这对版刻字体有很大影响。赵氏的书法崇尚圆润，笔画轻巧流动，起笔和住笔有锋芒，带有行书意味。如果说宋代刻书各种书体分流竞爽，福建刻本宗法颜体，那么赵体就是元刻本的典型风格。元代刻本不仅笔意受到赵体影响，有些书甚至有似赵氏法书，像上海图书馆藏元后至元五年（1339）刻明修本《农桑辑要》、国家图书馆藏元大德三年（1299）铅山广信书院刻本《稼轩长短句》，就有赵氏行书的风范。

三　元刻本的版本价值

元代有些书是用宋代遗留的旧版重印，版片大都有修补，这就是所谓宋刻元代修补印本。翻翻《中国古籍善本书目》就能看到，真正的宋刻宋印本十分难得，今日所见的许多宋刻已经是元代甚至明代印本。尽管宋刻元印不如宋印精彩明丽，版片经过修补往往还会出现讹误，然而元印毕竟仅下宋印一等而已，其价值仍然不可小看。不妨举个例子，宋刻南北朝七史，今日所见几乎都是明代后印屡经修补的三朝本，往年傅氏双鉴楼有幸得到《南齐书》较早的印本，结果从明以来各本所缺的四叶，竟有二叶岿然独存，学者皆以为幸，推为元代印本。

元代覆刻宋本也是普遍的现象，特别是福建书坊大多是刻书世家，书版毁损后自然就用旧本覆刻，继续出版。覆刻本难以维妙维肖，一般不如原本精美，字体不那么自然，还会出现讹误。但是年代

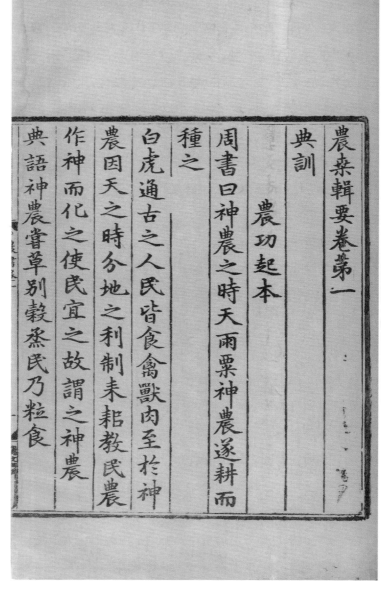

農桑輯要卷第一

典訓

　農功起本

種之

周書曰神農之時天雨粟神農遂耕而

白虎通古之人民皆食禽獸肉至於神

農因天之時分地之利制耒耜教民農

作神而化之使民宜之故謂之神農

典語神農嘗草別穀烝民乃粒食

《农桑辑要》　元后至元五年杭州路刻明修本

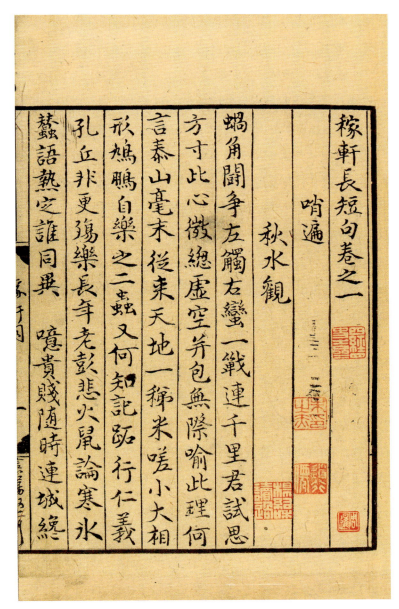

稼軒長短句卷之一

哨遍

秋水觀

蝸角鬭爭左觸右蠻一戰連千里君試思
方寸此心微總虛空并包無際喻此理何
言泰山毫末從來天地一稊米嗟小大相
秋鳩鵬自樂之二蟲又何知記跖行仁義
孔丘非更彭殤樂長年老彭悲火鼠論寒氷
蠢語熱之誰同興　噫貴賤隨時連城總

《稼軒長短句》 元大德三年广信书院刻本

一久，原本世间无存，覆刻本就由乙而推甲。

元代重刻古书一般也是出于宋本，有时候加一些校勘，增补一些内容，像元刻《事林广记》等类书，有些内容就是随着时代推移而更新或增补。这些书是宋刻的嫡嗣，一旦宋本散佚，它们就是最古老的版本。而且宋本也不只一种，元刻所依据的版本也有可能今天人间已无，元刻就为宋刻别本留下了一颗种子。像《诗外传》、《白虎通》、《风俗通义》等要籍，印本如今都以元刻为最早，元中统段子成刻《史记》二家注、至元彭寅翁刻《史记》三家注以及元九路刻正史则以版本重要而著称。

至于元人的著述，像元代作家的诗文集，元代本朝的刻本可以跟宋刻宋人著述相比，当然最值得珍爱。我们在评定一部古书不同版本的价值时，一般而言，出版年代距著作年代越近，价值越高。像这些书就不能说它们是元刻，价值不如宋刻。

概括地说，元刻本的价值在于承前启后：许多宋本依靠元人重刻得以流传下来，元本又为明清重印古书提供了丰富的资源。明清时许多书就是据元本重印的，而且元代有大量版片存世很久，一直到明代还在修版、补版刷印，像建刻《十三经注疏》和九路本正史等；而王应麟的《玉海》元刻版片甚至到清代还在修补刷印。

四　元刻本的版本鉴定

元刻本跟其他古书一样，版本鉴定不外乎注意版式形制、内容文字、文献资料这么几个方面。元代在宋、明两代之间，在宋元之间和

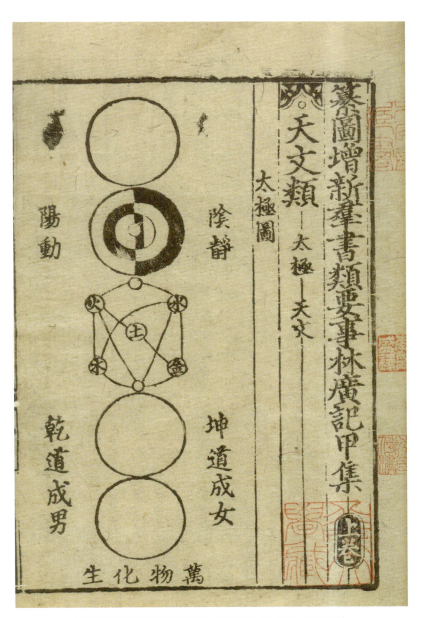

《纂图增新群书类要事林广记》 元后至元六年郑氏积诚堂刻本

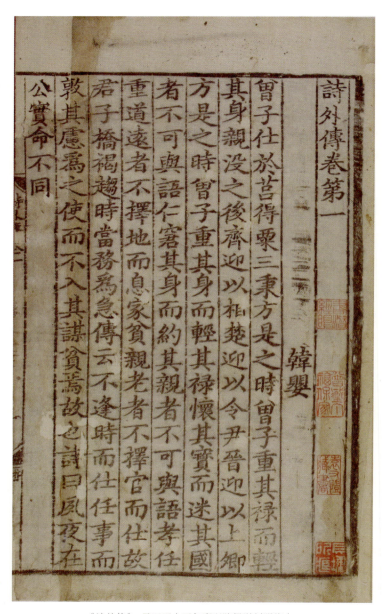

曾子仕於莒得粟三秉方是之時曾子重其祿而輕
其身親没之後齊迎以相楚迎以令尹晉迎以上卿
方是之時曾子重其身而輕其祿懷其寶而迷其國
者不可與語仁審其身而約其親者不可與語孝任
重道遠者不擇地而息家貧親老者不擇官而仕故
君子橋褐趨時當務為急傳云不逢時而仕任事而
敦其慮為之使而不入其謀貧焉故也詩曰夙夜在
公實命不同

《诗外传》 元至正十五年嘉兴路儒学刻明修本

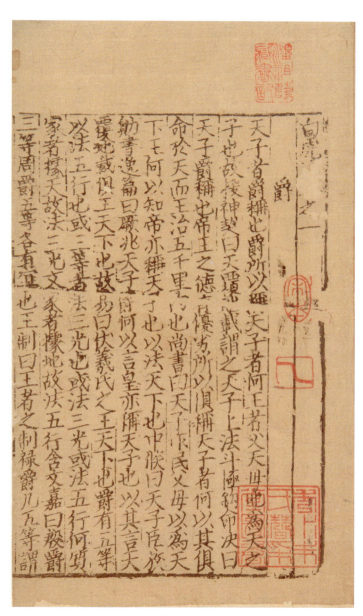

《白虎通》 元刻本

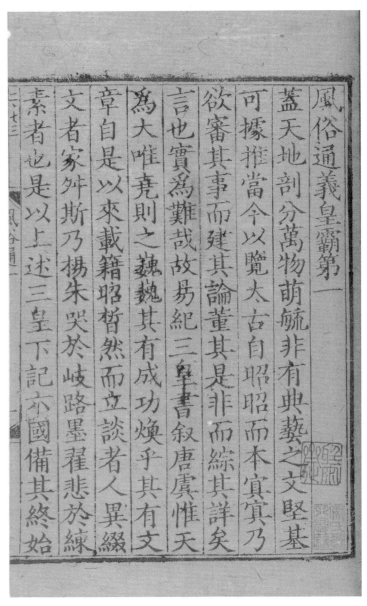

風俗通義皇霸第一

蓋天地剖分萬物萌毓非有典藝之文堅基
可據推當今以覽太古自昭昭而本寅寅乃
欲審其事而建其論董其是非而綜其詳矣
言也實爲難哉故易紀三皇書叙唐虞惟天
爲大唯堯則之巍巍其有成功煥乎其有文
章自是以來載籍昭晢然而立談者人異綴
文者家殊斯乃揚朱哭於岐路墨翟悲於練
素者也是以上述三皇下記六國備其終始

《风俗通义》 元大德九年无锡州学刻明修本

元明之间，元刻本的鉴定最容易出现问题。特别是交界地带，要截然划开往往十分棘手。

从总体上看，元刻本有特殊的风格，形式特征比较明显。习惯了宋刻清疏的版式和斩方的笔画，再看元刻本，会觉得二者感觉上很有不同。一目了然的是元刻给人墨色浓重的印象，字体似乎方方正正，甚至还有些规整质拙，但是笔画圆活，毫无斩方的感觉。

我们可以从两方面认识这一点。一方面，这是因为今存宋本中各种地域风格都有足够的表现，而元本中福建刻本占了很大的比例，从南宋后期发展起来的建刻风貌从峭厉逐渐走向质拙，墨色浓重。另一方面，元代刻本受赵体书法的影响，笔画带有行书的笔意。从某种角度看，多少有些匆促和急就的感觉，而不是那么端庄和凝重，这可以说是元代印刷业的一种行业规范给人的印象。在欣赏和鉴别元刻本时，这一点可以作为观风望气的一个出发点，但是它不能概括元刻的全貌，而且风格的改变也不会亦步亦趋地跟改朝换代齐步走。

（一）宋元之间

宋元之间划界的经典例子是十行本《十三经注疏》。宋讳或避或不避，有清一代一直看作宋本。这些刻本起源于宋代建刻本，元代依样摹刻，仍避宋讳，书坊前后接续，翻版覆刻。这批书版后来传到明代，不断刷印，如今所见大抵已是明代修版印本。今日偶然还有带有刘氏一经堂刊记的宋本存世，两相比对，可以确定孰为原版，孰为覆刻。日本学者根据刻工名姓判断，结论是除了有限的几本以外，都是元刻。我们知道，日本足利学校遗迹图书馆藏《附释音毛诗注疏》，版本定为南宋建安刘叔刚一经堂原刻十行本。元覆宋本保留刘氏原刻木记，而且避宋讳。所不同者，宋本线黑口，元本白口，而且版心下有刻工名（明补版黑口，有刻工名）。需注意处：是线黑口，还是白口；版心有无刻工姓名；刘氏刊记不足为凭。迄今所见可确认为宋本者，未见明代修补，有明修补的都是元翻宋本。可能是宋刻原版到元代已经弊坏不可用，嗣后所见都是元代重刻的版片。关于《十三经注疏》的版本，可以看日本学者长泽规矩也的论著和他所编的《十三经注疏影谱》[1]。

一个更为有名的讹传是相台岳氏所刻《九经三传》，明末以来一直误传为宋岳珂刻本，清乾隆皇帝甚至建"五经萃室"珍藏内府所得的五经，并珍重摹印，昭示天下。其书不避宋讳，刻工名见于元刻他书，20世纪初期以来经学者先后考证，已确认为元宜兴岳氏所刻，跟岳珂无关，参看张政烺《读〈相台书塾刊正九经三传沿革例〉》[2]。

宋沈枢的《通鉴总类》是另一个例子。这部书南宋嘉定初刻于潮阳，元至正平江路儒学重刻于苏州。元刻本版式字体、讳字等都有宋本之风，大概是覆刻宋本。但是前面有周伯琦的序，说明此书初刻

---

1 ［日］长泽规矩也：《善本书影》，东京：日本书志学会，1932年；《十三经注疏影谱》，东京：日本书志学会，1934年。《长泽规矩也著作集》1—10卷，别集1卷，东京：汲古书院，1982—1989年；包括《书志学论考》《和汉书的印刷演变史》《宋元版本研究》《藏书书目　书志学史》《中国戏曲小说的研究》《书志随想》《中国文学概观　藏书印表》《地志研究　汉文教育》《汉籍解题一》《汉籍解题二》《年谱　著作目录　索引》。
2 张政烺：《文史丛考》，北京：中华书局，2012年，第313—340页。

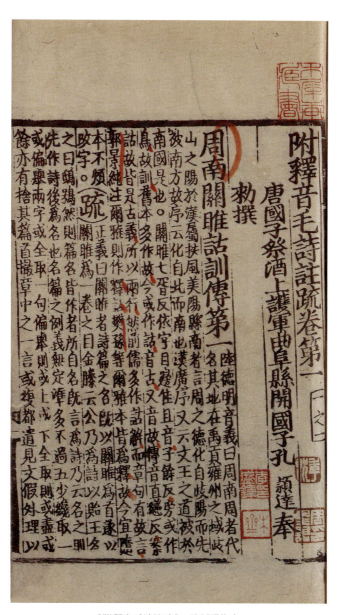

《附释音毛诗注疏》 元刻明修本

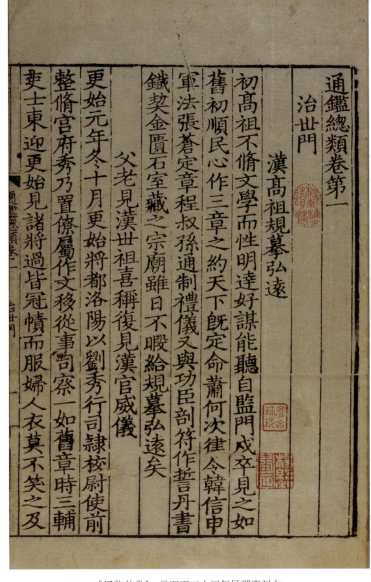

通鑑總類卷第一

治世門

漢高祖規摹弘遠

初高祖不脩文學而性明達好謀能聽自監門戍卒見之如
舊初順民心作三章之約天下既定命蕭何次律令韓信申
軍法張蒼定章程叔孫通制禮儀又與功臣剖符作誓丹書
鐵契金匱石室藏之宗廟雖日不暇給規摹弘遠矣

父老見漢世祖喜稱復見漢官威儀

更始元年冬十月更始將都洛陽以劉秀行司隸校尉使前
整脩官府秀乃置僚屬作文移從事司察一如舊章時三輔
吏士東迎更始見諸將過皆冠幘而服婦人衣莫不笑之又

《通鑑總類》　元至正二十三年吳郡庠刻本

和重刻的经过。然而今传本往往撤去此序，伪称宋本[1]。真宋本今日未见著录。如果没有周序，不认真核查，确实真假莫辨。而以往文献中所著录的宋刻本是否可靠，不能不予以质疑。幸运的是元刻本有刻工名，可以跟其他元刻本关联，而且文献中记载此书有苏州郡庠刻本，而刻工中恰好又有"平江张俊"可为佐证。按：据阿部隆一《增订中国访书志》，此书有元至正二十三年（1363）周伯琦序，云："是书锓梓于潮阳数千里之外，世亦罕见。今江浙中书省左丞海陵蒋公德明分省于吴偶购得之，遍阅深玩，嘉其编次，有益于治，……遂命郡庠重刻之以行于世。"[2]"恒""桓"宋讳间缺笔，字有宋风，往往误为宋本。阿部隆一疑为覆刻宋潮阳刻本，并辨刻工为元代人。

元代福建书坊覆宋本《十三经注疏》和相台岳氏翻宋本《九经三传》长期以来矜为宋本，无人置疑。这件事一经深思，不能不令人瞿然心动：如果没有宋本原书，没有刻工名姓，或者照刻宋本刻工名，那就难以断言它们是元版。依此类推，见诸目录的宋刻本是否都那么可信就值得研究。在谈宋刻本的版本鉴定时我们已经指出了一些问题，这里不再赘述。

传统上以避不避宋讳为准则，其实仅靠讳字一项还不能作出裁断，因为有些书不避宋讳，今天也把它们归入宋本，而抬头、敬避

---

1 《天禄琳琅书目》著录此书，并说："明文征明、文伯仁、王宠藏本，有'玉兰堂''五峰樵客''王履吉'诸印。本朝季振宜亦经收藏，其用'宋本'印，盖因楼钥序中有'公之季子守潮阳，欲锓板以广其传'语。然书之字体结构与宋椠不同，且印工墨色亦欠精朗，其为优绌，固不能自掩耳。"（［清］于敏中：《天禄琳琅书目》，徐德明标点，上海：上海古籍出版社，2007年，第148–149页。）

2 ［日］阿部隆一：《增订中国访书志》，东京：汲古书院，1983年，第715页。

一似宋本的也有元刻本。事实上，对于畅销书和长销书，年代一久，版片毁坏，书坊就要翻版重刻。元刻本常常有告白，说本书旧本难得，今觅得善本校正重刻云云。像元刻《重刊孙真人备急千金要方》识语说"近得前宋西蜀经进官本，不敢私秘，重加校正，一新绣梓，与世共之"；元至正甲午（1354）翠岩精舍重刊《注陆宣公奏议》识语有"中兴奏议，本堂旧刊盛行于世，近因回禄之变，所幸元收谢叠山先生经进批点正本犹存，于是重新绣梓"云云。重刻时难免保留一些旧版的样式，甚至直接用原书上版，没有原书参照，没有相关记载，也就难以作出准确的判断。

不妨说，宋末元初时期，特别是福建刻本，由于天然的模糊和人为的疏失，至今还是个混沌地带。一些文坛大家的诗文集，如《杜工部草堂诗笺》《黄氏补千家注杜工部诗史》《集千家注分类杜工部诗》《王状元集注分类东坡先生诗》等，还有一些通俗类书，都是名目多变，版本纷繁，或宋或元或明，文献记载错杂，藏家矜贵拔高，很难梳理清楚，本文不便赘述。如有志于研究古书版本学，这里不乏一试身手的课题。

宋元本研究应该搜集前人宋元本题跋，其中往往论述宋元刻本的特征，例如黄丕烈、顾广圻、杨守敬、缪荃孙、傅增湘、王国维、赵万里等人的题跋都有重要的论述。可以看书目、题跋和各馆题跋辑录。有关书刊需要编一个目录。日本学者的著作更要注意，还有港台著作也不要忽视。应该广泛浏览，注意书目题跋的记载，掌握有助辨认的信息。

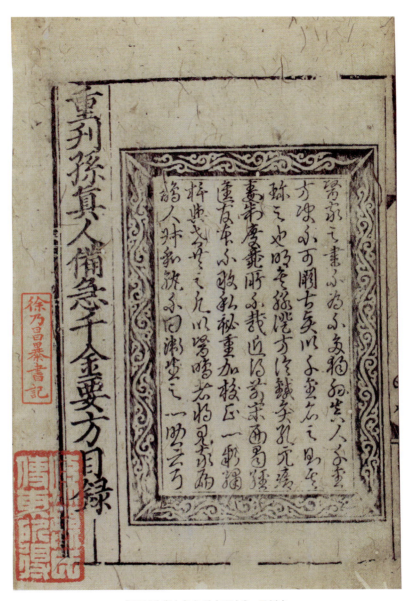

《重刊孙真人备急千金要方》 元刻本

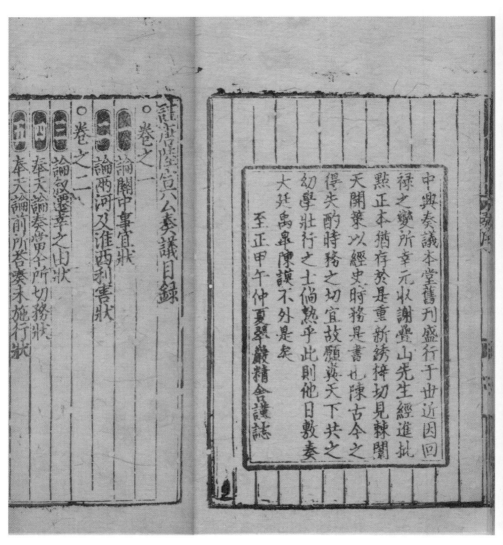

中興奏議本堂舊刊盛行于世近因回
祿之變所章元收謝疊山先生經進批
黠正本撝存於是重新鋟梓切見棘閩
天開絜以經史時務是書也陳古今之
得失酌時務之切宜故願與天下共之
幼學壯行之士倘熟乎此則他日數奏
大其禹皋陳謨諫不外是矣
　　　　至正甲午仲夏翠巖精舍謹誌

○卷之一

　　○論關中事宜狀

　　○論兩河及淮西利害狀

○卷之二

　　○論叙遷幸之由狀

　　○奉天論奏當今所切務狀

　　○奉天論前所答奏未施行狀

注陸宣公奏議目錄

《注陆宣公奏议》　元至正十四年刘氏翠岩精舍刻本

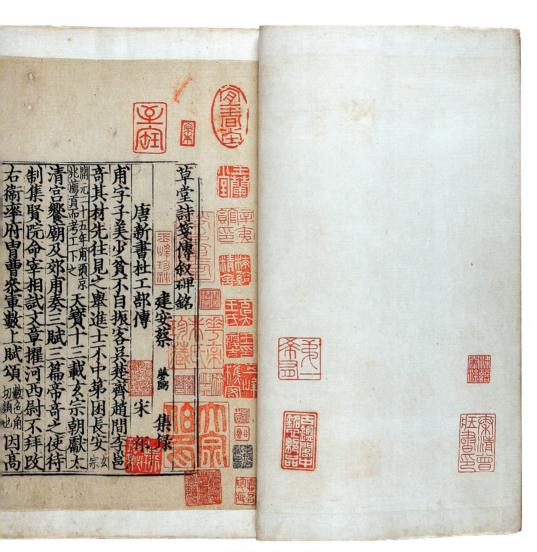

《杜工部草堂诗笺》 宋刻本

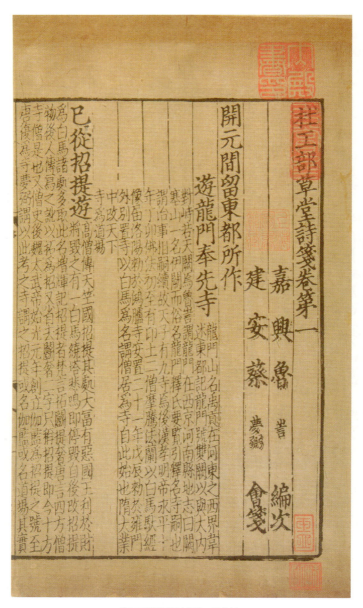

《杜工部草堂诗笺》 元刻本

（二）元明之间

跟宋元之间的情况差不多，元明之间也是个模糊地带。元刻与明前期刻本字体、纸张、版式风貌都相近似，不易分辨。有些书坊从元至明，延续年代久远，刻书活动连绵不断，更难断代。这段时期两朝都不避讳，讳字鉴别法根本用不上。以刻工名定性是长距离的兵器，元末、明初时间相接，而且好多书没有刻工名，效用也大打折扣。在许多情况下，断定属元属明只能依赖原书的序跋、刊记和前人的文献记载。

前人鉴定版本大都依赖自己的直觉，看看版面风格和序跋就会作出结论，没有坚实的根据就容易出错。过去藏家书目著录的一些元刻本，今天改为明刻本，原因就在这里。我们且看几个例子。

叶德辉在《郋园读书志》中指出，瞿氏《铁琴铜剑楼宋金元本书影》收入的《东坡全集》，标为元刻本，其实是明成化刻《东坡七集》本[1]。按：叶氏之说正确。由书影看，四周双边，上下黑口，很容易误作元刻。《北京图书馆善本书目》著录明成化四年（1468）程宗刻《东坡全集》一部，注为"瞿捐"[2]，应即此本。

元代官修宋、辽、金三朝史，当时都曾下诏刊行。看旧日藏家书目几乎哪一家都有《宋史》元刻本，《皕宋楼藏书志》甚至注明系元刊元印本，章钰《四当斋集》亦误从陆心源之说。等到张元济编《百衲本二十四史》去寻访时，才发现都是明成化朱英刻本。朱英重刻序

---

1 叶德辉：《郋园读书志》，杨洪升点校，上海：上海古籍出版社，2010年，第390页。
2 北京图书馆编：《北京图书馆善本书目》，北京：中华书局，1959年，第43页。该书目著录为："《东坡集》四十卷《后集》二十卷《奏议》十五卷《内制集》十卷《乐语》一卷《外制集》三卷《应诏集》十卷《续集》十二卷，宋苏轼撰。《年谱》一卷，宋王宗稷撰。明成化四年程宗刻本。五十六册。瞿捐。3326。"

每为撤去，张氏录入《校史随笔》，但袁祯后序已不完[1]。其实当今尚有后序全文，台湾"国家图书馆"本即有，可惜其序跋集未录。

元刻本《宋史》仅有清内府旧藏残本，《辽史》和《金史》各家著录的元刻本恐怕也靠不住，除《金史》有清内府旧藏元刻残本外，不闻有真元刻。张元济先生辑印《百衲本二十四史》时，《宋史》和《金史》只能找到元刻残本，《宋史》补以明成化本。张先生称《金史》配补本为元代翻印本，字较瘦弱的是初翻，黑口宽阔的是再翻，《辽史》则只能找到跟《金史》配补本相近的本子[2]。张元济已经看到几种本子版式和刻工有所不同，但是未曾深考，他所称的元代翻本如今已经定为明初刻本。如果不是有文献记载和刻工作证，我们只能说配补本是翻版，是不是已经进入明代就难说。

诸名人大家的诗文集和通俗类书传刻綦广，不仅宋元之间，元明之间也会纠葛不清。如《唐翰林李太白诗集》《分类补注李太白诗》以及上文提到的杜诗、苏诗等，分辨不同的版本，都需要认真比较，多方参证，才能得出结论。

《四部丛刊初编》所收韩愈、柳宗元、欧阳修三家文集著录为元刊本，其实都是明刻本。其中《朱文公校昌黎先生文集》有书林王宗玉"岁舍戊辰"的识语，跟元、明各本比较，可以推定此本是明正统

1　张元济：《张元济全集》第9卷《古籍研究著作》，北京：商务印书馆，2010年，第792–794页。袁祯后序有五叶，张氏录至第四右半叶"将使为君为臣者，动心奋志，览建"，并注"以下阙"。据台馆藏本，其后文字是："功立业、措国于有道者，则景仰遗范，能不说而行之乎。览窃荣冒进、致身于非据者，则拍案瞋目，能不惧而防之乎。明治乱之由，谨劝诫之道。移风以变俗，愀伪以复古。其有补于世，不其大矣乎。史所以垂世而立教也，明矣。成化十六年岁次庚子春三月吉旦赐进士文林郎巡按广东监察御史丰城袁祯书。"

2　张元济：《张元济全集》第9卷《古籍研究著作》，第691–694页。

十三年（1448）覆刻元建本[1]。《增广注释音辩唐柳先生集》跟同时期刻本比较，别本有刊记，可以推定是明正统十三年善敬堂覆刻元本。

按：《朱文公校昌黎先生文集》和《增广注释音辩唐柳先生集》从宋元到明有多种刻本，由于藏书分散在中外各地，很难并几比勘，所以短时间内不易梳理清楚。大致上看，有十二行和十三行两种版式，其中十三行本有元有明，最难分辨。元刻本《朱文公校昌黎先生文集》四十卷序文后有"至元辛巳日新书堂重刊"木记，《第一批国家珍贵古籍名录》所收为山东博物馆藏明鲁荒王墓出土本（名录号01048）。

韩集明刻本版式相同，大概不止一种，这里举一个较为典型的例子。当年《四部丛刊》影印底本说是元刻本[2]，内有书林王宗玉刻书告白，称据善本刊刻韩、柳二集，署年戊辰。宋代以后，元天历元年（1328）、明洪武二十一年（1388）、明正统十三年都岁在戊辰。如果按照《丛刊》的说法，断为元刻，就是天历元年刻本。《藏园群书经眼录》说，开头几叶逼真元刻，卷二后明刻形式毕露[3]。既然归入明刻，又接近元刻风貌，很多书目就把王宗玉刻《朱文公校昌黎先生文集》著录为明洪武二十一年刻本。但是后来发现同一版

1 《四部丛刊初编》本牌记末一行为："岁舍戊辰十月吉旦□□□书林王宗玉□□谨识"，此为作伪之牌记。今瑞安博物馆藏本有此牌记，同一行文字为："大明正统岁舍戊辰十月吉旦书林王宗玉□谨识"。参见：宫爱东、韩锡铎《初论〈中国古籍善本书目〉的编纂及其历史功绩》，《传统文化与现代化》，1999年第3期，第94页；李致忠：《古籍版本知识500问》，北京：北京图书馆出版社，2001年，第296页。
2 据《四部丛刊书录》可知《四部丛刊》影印底本为涵芬楼藏本。该本张元济有跋文，定为元刻本，见：《涵芬楼烬余书录》，张元济：《张元济全集》第8卷《古籍研究著作》，北京：商务印书馆，2009年，第383页。
3 傅增湘：《藏园群书经眼录》，北京：中华书局，2009年，第884页。

覯觎在中京專務立威以厭伏刂人猛安蕭裕佴阽耶决

亮結納之每與論天下事裕揣知其意因勸海陵舉大事

語在裕傳七年五月召為同判大宗正事加特進十一月

拜尚書右丞務攬持權柄用其腹心為省臺要職引蕭裕

為兵部侍郎一日因召對語及太祖剏業艱難亮因嗚咽

流涕熙宗以為忠八年六月拜平章政事十一月拜右丞

相九年正月兼都元帥熙宗使小底大興國賜亮生日悼

后亦附賜禮物熙宗不悅扙與國百追其賜物海陵由此

不自安三月拜太保領三省事益求人譽引用勢望子

孫結其驩心四月學士張鈞草詔忤旨死熙宗問誰使為

《金史》　元至正五年江浙等处行中书省刻本

本紀第五　金史五

開府儀同三司上柱國錄軍國重事前中書右丞相監修　國史領　經筵事都總裁臣　脫脫　奉

勅修

海陵

廢帝海陵庶人亮字元功本諱迪古乃遼王宗幹第二子
也母大氏天輔六年壬寅歲生天眷三年年十八以宗室
子為奉國上將軍赴梁王宗弼軍前任使以為行軍萬戶
遷驃騎上將軍皇統四年加龍虎衛上將軍為中京留守
遷光祿大夫為人僄急多猜忌殘忍任數初熙宗以太祖
嫡孫同立毛昱人為宗幹太祖長子而己亦太祖孫遂蓄
襄

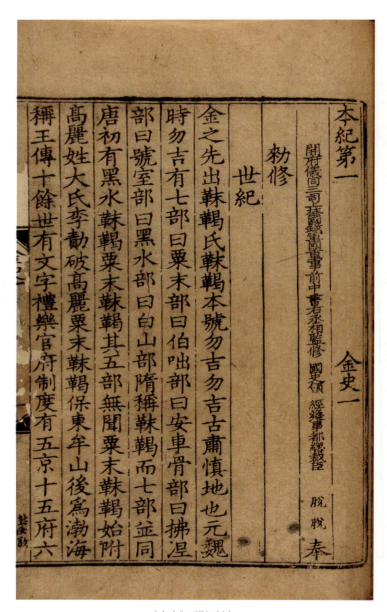

本紀第一　金史一

　勑修

世紀

金之先出靺鞨氏靺鞨本號勿吉勿吉古肅慎地也元魏
時勿吉有七部曰粟末部曰伯咄部曰安車骨部曰拂涅
部曰號室部曰黑水部曰白山部隋稱靺鞨而七部並同
唐初有黑水靺鞨粟末靺鞨其五部無聞粟末靺鞨始附
高麗姓大氏李勣破高麗粟末靺鞨保東牟山後為渤海
稱王傳十餘世有文字禮樂官府制度有五京十五府六

《金史》明初刻本

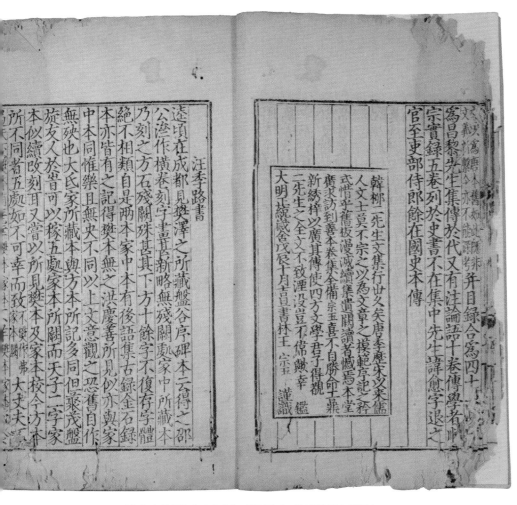

《朱文公校昌黎先生文集》 明正统十三年书林王宗玉刻本

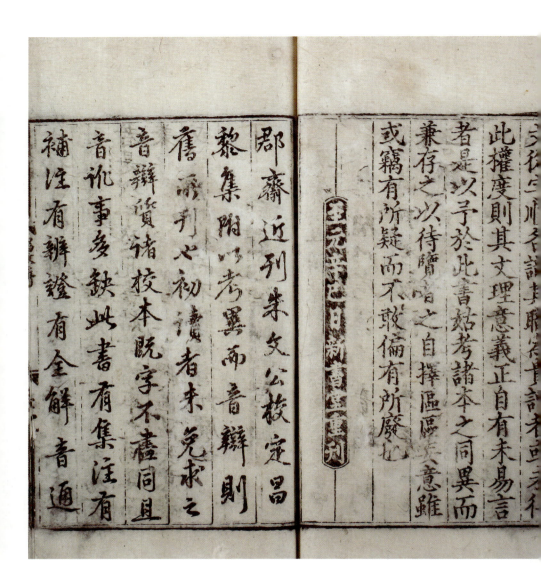

此擅庾則其文理意義正自有未易言
者是以予於此書姑考諸本之同異而
兼存之以待讀者之自擇區區末意雖
或竊有所疑而不敢偏有所廢也

全元朱巳日新書堂重刋

郡齋近刋朱文公校定昌
黎集附以考異而音辯則
舊所刋也初讀者未免求之
音辯質諸校本既字不盡同且
音訛事多缺此書有集注有
補注有辯證有全解音通

《朱文公校昌黎先生文集》 元至元十八年日新书堂刻本

的柳集卷前《诸贤姓氏》末有"正统戊辰善敬堂刊"阴文刊记（此刊记各本大都不存）。既然韩、柳二本风格相似，王宗玉的刊记又说刻韩、柳二集，而且同在戊辰年，柳集明示是正统戊辰，这一切已经形成了证据链，可以认定它们同是正统戊辰刻本。有资料说善敬堂是王氏书铺，《中国古籍善本书目》著录柳集相当谨慎，只说"善敬堂"，没有加姓氏。

《四部丛刊》所收《欧阳文忠公集》则误从《天禄琳琅书目》之说，以为"此书字法规仿鸥波，深得其妙"[1]，称之元本，其实是明天顺程宗刻本。张元济撰《涵芬楼烬余书录》著录程刻《居士集》时，已经改称明本。

元代书坊刻书经常相互翻印，或重刻，或覆刻，本来版本混杂就不易辨认。书贾为了冒充古本，动辄剜去年款，更增加了分辨的难度。一个值得注意的情况是，广勤书堂刻本有元刻本，也有明刻本，只看堂号很容易混淆。这涉及到《针灸资生经》《太平惠民和剂局方》《埤雅》《唐音》和《万宝诗山》等书。

《针灸资生经》是一个典型的例子，目录前有"广勤书堂新刊"一行，《中国版刻图录》归入元刻本。按：元天历三年（1330）叶日增刻《新刊王氏脉经》，序后有叶日增刊书牌记，跋语说其前刻过《针灸资生经》。明代刻本《针灸资生经》本来有重刻木记，在上卷目后和卷末。据《经籍访古志补遗》所载，有"正统十二年孟夏三峰

---

1 ［清］于敏中：《天禄琳琅书目》，徐德明标点，上海：上海古籍出版社，2007年，第189页。

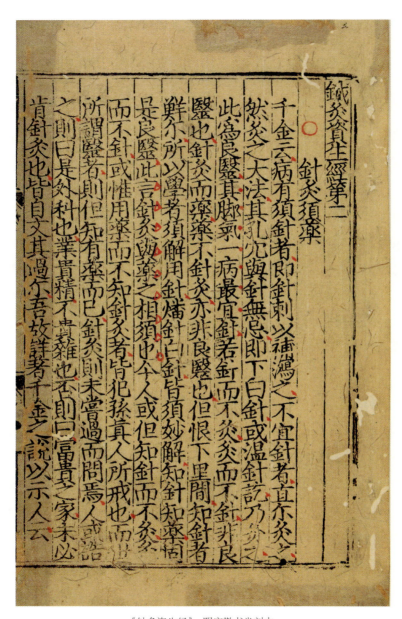

千金云病有須針者即針刺以補瀉之不宜針者直不炎之

然炎之大法其乳沈即與針無惡即下白針或温針訖乃炎之

此為良醫其腳氣一病最宜針若鍼而不炎炎而不針非良

醫也針炎而藥藥不針炎亦非良醫也但恨下里間知針者

鮮小所以學者須解用針燔針之法皆須妙解知針知藥情

是良醫此言金炎與藥之相須也中今人或但知針而不炎

而不針或惟用藥而不知針炎者皆犯孫真人所戒也而

所謂醫若則但知有藥巳針炎則未嘗過而問焉人或語

之則曰是炎科也業貴精不專雜也否則曰富貴之家未必

肯針炎也皆自文其過小吾故詳著千金之說以示人云

鍼灸資生經第二

針炎須藥

《针灸资生经》 明广勤书堂刻本

叶景达谨咨"刻书木记[1]。今日所见此书此叶不存，于是经常被误认为元刻本。若不是别本有刊记这个有力的佐证，恐怕我们也不会去翻这个案子。瞿氏所藏《针灸资生经》曾收入瞿氏《铁琴铜剑楼书影》和《中国版刻图录》，都作为元刻本，《中国古籍善本书目》已经纠正。又按：《浙江省立图书馆善本书目题识》对馆藏本考证甚详，明言上卷目录后、卷末叶均经割损，灭去明刻木记，冀充宋椠[2]。

同样，《韵府群玉》也是有元刻，也有明代覆刻，凡例后本来有刊记，今见本大都不见此叶。这些情况十之八九出于坊肆贾人之手，没有刊记，我们就失去了考辨的依据，一不小心，就会上当。

沈氏研易楼有《增广注释音辩唐柳先生集》元刻和明翻二本[3]。

1　［日］涩江全善、森立之等：《经籍访古志》，杜泽逊等点校，上海：上海古籍出版社，2017年，第291页。叶景达，有记作"叶景逵"者，杨成凯先生原文即作"叶景逵"。《经籍访古志》刻本及点校本、陆心源《仪顾堂题跋》、点校本《针灸资生经》（上海科学技术出版社，1959年）、王瑞祥《中国古医籍书目提要》（中医古籍出版社，2009年，第351–353页）皆作"叶景达"，叶德辉《书林清话》（北京联合出版公司，2018年，第152页）、李致忠《古书版本鉴定》（北京联合出版公司，2021年，第268页）、方彦寿《建阳刻书史》（中国社会出版社，2003年，第262页）等皆作"叶景逵"。陆祖谷《浙江省立图书馆善本书目题识》（浙江省立图书馆附设印行所，1932年，第34页）已注意到这个问题。森立之等著录的有牌记的《针灸资生经》为日本宽文刊本，黄龙祥《针灸典籍考》（北京科学技术出版社，2017年，第365–367页）收录该书书影及南京图书馆藏抄本，前者题"三峰叶景达"，后者题"三峰广勤叶景达"，而黄氏于正文中皆作"叶景逵"。《书林清话》明确资料来源是瞿《目》、陆《续志》和丁《志》，牌记文字则出自森《志》和陆《续跋》（即涩江全善、森立之等《经籍访古志》及陆心源《仪顾堂题跋》）。《仪顾堂题跋》卷七《针灸资生经跋》谓"目后有'正统十二年孟夏三峰景达详咨'木记，卷末有'三峰广勤叶景达重刊'一行，盖明时麻沙刻本也"（《仪顾堂书目题跋汇编》，中华书局，2009年，第114–115页）。
2　陆祖谷：《浙江省立图书馆善本书目题识》，第32–34页。
3　"国立故宫博物院"编辑委员会：《"国立故宫博物院"藏沈氏研易楼善本图录》，台北："国立故宫博物院"，1986年，第135–138、200–201页。

元刻本字体浑朴，有早期颜体风韵，重心在上。明翻刻本已经没有重心在上的感觉。笔画二者也有区别，元刻本是横画两头沉，中间呈微微向上的弧形，明本平直，而且两端顿笔向上，而非向下。阿部隆一说，韩、柳二集建阳书坊刻本，从南宋到明代中期，有修补、覆刻，极难分辨。

（三）博览多识

古书版本鉴定的第一要义是多看实物，比较和发现不同版本和不同印本之间的差异，上文所举的例子都可以说明这个道理。这里简单说一下怎样借助各种有用的资料，补益自己的学识和功力。

在这方面，最重要的是阅览各书的序跋，刻书者的序跋往往会说到之前曾有哪些本子，他的本子来自何处，各个本子有什么特点。上文提到的元刻《通鉴总类》周伯琦的序言提供了宋本和元本的重要信息，书贾撤去此序正是害怕泄露他们以元充宋的天机。但是明万历重刻本序言有"是书初刻于宋嘉定间，再刻于元至正"这样的话，而且附有周伯琦的序，知道了这些情况，认真的读书人就会怀疑那到底是不是宋本，而不会轻易上当。

读前人的藏书序跋和题识要有批判的认识，就元本而言，问题比较突出，要防止仅凭观感而把元本认作宋本，把明本认作元本。在上文所举的例子中，已经暴露出这个问题。

五 元刻本收藏

一般印象，元刻本似乎差着一大截，远不如宋本珍贵。其实根据一些资料统计，元刻本存世数量比宋本要少。清道光年间汪士钟艺芸书舍是富藏宋、元本的大家，《艺芸书舍宋元本书目》著录宋本有319部，而元本只有150来部。清末四大藏书家中，以瞿、杨二家宋、元本最多，瞿氏《铁琴铜剑楼宋金元本书影》著录宋本160种，元本106种，杨保彝《宋存书室宋元秘本书目》（即《海源阁宋元秘本书目》）著录的元本只有宋本的一半。虽然这些数字都不十分准确，版本鉴定也有差错，但是元刻本存世数量少于宋本却是事实。认识到这一点，我们对元刻本也就不能不刮目相看。

人人都知道宋本极其罕见，片楮零卷都值得珍藏，其实元刻本的珍罕并不下于宋本。元代官修三部正史《宋史》《辽史》《金史》就是个典型的例子，当时有至正江浙官刻本。往年张元济先生编百衲本《二十四史》时，百计寻访，只得到元至正刻《宋史》《金史》残本，全书遍觅不获。今《中国古籍善本书目》所载，仍为当年所见的残本。正经正史是传统文化的重器，不料元代官修三史如今竟得不到元代初刻全本，真是咄咄怪事。

不同印本的书品和刷印情况也值得注意。元刻各书版片往往多年存世，延续到明代还在修修补补继续刷印的情况并不少见。不同时期的印本质量有很大的差别，初期印本清晰可观，后期印本模糊漫漶，甚至有烂版、补版和缺叶。元刻元印跟明修本，明代初修跟后期补版重修，无论是学术价值还是文物价值，都不能同日而语，一个简单的"元刻"标签难以揭示一部书的真正的价值。

有些元刻本今日所见大都是明代修版后印本，初印本很难得到。像元刻十行本《十三经注疏》历来享有重名，后世各种注疏刻本源出于此。初印本稀如星凤，如今所见大都是明代修版印本，近年《中华再造善本》使用的底本也是明修本。元大德九路儒学所刻正史的情况相同，初印本今天也难以见到。

像元至正元年（1341）集庆路儒学刻本《乐府诗集》，版片一直流传到明代，递有修补，到明嘉靖年间还在补版刷印。前面本来有周慧孙和李孝光的序，后印本或阙如，或漫灭缺字。明末毛氏汲古阁翻刻本无周序，李序也有缺字。时当明末，毛氏又多藏书，竟未能觅得完本。今日所见各本大多缺序、缺叶、缺字，不一而足，未见完整的初印本。清末陆心源称其藏本为元刊元印，然而《皕宋楼藏书志》卷一百十三所录李孝光序言缺字累累[1]，哪里会是元印。现在所见的大都是明代修版印本，缺叶有的多，有的少，比较一下，我们就可以看出各本刷印先后。而真正元刻初印无缺叶、无缺字本，特别是周慧孙、李孝光的序言完好无缺的本子，还没有见到。

像这些版片长期存世多次刷印的元刻本，就需要注意印本的先后，看看内容有没有不同之处。原则是尽量选取初期印本，特别要注意序跋是否齐备，有无缺叶。明代修版本就要分辨修版先后，补版多少，这方面有很多工作可做，一旦有所发现就会感到其乐洋洋。

---

1 ［清］陆心源：《皕宋楼藏书志》，徐静波点校，杭州：浙江古籍出版社，2016年，第2005页。

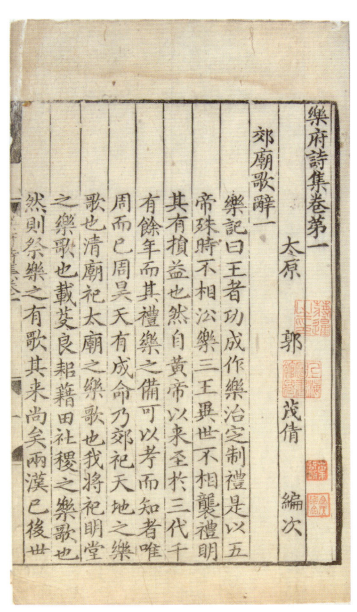

樂府詩集卷第一

太原　郭茂倩　編次

郊廟歌辭一

樂記曰王者功成作樂治定制禮是以五帝殊時不相沿樂三王異世不相襲禮明其有損益也然自黃帝以來至於三代千有餘年而其禮樂之備可以考而知者唯周而已周具天有成命乃郊祀天地之樂也我將祀明堂之樂也清廟祀太廟之樂歌也載芟良耜籍田社稷之樂歌也然則祭樂之有歌其来尚矣兩漢已後世

《乐府诗集》　元至正元年集庆路儒学刻明修本

破祿為序自卷起一貪以胎寫二禄念七星輪布十一支故在文神者貪

武各二巨一是寫五吉六兼禄各二破是為七兩唯輔弼居巨卯之

右以此輪布周轉於十二支土其八丁未散禄於支也自子禄癸自

禄壬各前取一位少為□禄寫二十四位斜而知居頂一者謂巨輔是也

居其二者破是也居其三者武是也居其四者貪文兼禄是也此與俗書

之異矣蓋貪武水可來不可去文兼禄水可去

可破水來去此曰不可其水可來謂□來去皆可者山欲有而高其水可去

冰去此曰不可者山欲無而低此法之大鋼宜其詳也

五行所屬義編第二

子寅申辰巽辛戌申屬水乙丙午壬屬火民卯巳屬木酉丁乾亥屬金癸

庚丑未卯屬土此各大五行盡五行之變□也唯地理家用之是分屬之

理淺或惑皆不能考雜或得之亦多穿鑿未盡其理占今用之極有徵驗陰

陽之妙有不可詰此殆如醫家之用五運也故今遵用之

洪三山者常俗必實六去乃將地理獨取坤之卦也因謂之地母曰坤一卦

山之分第□第第三

水

土

火

山

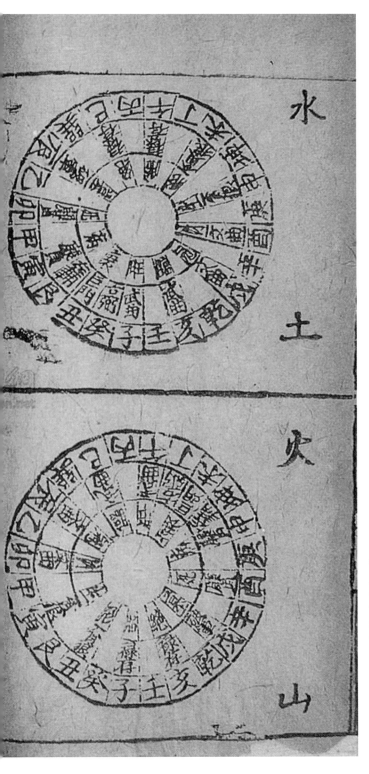

《荆原总录》 元末明初刻本

我们经常说"地不爱宝"这句话，对于元刻本情况也是如此。元刻释藏过去只知道有《普宁藏》，近年忽然报告有所谓"元官藏"[1]，各地陆续发现此藏的零册，而且不断地在拍卖会上出现。佛经一般贮藏在寺庙，偶然散在民间，一般人也不关注。事实说明，只要引起注意，相信佛经会有源源不断的新发现，近来艳称的所谓"元官藏"仅仅是其中的一朵幽葩而已。日用通俗书籍也是元刻的一个重点，1997年中国嘉德拍卖会上出现的元末明初刻本《茔原总录》就是一个很好的例子[2]。

总而言之，对收藏家而言，元刻本是一个不乏神秘色彩的世界，随便看看好像没有多少光景，考究起来却又有许多地方尚无人迹，值得认真探索。

---

1 李际宁：《关于近年发现的〈元官藏〉》，《藏外佛教文献》，2010年第1期，第352–388页。
2 姜寻：《中国拍卖古籍文献目录》，上海：上海书店出版社，2001年，第297页。

第四讲

明刻本的鉴赏与收藏

一　明刻概说

中国古代雕版印刷技术开始于唐代，经过宋、元两代各地多方面的应用实践，到明代印刷技术已经有了长足的发展。明代印刷的古书不仅内容广泛，多有要籍，形式也是丰富多彩，印制和装帧都有许多创新之处，对后代有很大的影响。更重要的是，宋、元刻本流传到今天已经寥若晨星，大抵早已归公库珍藏，市面上难得一现芳踪。只有明刻本，如今还不时邂逅，可以任我们摩挲一番，从容携归插架壮观。在今天而言，无论是鉴赏，还是收藏，明刻本都有极其重要的地位，值得我们认真研究。

一部书值得赏鉴，首先在内容，其次在形制。谈到收藏，那就还要看看它的存世数量多少，是不是珍罕难得。从鉴赏和收藏的角度，明刻本有以下值得注意的问题。

首先，我们应该知道，在明代将近三百年的历史之中，不同时期刻书有多有少，而且有不同的特色。其次，同是明刻本，在版本流传史上价值却不相同，有的版本价值高，值得珍视。特别是：一、明代前期刻本有元代风貌，所谓"明初黑口本"一向获得好评；二、明代有不少仿宋精本，过去学者和藏家都极为重视，值得什袭珍藏；三、在20世纪初期俗文学成为研究热点以后，戏曲小说曾是一些学者竞买的抢手货；四、明代的印刷技术高度发展，明刻版画一百年来一直是收藏的热点，彩色套印本近来也蔚为风气，活字印本更是难得一见的珍本。另外还有一些其他有收藏价值的明刻本，包括明毛晋汲古阁刻本、清代的禁书，以及明代旧版刷印本，等等。

二 明刻本的时代分布

从洪武元年（1368）算到崇祯十七年（1644），明代有国277年，背一下年号，依次是洪建洪永洪（洪武、建文、洪武、永乐、洪熙）、宣正景天成（宣德、正统、景泰、天顺、成化）、弘正嘉隆万（弘治、正德、嘉靖、隆庆、万历）、泰昌天启崇（泰昌、天启、崇祯）。加上南明17年，不足300年。各个时代有长有短：长的有几十年，例如万历达48年，今天所见的明刻以万历本最为常见。短者仅有几年，建文不到4年，中间还经历了所谓"靖难"的战乱，传本极其罕见。潘景郑、顾廷龙编《明代版本图录初编》列举各代书影时，独无建文本，注明"待访"。洪熙和泰昌都不到一年，这两代刻书流传也是极少。民国时期张寿镛编《约园元明刊本编年书目》，按年代著录所藏的明刻本，没有这两代的刻本，其罕见可知。其余各代一般情况是，明初刻书不多，年代久远，时至今日传本已少。成化、弘治渐多，嘉靖以后大量刻书，传本很多，不难获见。而南明在战事中苦苦挣扎，难得正经地刻书，传本自然不多。这样看来，要建成一个明版编年专藏也不是唾手可得的事情。

《约园元明刊本编年书目》所著录明代各时期刻本的数目如下：洪武2种，永乐2种，宣德2种，正统4种，景泰3种，天顺1种，成化12种，弘治20种，正德24种，嘉靖200多种，隆庆8种，万历200多种，天启12种，崇祯32种，汲古阁刻本40多种[1]，可见后期刻本数量大大超过前期。

---

1 张寿镛：《约园元明刊本编年书目》，林夕：《中国著名藏书家书目汇刊》第30册，北京：商务印书馆，2005年。

这些数字还不完全准确，因为嘉靖以后刊本中包含不少丛书，像嘉靖刻《唐百家诗》仅算一种，汲古阁刻本中的丛书更多，仅《津逮秘书》一种就包含160来种书，若分开计算，数量更多。明代各期刻本有多有少，这一方面是不同时期刻书数量本来就有多少之别，另一方面则是刻书年代有远有近影响今日所见传本的数目。尽管这仅仅是一家所藏，这个数目多少还是能反映出不同时期的明刻本流传的珍稀程度。

三　明刻本的版式风格

明刻本因为年代较宋、元为近，清代藏书家一般并不十分看重，但是对不同时期刻本的评价却有不同。明前期刻书本来就不多，有些书坊还是从元代延续而来，刻书的风格和操作还保持着元代的矩矱，并不草草。当时距宋、元年代不远，所刻的旧籍往往是翻印宋、元旧本，底本近真可靠，而且较少师心自用擅加更改的情况，质量当然就有保证。从形式上看，明代前期，从洪武到正德年间的刻本还保留着很多元刻本的样式，字体浓重，有的飘逸一点，还有元刻行书的风貌，有的重浊一些，趋于平正的楷体，略有台阁书风。一般是黑口，粗栏，墨色沉重，所谓明初"黑口本"，历代藏家给予很高的评价。以"佞宋"出名的黄丕烈就曾说："向闻钱听默言，书籍有明刻而可与宋元版埒者，惟明初黑口板为然，故藏书家多珍之。余自聚书以来，宋元板固极其精妙，而明初黑口板亦皆有佳绝者。"[1]

---

1 ［清］黄丕烈：《黄丕烈藏书题跋集》，余鸣鸿等点校，上海：上海古籍出版社，2013年，第556页。

例外是内府司礼监刻本，由内侍主持刻书，学人鄙薄其浅薄无学，一般不予关注。然而它们工料精致，纸白墨黑，书品宽大，富丽堂皇，插架欣赏，十分壮观。如果不是像传统学者那样一门心思地去读书，那么这些刻本也很有收藏和玩赏价值。今日藏家大都从玩赏着眼，过去学人不注意的东西今天也得到了豪客的青睐。

明代中期从正德、嘉靖开始，随着文坛复古风的兴起，唐诗骤然升温，书坊纷纷翻刻唐人诗集，南宋临安陈氏经籍铺所刻的大批唐诗自然成为翻刻的范本。自南宋到明一脉相承的建刻风格至此转向宋代浙刻体式，字画平整，行款疏朗，墨色轻倩，多为棉纸白口，版式风貌为之一变，也出现了不少佳本。从嘉靖到明末，刻书数量渐多，今日所见大都是这个时期的刻本。明中期以后旧本日少，出版量日增，苟简草率之风渐起，学者开始指责明刻本删改古书，甚至痛斥为明人刻书而古书消亡。这主要是指明万历以来的刻本，然而这也需要具体分析，例如万历五年（1577）张之象刻《史通》，据宋本校勘，就胜于嘉靖陆深刻本，像这种情况不能一概而论。

这里特别要提到南明仅有17年，而且一直在抗清的战乱之中，刻书很少。作为特殊时期的特殊产物，很有研究和收藏的价值。其中弘光（1644—1645）仅有1年，刻本罕见。永历（1647—1661）虽然时间较长，但是局限在云南一带，刻本没有流传开来，时至今日已经绝不一见。这都是值得珍藏的佳本，不可等闲视之。由于资料缺乏，过去藏家对南明刻本了解不多，有机缘探索一番，想来其乐洋洋。

简单地概括，明刻本的代表作在前期是墨色浓重的黑口本，犹有元代遗风；中期是清朗整洁的棉纸本，颇有摹宋意味；后期的代表作

史通卷第一

内篇

自古帝王編述文籍外言之備矣古往今來質文遞

變諸史之作不恒厥體推而為論其流有六一曰尚

書家二曰春秋家三曰左傳家四曰國語家五曰史

記家六曰漢書家今略陳其義列之於後

尚書家者其先出於太古易曰河出圖洛出書聖人

則之故知書之所起遠矣至孔子觀書於周室得虞

夏商周四代之典乃刪其善者定為尚書百篇孔安

國曰以其上古之書謂之尚書尚書璿璣鈐曰尚者

《史通》 明嘉靖十四年陸深刻本

史通卷第一

唐鳳閣舍人彭城劉子玄撰

內篇

六家第一

自古帝王編述文籍外篇言之備矣古往今來質
文遞變諸史之作不恒厥體權而爲論其流有六
一曰尚書家二曰春秋家三曰左傳家四曰國語
家五曰史記家六曰漢書家今略陳其義列之於
後

尚書家者其先出於太古易曰河出圖洛出書聖

《史通》 明万历五年张之象刻本

则不能不推以工艺卓绝著称的印刷精品。至于各书版本的优劣，则每个时期都有佳本，只是后期随着社会经济的发展，出版界商业化、通俗化的倾向明显，刻书不像前期那样讲究工料精细工致，翻印旧书难免有草率从事的毛病。不过各个时期都有精品，后期也有很多好书。

四　明刻本的文献价值

明代上承宋、元，下启清代，是继宋而起的又一个古书出版的高峰，也是古书版本传统薪火相传的枢纽，许多古书接力于明得以流传后世。明刻本有些是翻印前人的旧籍，有些是刊印当时的著述。从版本方面看，值得注意的是以下几种情况。

第一种情况是宋元本今已不存，只有明刻传世。按说一部书本子越早，内容越可靠。同样的书，宋元本的内容应该比明刻本更接近原貌。然而由于种种原因，我们看不到宋元刻本，不能不转而求之明刻本。最重要的原因是年代久远，宋元刻本今天已经佚失无存。即使传统文化的重器正经、正史这样的要籍，今天有一些也难觅宋元旧刻。例如《十三经》中的《仪礼》单注本和注疏合刊本今天都没有宋元旧本；《二十四史》除去《元史》和《明史》系后来编纂者不论以外，前二十二史中，《旧唐书》如今仅有宋本残卷，刻本全书只有明刻，《宋史》和《金史》元刻已经难觅全本，《辽史》恐怕已无真元刻，像这些书今天都不能不求助于源于宋元旧本的明刻本。连这些要籍尚且如此，一般书籍也就更难指望有宋元旧本。翻翻《中国古籍善本书目》，不难发现，宋元经解著作十分繁富，像清初刊刻的《通志堂经解》中的书很多已经看不到宋元刻本。特别是子部的笔记小说，唐宋的撰述极其繁多，如今几乎已经找不到几部宋元刻本。唐宋作家的文集如今还有一些宋元刻本存世，不过更多的文集除了抄本以外，最早的本子只能看到明刻本。

第二种情况是今天虽然仍有宋元本传世，但是明刻却有精本。因为前代刻本不只一种，版本有精有粗，明代翻印时所见的宋元旧本可能是今天已经不复存世的精本，或者已经根据当时所见的各种佳本加以校勘，可以校正今存宋元刻本内容的讹误。像这样的明刻本，就不能因为它是后世刻本而摈斥不取。我们知道，明嘉靖吴郡徐时泰刻《三礼》，清以来享有重名，藏家并不因其为明刻而不予重视，黄丕烈、叶德辉、吴庠都曾提到。嘉靖吴元恭刻《尔雅》也是名书佳本，顾广圻曾郑重予以翻刻，阮元重刻《十三经注疏》时《尔雅》一书即以吴本为据。

第三种情况是明人的著述，最早的本子就是明刻。随着社会经济的发展，明人的文化视野较之前代也更为开阔，有大量著述刊刻行世。这些著作经、史、子、集应有尽有，比较而言，明人的著作以杂史、笔记和诗文别集尤为重要。特别是明末的杂记野史，关系明末史事，一直为学者追逐的对象。明人的撰述往往涉及北方边事，清廷对此极为敏感，动辄忌讳，所以除当时刊刻以外，清代重刊者寥寥。再有就是明人的大量诗文别集，《四库全书》所收不多，清代很少重刊。由于年代较近，藏家大抵贵古贱今，不予重视，以致今天除了一些名家的诗文以外，一般明人别集较之宋、元人的著述更为少见。抗日战争时期，郑振铎先生为国家抢救古文献时，正值刘氏嘉业堂藏书散

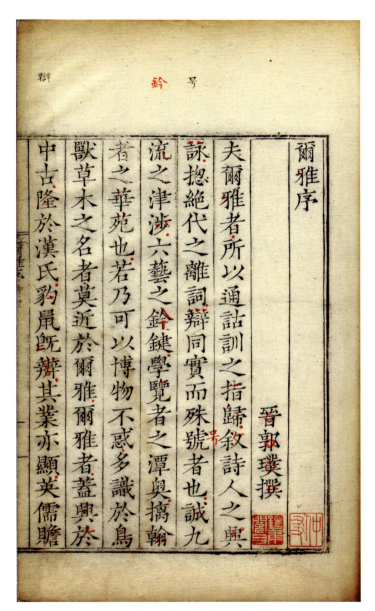

《尔雅注》 明嘉靖十七年吴元恭刻本

出。他对嘉业堂的宋元本不以为意，却集中挑选了1200多种明刻本，多为史部、集部诸书。他认为这些书是嘉业堂藏书的精华，就是从资料难得方面着眼。这是有识学者的慧眼。事实上直到今天，对这些明人著述的研究和重视也还有待加强。

五 明刻本鉴赏举隅

（一）仿宋精本

明代中期兴起仿宋的风气，出现了许多覆宋精本，例如《史记》《脉经》《黄帝内经》《梦溪笔谈》《文选》等书，过去藏家往往误认为宋本。这些翻宋本在延续中国文化传统方面有重要意义，许多书后来宋本失传，如果没有明本为它们"续命"，今天就看不到那么精美的佳本。

仿宋本集中出现于明代嘉靖年间，此后明刻本逐渐发展出独特的体式，创始了横平竖直、方正整齐的所谓"宋体"字。这是中国印刷史上的一件大事，从此以后印刷体汉字有了规范，一直到今天，宋体字一直是印刷体汉字最主要的形式（明代后期流行一种瘦长的宋体字形，进入清朝，字形再度归于方正）。促使字体风格改变的契机应该说是明代中期文坛出现的复古风气，当时文坛一些重要人物提倡学习唐诗，在这种风气影响之下，刊刻唐人的诗集一时成为出版界的热门选题。我们看到，除了荦荦在目的几位唐代大家以外，明代前期很少刻印唐代作家的诗集。但是从嘉靖开始，出现了许多唐诗丛刻，《唐百家

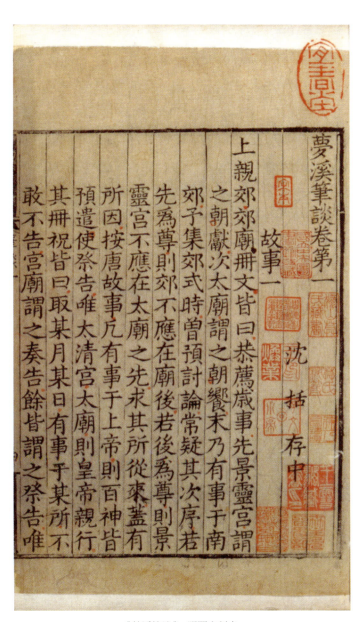

上親郊郊廟冊文皆曰恭薦歲事先景靈宮謂
之朝獻次太廟謂之朝饗末乃有事于南
郊子集郊式時曾預討論常疑其次序若
先為尊則郊不應在廟後若後為尊則景
靈宮不應在太廟之先求其所從來蓋有
所因按唐故事凡有事于上帝則百神皆
預遣使祭告唯太清宮太廟則皇帝親行
其冊祝皆曰取某月某日有事于某所不
敢不告宮廟謂之奏告餘皆謂之祭告唯

夢溪筆談卷第一

故事一　　　沈括存中

《梦溪笔谈》　明覆宋刻本

诗》《唐十二家诗》《唐诗二十六家》就是那时出现的名集。宋刻唐人诗集明代毕竟还很常见，流传到今天的却已不多，许多唐诗作家的诗集现在看到的最早的本子是明刻本。这些明刻本源于宋刻，甚至行款和字体还保留着宋刻的体式，所以得到藏家和学者的重视，看做下真迹一等的宋刻嫡传。这里特别要提到明嘉靖朱警编的《唐百家诗》佳本，它历来享有重名。款式是十行十八字，白口，左右双边，这正是宋代临安陈氏经籍铺所刻唐人诗集的款式。清末藏书和刻书名家把它们看做宋本翻刻，例如清光绪江标灵鹣阁所刻的《唐人五十家小集》，号称影宋书棚本，其实宋书棚本当时已经没有那么整齐的五十家之多，其中有很多是覆刻明《唐百家诗》本。

在严谨的仿宋风影响之下出现了许多明刻佳本，像翻宋的阮仲猷种德堂本《春秋经传集解》、吴郡徐氏刻《三礼》、吴元恭刻《尔雅注》、吴郡沈与文野竹斋刻《韩诗外传》、汪文盛刻《汉书注》《后汉书注》《五代史记》、闻人诠刻《旧唐书》、金李泽远堂刻《国语》、世德堂刻《六子》、江藩刻《墨子》、苏献可通津草堂刻《论衡》、袁褧嘉趣堂刻《世说新语》、锡山顾氏文房刻《四十家小说》、陈敬学德星堂刻《万首唐人绝句》、万竹山房刻《唐文粹》、清平山堂刻《唐诗纪事》以及翻印唐宋诸家文集等，都是藏家极为重视的名刻。民国初年以来，吴梅、邓邦述、陶湘等藏家都曾以"百嘉"为斋号，这表明嘉靖本的名气简直可以继武"百宋"和"千元"。平心而论，明嘉靖刻本字迹工整，棉纸洁白可爱，确实是明刻精品的代表作，值得宠爱。

（二）戏曲小说和版画作品

明刻本一度扬眉吐气之作，应该说是明代中期兴起、明末极盛的戏曲和小说，这些以往不受重视的俗文学作品是20世纪中国文学研究的新大陆。从鲁迅和胡适着眼小说研究，王国维和吴梅倡导曲学研究以来，戏曲、小说之类书籍红极一时，成为新时代学者心目中的宠儿。由于过去传统的学者和藏家并不重视，这些书籍大多损毁散失，难得保存下来。一旦出现在市廛，藏家闻风而至，争相购买，价格可以扶摇直上。我们看看热衷于此道的郑振铎先生的《劫中得书记》中有关的记载，不难想像这些书籍在上世纪三四十年代是多么红火，《金瓶梅》就是个很好的例子。这个风气一直持续到50年代以后，马廉、赵万里、傅惜华、吴晓铃都是大家熟知的收藏戏曲、小说的大家，在他们的带动之下，掀起一股戏曲、小说收藏高潮。不过时过境迁，今天醉心于此的藏家已经后继乏人，往日的好书现在已经难觅识家。藏家的零落影响了现在的古书市场，这些以往的骄子似乎正在逐渐失去光彩——有版画者例外。

与戏曲、小说同时红起来的还有版画书籍，郑振铎先生的《劫中得书记》中多处记叙他获得版画书时如何喜不自禁，还有他对《十竹斋笺谱》、彩印《程氏墨苑》是如何梦寐以求[1]。明刻版画代表着明代雕版印刷水平的顶峰，集中了套色、拱花、饾版等极致的印刷技术。名人画稿，名工刻版，制作精细，赏心悦目，比起以文字取胜的戏曲

---

1 郑振铎：《西谛书话》，北京：生活·读书·新知三联书店，2005年，第303–304、236页。

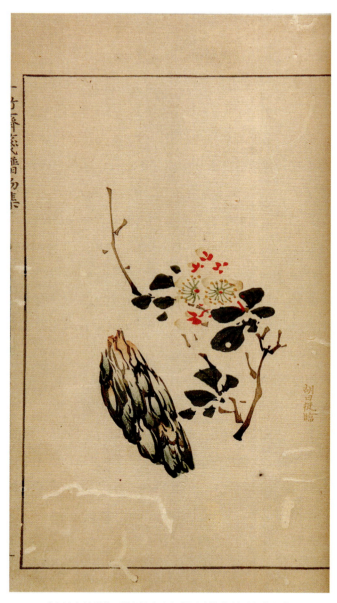

《十竹斋笺谱》 明崇祯十七年胡氏十竹斋刻彩色套印本

《程氏墨苑》 明万历程氏滋兰堂彩色套印本

和小说，吸引着更广泛的读者层。传统的收藏眼光对这三者都不注重，对戏曲作品的态度显然好一些，小说和版画就不入流。20世纪的学术研究领域扩大，一些学者开始热心收集戏曲、小说，也还是为俗文学研究搜集资粮。戏曲、小说书前大都有版画附图，学者有可能爱屋及乌，也有可能关心绘画和印刷技术，不免垂青版画书籍。版画人人都能欣赏，虽然仅仅是少数学者的兴趣所在，但是他们掀起的版画热较之戏曲、小说的影响更为广泛而深远。一直到今天，版画收藏风愈演愈烈，价格飙升，成为当前收藏界的第一热点。版画内容在一定程度上反映社会风貌，有时候可以为学术研究提供资料，其意义也不仅仅局限于艺术领域，不过一般藏家未必能理会而已。

对于明代的戏曲、小说和版画作品，以往热心的学者进行过许多研究，取得了很大的成绩。经过各方冥探幽索，许多珍本秘籍陆续重印出版，重见天日。但是今天看来，无论是学术研究，还是鉴赏收藏，都还有用武之地，不时有新发现。不仅戏曲和小说今天没有得到收藏界应有的重视，即使大家关注的版画作品，由于当时的文献不予记载，刊本少见，也有许多问题现在还不清楚。例如明万历刻《博古图》几个刻本之间的关系，陈洪绶绘《水浒叶子》几个刻本孰先孰后，都值得认真研究。特别是，戏曲、小说、版画各地还不时发现罕见的、甚至前所未闻的版本，而且会不断出现有助于研究工作的新资料，值得我们关注。

（三）套色印本

套色印刷本是明刻古书的另一个收藏热点。套色印刷本一般是供应普通大众的需要，正文之外套色加印后人的评点和注释，性质近乎教材。明代吴兴闵、凌两家是套色印刷专家，印本既多，技术也精。最常见的是朱墨二色，也有三色、四色印本，《文心雕龙》和《南华经》甚至为五色印本。

套色印本大都是通俗读本，学术价值并不突出，所以过去不为学者所重。郑振铎先生曾指责闵刻《批点考工记》任意删节旧文，至于泯灭原书撰述人名，类乎剽窃欺世。然而套色印本纸墨明丽，技术工致，作为艺术品欣赏，令人心旷神怡，陶醉其中。特别是戏曲作品，附有插图，增色生辉，更为动人。因此，从民国初年开始，大有钟情于此的藏家。尽管过去传统的藏家不予重视，也不入善本之林，但是在一些玩赏古书印制艺术的藏家影响之下，明刻套色印本竟然一跃而起，成为某些藏家的宠儿和收藏界的热门货。如果说往日的戏曲小说热今已渐趋没落，那么套印本的高温却还在持续，而且在可想见的未来也不会大幅度地退热。不过我们不能不说一声，现在的古书市场还不稳定。一部书不必讲出多少道理来，只要有一两个买家看中了，相互一较劲，价钱立时拔地而起。所谓"热门货"，不过是就当时当地而言罢了。

（四）活字印本

尽管活字印刷创始于宋代，但是今天所见的宋元本书籍还很难断言有活字印本。最为确定无疑的活字本是明代的铜活字印本，众所熟知的活字出版大家是明无锡华氏（兰雪堂和会通馆）、安氏（桂坡馆）两家，其他各地也有印本流传。对于铜活字印本学者褒贬不一，一般

此與之義也每一顧而淹涕歎君門之九重忠怨
之辭也觀茲四事同於風雅者也至於託雲龍說
迂怪豐隆求宓妃鳩鳥媒娀女詭異之辭也康回
傾地夷羿彈日木夫九首土伯三目譎怪之談也
佷彭咸之遺則從子胥以自適狷狹之志也士女
雜坐亂而不分㧑以爲樂娛酒不廢沈湎日夜舉
以爲懽荒淫之意也摘此四事異乎經典者故論
其典誥則如彼語其夸誕則如此固知楚辭者體
慢於三代而風雅於戰國乃雅頌之博徒而詞賦

《文心雕龍》 明末朱墨黃藍紫五色套印本

认为活字速成，校勘不精。例如邵恩多指出华氏会通馆本《宋诸臣奏议》多有讹谬脱漏[1]，黄丕烈批评会通馆本《文苑英华纂要》有消灭缺叶痕迹欺世之举[2]，顾广圻说兰雪堂本《蔡中郎文集》时有鲁鱼[3]，等等。但是明铜活字印《唐人诗集》五十家却获有好评，王重民先生则认为万历周堂铜活字本《太平御览》不逊于宋本[4]，可见对活字本也不能一概而论。

明活字本以铜活字著称，但是也有木活字，二者如何分辨迄今仍是一个难题。铜活字本大多有铜版的说明或刊记，遇到没有说明的活字本鉴定就有困难。明代还有刻本翻活字本，容易跟活字本混淆。往年商务印书馆《四部丛刊初编》初次印本《蔡中郎文集》就曾误翻本为活字，藏家需要注意辨认。

活字本一般仅印百十部的光景，一旦售罄，即不可再得。从明至今已有三四百年，中经水火兵燹之厄，残存无几。今天明活字印本已极其罕见，藏家好奇，竞相搜求，即使残册也可获高价。

1　无锡华燧会通馆印《宋诸臣奏议》一百五十卷，有所谓的大小铜板（大字、小字）的区别，国家图书馆藏大字本题《会通馆校正宋诸臣奏议》，台馆藏小字本题《会通馆印正本诸臣奏议》。邵恩多题跋本为国家图书馆藏本，为瞿氏铁琴铜剑楼旧藏。叶德辉指出："瞿《目》云：'锡山华氏会通馆本，即依宋本摆印。惟原阙处即连接之为谬，友人邵腺仙据宋本校正。'"邵腺仙即邵恩多。邵氏题跋见《铁琴铜剑楼藏书题跋集录》卷二。参见：叶德辉：《书林清话》，北京：北京联合出版公司，2018年，第257页；瞿良士辑：《铁琴铜剑楼藏书题跋集录》，上海：上海古籍出版社，2005年，第66–67页。
2　[清]黄丕烈：《黄丕烈藏书题跋集》，余鸣鸿等点校，上海：上海古籍出版社，2013年，第592–593页。
3　[清]顾广圻：《顾千里集》，王欣夫辑，北京：中华书局，2007年，第353页。
4　王重民：《中国善本书提要》，上海：上海古籍出版社，1983年，第355–356页。

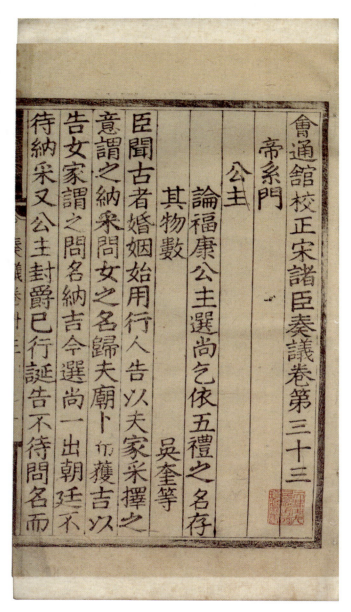

會通館校正宋諸臣奏議卷第三十三

帝系門

　公主

　　論福康公主選尚乞依五禮之名存

　　其物數　　　　　吳奎等

臣聞古者婚姻始用行人告以夫家采擇之

意謂之納采問女之名歸夫廟卜亦獲吉以

告女家謂之問名納吉令選尚一出朝廷不

待納采又公主封爵已行誕告不待問名而

《会通馆校正宋诸臣奏议》　明弘治华燧会通馆铜活字印本

人事部八十三

知人上

尚書舜縣曰都在知人在安民禹曰吁咸若時惟帝其難
之言堯亦以知人安知人則哲能官人安民則惠黎民懷
之

禮記曰趙文子與叔譽觀乎九原文子曰死者如可作也
吾誰與歸叔譽曰其陽處父乎文子曰行并植
於晉國不沒其身其智不足稱也我則隨
武子之在晉國不顧其身其仁不足稱也
子犯乎文子曰見利不顧其君其仁不足稱也
子乎利其君不忘其身謀其身不遺其友晉人謂文子其

《太平御覽》　明万历二年周堂铜活字印本

《蔡中郎文集》 明正德十年华坚兰雪堂铜活字印本

（五）汲古阁刻本

明末虞山毛晋汲古阁刻印了大量古书，对于汲古阁刻本当时和后世都有訾议，甚至说他藏善本、刻劣本，所以过去藏家对毛氏刻本不予重视。但是根据其子毛扆所说，毛晋刻书时不见得都有善本，一边刻书，一边收书，书刻成之后可能得到了精善之本，却不一定还有机会、有财力改版重刻，这恐怕也是实情。毛晋所刻《乐府诗集》，底本是元刻本，本来可以直接翻刻，但是他认为文字有节略漫漶，特地借来钱谦益所藏宋本亲自校勘付印，世人称为善本。汲古阁刻陆游的《渭南诗集》印行之后，毛扆得到残宋本，据以重校修版，以期尽善。汲古阁刻《宋六十名家词》中的《于湖》《梦窗》两家刊刻过程中就曾补刻底本缺失，后来毛扆获见各种善本通体重校，为我们留下了一部至为珍贵的手校《宋六十名家词》，而他却已慨叹"床头金尽"，无力重刊。这些情况足以说明汲古阁刻本不能简单地否定，特别是居今而言，汲古阁刻书已经是三百五六十年前的事情，从年代上看，今天得汲古阁刻本可以跟清初藏家得元刻本相比，这就更值得重新评价汲古阁所刻各书。

汲古阁刻书很多，现在虽然有清郑德懋、顾湘校刊的《汲古阁校刻书目》和民国初年陶湘编印的《明毛氏汲古阁刻书目录》可以查考，然而有些书还是没有列入。特别是毛晋为友朋刻过许多书，例如他给余怀刻过几种诗文小集，有的有牌记署名，有的没有标记，现在只能根据版式推测，很难一一指实。

汲古阁所刻各书珍罕程度不一，其中不乏难得之本，其初期印本以"绿君亭"为名者一般少见，值得收藏界三致意焉。汲古阁刻过很多唐、宋、元人诗文集，版本大抵精善，一般汇为丛刻行世，今日都不多见，故老相传《四唐人集》独为难得[1]，而《牧潜集》《清江碧嶂集》《沧螺集》等若干种单行者尤其罕见。汲古阁所刻各书有些本来单行，后来汇为丛刻，印本就不如初印本精丽动人。特别是毛氏版片多有转手至他人继续刷印者，藏家目录仍然著录为汲古阁刻本，但是内封已经改换刻书堂号。这些书今日传本虽多，大多后印漫漶，甚至文字有误，跟初印带有原版封面者相去甚远，珍罕程度不可同日而语——有些书有翻版，需要甄别。

这里特别要提到汲古阁刻《说文解字》，此版存世多年，随时刷印，流传极广，并不稀罕。但是后世所见几乎都是修版后印的本子，过去卖价很低。而被段玉裁推为佳胜的初印未修版者在乾、嘉时就是难得一见的珍本，今天更稀如星凤。当然后印根据善本修版者另有可取之处，这就需要认真甄别，收藏家的学识和功力也就体现在这里[2]。

汲古阁刻本至今仍然是有待发掘的宝藏，毛氏父子到底刊刻过哪些书，各书底本质量如何，哪些书经过毛氏父子重校修版，哪些书有校本传世而未及追改，都是饶有兴味的问题。特别是毛氏印书通常只见竹纸，相传使用毛边和毛太，但是流传中偶见开化纸和明公文纸印本，值得注意。此外，过去有一些误传也有待纠正，例如书林盛传《四唐人集》书版为毛晋的孙子劈为薪材煮茗，其实纯系讹传，此版与《诗词杂俎》后来同归吴门寒松堂，今有寒松堂印本为证。

---

1 叶德辉：《书林清话》，北京：北京联合出版公司，2018年，第244页。
2 杨成凯：《汲古阁刻〈说文解字〉版本之疑平议》，《北京高校图书馆学刊》，1998年第4期，第33—39页。

剪綃集卷上　　荷澤李龏和父集唐人句

謫仙吟

坐白巖雲頹不流牧龍丈人病歌秋尋詩北嶺截
珠樹老夫饑寒龍爲愁呼龍耕烟種瑤草若爲失
意居蓬島泓泓水遠苔洲鯉魚風起芙蓉老

李賀　陳陶　陳陶　李賀　陳陶　李賀

公無渡河

剪綃集　卷上　及古閣

《诗词杂俎》 明天启、崇祯间海虞毛氏汲古阁刻本

六　明刻本的版本鉴定

一般地说，明代前期刻本承元本之绪余，元本字密墨重、笔画起伏的风韵仍然体现在明前期主流之中；正德、嘉靖以后，特别是嘉靖刻本，仿宋成风，虎贲有似中郎，常常以明充宋。在谈宋刻本和元刻本的时候，我们已经举出实例，说明有些明本可以鱼目混珠，混入宋、元队伍。明末刻本时代较近，跟前代风格差异较大，认真查考一下，往往不难作出正确的判断。

（一）明本和宋本

明代中期出现了版面清朗、字体方正、上下白口的风格，可以想见它们翻版仿刻的对象大抵是宋代的浙刻本。然而这种风格出现时已经跟宋代相去至少也有二三百年，经过元代的变革，工艺、风尚和物料已经有了很大的变化，无论如何追摹，明本的字体雕工都和宋本有差异。我们说过，从宋代雕版兴盛以来，古书的字体可以说是从书写体逐步走向版刻体。宋本无论行字如何整齐，即使"布如算子"，仍然是结构谨严，笔画起伏带有写意，而明代仿宋本逐渐向横平竖直发展，书写的韵味越来越淡。这是宋本和后代仿宋本在字体雕工方面最重要的差异。

明仿宋本的纸张一般跟宋本有明显区别，可以从颜色、纹理、帘纹宽窄、透明程度等方面观察。纸张的辨认是古书版本鉴别的一个要点。附带说一下，有些书著录为元刻明印本，如果确认为元刻，而且没有明人序跋或版片修补等明显的证据，那么十之八九是因为纸张，例如典型的明代白棉纸，把印书时间推到了明代。

明仿宋本也会带有宋本的一些特征。有些明本仍避宋讳，据此断为宋本，这是前人常犯的错误。明本保留宋本刻工名的情况虽然极为少见，但也不是绝无其例，像明翻宋本《黄帝内经素问》和《唐文粹》等就见诸记载。王重民先生在《中国善本书提要》论明翻岳刻《周礼》，与岳刻原本比较："明嘉靖间苏州翻宋之风颇盛，不但行款字画仍旧，刻工姓氏亦仍旧，其意甚善，其法合于科学。然大字易翻，注文不易翻。因影写上版，大字易辨，可无误，小注不易辨识，遂不免形似之误矣。此影翻之通病也。"[1] 列出校记数则。另外，带有宋人刻书牌记者也不可不辨，像明翻宋本《释名》，刘熙序后有陈道人刊书记，孙星衍《平津馆鉴藏书籍记》作宋本著录[2]，傅增湘《藏园群书经眼录》定为明刻本[3]。

（二）明本和元本

在谈元刻本时，我们已经论述过元本跟明本的鉴别问题。明本跟元本的混淆大都出现在重墨黑口的福建刻本，很大的原因是福建书坊集中，世代接续，相沿形成行业的规范，加上彼此多有翻版易手的情况，更难以分辨。一般说来，翻版覆刻不如原版自然谐畅，难免草率从事，跟元本相比，明本的工艺技术就相形见绌。

根据风貌区分元、明并不是截然可辨。有时我们会看到一些书被

---

1 王重民：《中国善本书提要》，上海：上海古籍出版社，1983年，第16页。
2 ［清］孙星衍：《平津馆鉴藏书籍记》，上海：上海古籍出版社，2008年，第22页。
3 傅增湘：《藏园群书经眼录》，北京：中华书局，2009年，第105页。

学者标为"元末明初刊本"或"元、明间刊本"，这是因为他们还没有找到可靠的证据，仅看版刻风貌不能放心地把它们断然归元或是归明。书目所著录的古书版本一般都很明确，明就是明，元就是元，清清楚楚，没有骑墙派。爱书人倒不必这么绝对，认真地考察一下这里水有多深，就是学问。不妨举个例子，看看有时候考证工作涉及多少问题。

关于《朱文公校昌黎先生文集》，傅增湘先生曾说："明初翻元本，行款全同，其序跋及首卷前数叶刊刻甚精，几与元刊无别，往往误认为元本，二卷以后雕工粗率，明刊本色毕露。海虞瞿氏、刘氏嘉业堂藏及《四部丛刊》所印均是。然似不止一刻，亦有镌刻稍精者，若非并几比观，殆难悉辨。"[1]

在谈元刻本鉴定时，我们说到《四部丛刊初编》所收韩愈、柳宗元二家文集当初标为元刊本，今天已经归为明刻本。作出这个改正其实并不简单，因为这两部书都具有元刻风貌。《朱文公校昌黎先生文集》一书有书林王宗玉"岁舍戊辰"的识语，没有年号[2]。如果把它看作元刻本，元代的戊辰是天历元年（1328）。王氏识语说同时刊刻韩、柳二集，那就再看《四部丛刊》影印本《增广注释音辩唐柳先生集》。此书没有王宗玉的识语，也没有年代刊记，然而跟《韩集》版式相似，似乎二者可以相俪，同归元刻。不过《柳集》别本却有刊记，写明正统戊辰善敬堂刊。如此说来，二书同在戊辰，巧合乃尔，强烈地

---

1 ［清］莫友芝撰、傅增湘订补：《藏园订补郘亭知见传本书目》，傅熹年整理，北京：中华书局，2009年，第320–321页。
2 《四部丛刊初编》本底本上的这一牌记并非真正的原版牌记，见本书第三讲第四节"元明之间"。

提示我们《韩集》识语的戊辰其实是正统十三年（1448），于是《中国古籍善本书目》把它定为"明正统十三年书林王宗玉刻本"[1]。在作出这个结论之前，《北京图书馆善本书目》著录《韩集》为"明洪武二十一年书林王宗玉刻本"[2]，显然是把王氏的署年定为洪武戊辰，在天历之后，正统之前。

我们看到，对韩、柳二集作出上述不同鉴定的都是明辨字体刀法的硕学名家，对王宗玉的"戊辰"的判断，可以早到元天历，也可以晚到明正统，跨度竟有120年之长，这一方面可以看出元、明之间刻本的风格可以有多么相似，另一方面也不能不对版本鉴定工作进行认真的反思。王宗玉识语说：

> 韩、柳二先生文集，行世久矣。……惜乎旧板漫灭，续集遗阙，读者憾焉。本堂广求访到善本，卷集全备。宗玉喜不自胜，命工鼎新绣梓，以广其传。

联想到当时书坊之间书版转手，或者翻版覆刻，都是屡见不鲜的事情，有理由想到当时韩、柳二集的版本流变会有多种情况。几百年之下，仅仅凭一两部书的观察立论不一定全面，甚至刊记是不是能确证版片的来源，是不是转手后他人所补刻，也还是值得认真考虑的问题。

我们还是应当重温"多闻阙疑，慎言其余"的古训，跟古书版本

1　中国古籍善本书目编辑委员会：《中国古籍善本书目·集部》，上海：上海古籍出版社，1998年，第113页。
2　北京图书馆编：《北京图书馆善本书目》，北京：中华书局，1959年，第19页。

打交道，最好尽可能多看看已有的文献，多看看存世的不同印本，而且不要忘记带上批判的眼光，头脑中多几个存疑不是坏事。

（三）明本之间

除了把明刻本跟宋、元刻本区别开来以外，怎样把明代本朝刻本的版本统系梳理清楚，把同版印本归并在一起、不同版的印本分开，这是明版鉴定工作的又一重点所在。一副版片在刷印过程中可以有修版、补版，可以转手他人重印，也可以翻版重刻，种种情况会使印本产生这样那样的差异。因为明版书存世还多，散在各地很难尽收眼底，更不容易并几比观、仔细勘验，仅凭片断的模糊记忆本来就不可靠，再加上长期以来学者和藏家眼睛盯在宋、元本上，对明刻本很少留意，往往拿一个印本当一个版本，结果一部书几种印本混在一起，导致许多明本之间的关系至今仍然纠缠不清，目迷五色，论者难免各有各的说法。这里举几个例子。

《韩诗外传》　有明嘉靖苏献可通津草堂刻本，《明代版本图录初编》说有覆刻本，同时还有沈辨之（字与文）野竹斋刻本。苏本版心有"通津草堂"四字，沈本版心没有堂号，但有野竹斋牌记，二本标识俱在，应该说是泾渭分明。但是它们的版式风貌相同，骤然入目，莫辨甲乙。版本学名人叶德辉曾亲见苏、沈二本，也未能分辨，以为沈氏是以苏氏原版补刻牌记重印。《明代版本图录初编》纠正此说，确认通津草堂和野竹斋是两个刻本[1]。

---

[1] 顾廷龙、潘承弼：《明代版本图录初编》卷六《家刻》，上海：开明书店，1941年，第47—51页。

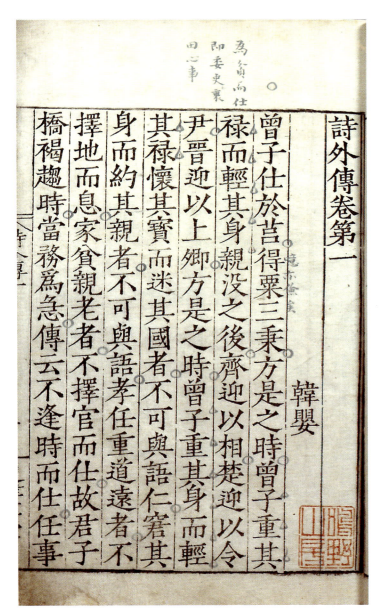

詩外傳卷第一

韓嬰

曾子仕於莒得粟三秉方是之時曾子重其
祿而輕其身親沒之後齊迎以相楚迎以令
尹晉迎以上卿方是之時曾子重其身而輕
其祿懷其寶而迷其國者不可與語仁窘其
身而約其親者不可與語孝任重道遠者不
擇地而息家貧親老者不擇官而仕故君子
橋褐趨時當務爲急傳云不逢時而仕任事

為貧而仕
即委吏乗
田之事

《诗外传》 明嘉靖十四年苏献可通津草堂刻本

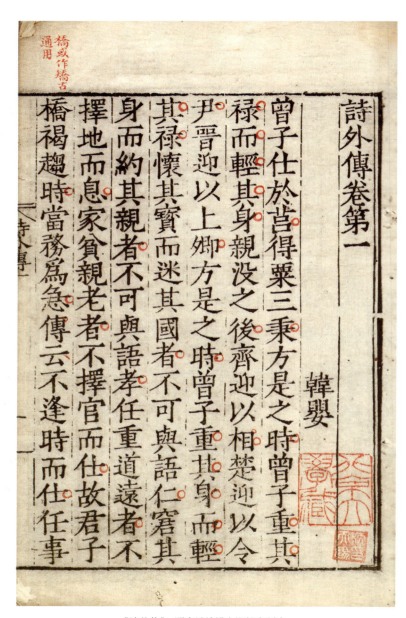

詩外傳卷第一

韓嬰

曾子仕於莒得粟三秉方是之時曾子重其
祿而輕其身親没之後齊迎以相楚迎以令
尹晉迎以上卿方是之時曾子重其身而輕
其祿懷其寶而迷其國者不可與語仁窘其
身而約其親者不可與語孝任重道遠者不
擇地而息家貧親老者不擇官而仕故君子
橋褐趨時當務爲急傳云不逢時而仕任事

〔詩外傳〕

情况更为复杂的是，二者都有不同的印本。学者发现有通津堂号的本子内文竟有异同，有人说这是修版改字的缘故，有人则说这是两个不同的版本，一个是原版，一个是翻版。而有野竹斋牌记的本子也不完全一致，台北《"国立中央图书馆"善本书目》著录沈氏野竹斋刻本有明代覆刻本[1]。

《中国古籍善本书目》著录通津草堂本有修版本，但野竹斋本则未加分辨。近年陈先行先生循此以求，仔细比较，肯定通津草堂本有修版，野竹斋本有翻版[2]。

《仪礼》　　明嘉靖年间东吴徐氏刻八行十七字本《三礼》历来享有重名，叶德辉在《郋园读书志》中极称徐刻《仪礼》之善，并曾推荐印入《四部丛刊初编》[3]。吴庠校理此书，指出徐本有初印、修版之别，叶氏所见其实是修版印本，有修版误改之处，如《丧服第十一》"大夫去君埽（扫）其宗庙"，改"埽"为"歸（归）"之类。按：八行十七字本《仪礼》，明刻不止一种。一本版心下有刻工名，其字作"埽"，不作"歸"，此本与《四部丛刊初编》影印本不同。另一本与《四部丛刊初编》本同，无刻工名，作"歸"，此字略有倾侧，似有改补痕迹。此本字体与前一本略有不同，现在一般只称明刻本，是徐本的修版还是翻版，值得认真分辨。

《墨子》　　明刻《墨子》的版本不多，异说不少。就嘉靖本而

---

1 《"国立中央图书馆"善本书目》，台北：中华丛书委员会，1957年，第16页。
2 陈先行：《打开金匮石室之门：古籍善本》，上海：上海文艺出版社，2003年，第133–135页。
3 叶德辉：《郋园读书志》，杨洪升点校，上海：上海古籍出版社，2010年，第45–47页。

儀禮卷第一

士冠禮第一　　儀禮

鄭氏注

士冠禮筮于廟門　筮者以蓍問日吉凶於易也冠必筮日於廟門者重

以成人之禮成子孫也冠不於堂者嫌著之靈由廟神也　主人玄冠朝

服緇帶素韠即位于門東西面之　主人將冠者之父兄也玄

服委貌也朝服者十五升布衣而素裳也朝服者尊著龜

冠不言色者衣與冠同也緇必朝服者素著衣

之道緇帶黑繒帶也士帶博二寸再繚四尺

屈垂三尺素韠韋韠長三尺上廣一尺下寸

廣二尺其頸五寸肩革帶博三寸天子與其臣

臣玄冕以視朝皮弁以日視朝諸侯與其臣

《仪礼》 明嘉靖徐氏刻《三礼》本

言，最煊赫的是嘉靖三十一年（1552）铜活字印本，这个本子有刊记"嘉靖壬子岁夷则月中元乙未之吉芝城铜版活字"，还写明"明刑部河南清吏司郎中吴兴北川陆稳校行"。嘉靖三十一年刊行的活字本既有"陆稳校行"的刊记，看作陆本合情合理。其次是唐尧臣刻本，有陆稳嘉靖三十二年《新刊墨子叙》，说前年在京才见到《墨子》一书，并有"别驾唐公以博学闻于世，视郡暇访余于山堂，得《墨》原本，将归而梓之"云云。这里说的很像是唐氏从陆处得到《墨子》，将刊印行世。唐氏后跋没有年代，也没有提到陆氏。

这两个本子给学者和藏书家带来了迷惑：活字本、唐本都跟陆稳有关，是不是还有一个陆稳刊本？如果有，它是哪个本子？陆氏嘉靖三十年才看到《墨子》，只能在当年和次年印书。而活字本恰巧刊于次年，而且有"陆稳校行"的刊记，可以猜想这就是陆氏刊本，陆氏正可交给唐氏刊印。至于活字本与唐本有诸多不同，也无害于唐本出自活字本。《中国古籍善本书目》只说活字本是"明嘉靖三十一年芝城铜活字蓝印本"，没有提陆稳，态度慎重。黄丕烈跋活字本[1]，说得不是很清楚，揣摩其意，似乎认为活字本就是陆本。然而叶德辉认为唐本就是陆本，说唐本初印在前，当时还未加序跋，活字本即据以翻印[2]。吴毓江撰《墨子校注》说活字本跟唐本有许多差异，不可能出自唐本，活字本应该是陆本[3]。按：活字本有陆氏校行刊记，唐本无，按

---

1 ［清］黄丕烈：《黄丕烈藏书题跋集》，余鸣鸿等点校，上海：上海古籍出版社，2013年，第242–243页。
2 叶德辉：《郎园读书志》，杨洪升点校，上海：上海古籍出版社，2010年，第222–224页。
3 吴毓江：《墨子校注》，北京：中华书局，1993年，第3页。

之常情，吴说可信。只是陆氏为唐本作序只字不提此本，未免令人生疑。

此外还有江藩白贲刻本[1]，自序说得唐尧臣本重刻。陆叙、唐跋俱在，如果没有江藩刻书序言，宛然唐刻。吴毓江先生藏本据说是初印本，江藩序言落款独全，全文为"嘉靖丁巳岁中秋江藩白贲拱柄书于敕奖孝友楼"，说明江藩本刻于嘉靖三十六年（1557），可补《中国古籍善本书目》之缺。更不可思议的是，通过校勘，吴氏并疑《四部丛刊》本是江藩重刻本，非《丛刊》所称的唐氏原版[2]。吴氏此疑恐怕是婉辞，不仅《丛刊》本，今日各家著录的唐本实与江藩本无异，即

---

1 朱拱柄，号白贲，明宗室瑞昌王后裔。瑞昌王府在江西南昌，故谓江藩，江藩白贲拱柄就是朱拱柄。（相关考证详见：陈恒新：《〈墨子〉唐尧臣刻本源流考述》，《传统中国研究集刊》，2018年第18辑，第216–221页。）杨成凯先生曾注意到人名容易导致的误解，他说："古书称人时，除用名、字、号以外，经常用职务、身分、地望等名称。这些名称往往结合在一起构成复指形式，这时就要格外注意，避免误解出错。""不妨看两个很容易误解的例子。《青楼集》前有朱经序言，说'商颜黄公之裔孙曰雪蓑者'请他作序。'商颜'是地名，读者很自然就理解为黄公姓黄。然而，一旦知道此书作者是夏伯和，我们就会想到朱经这里是用典，'商颜黄公'指商山四皓中的夏黄公。出人意料的是，叶德辉《郋园读书志》载《青楼集》跋，先是误以为作者姓黄，后来见到瞿氏《清吟阁书目》题为元夏伯和撰，仍未醒悟，反而以为'朱序明称作者姓黄不姓夏，则《瞿目》似不足凭'。叶德辉本是书林大家，尚有如此之失误，读古书之'慎思明辨'谈何容易。读古书要想避免这种错误，必须细心，特别是有不同说法时更要提高警惕。""明隆庆五年（1571）豫章夫容馆刻本《楚辞章句》源出宋本，为人推重。王世贞序云：'吾友豫章宗人用晦，得宋《楚辞》善本，梓而见属为序。'豫章是地名，宗人指同族的人，用晦是人名，分开来看毫无难解之处。然而如此理解，极易误入歧途。若没有上下文，宗人二字只能指王世贞的族人，这就是说用晦王姓，正是因此叶德辉以来许多人称此本为王氏夫容馆刻本。然而，刻书者其实是宁藩王孙朱多煃（用晦）。豫章是宁藩封地，王世贞说的豫章宗人指宁藩皇家族人，非自家族人。这个错误很隐蔽，在王重民《中国善本书提要》说明用晦其人之后，仍有王氏夫容馆之说。而文献中往往称之为'豫章王孙芙蓉馆重刊宋本'或'豫章王孙用晦夫容馆复宋本'也不准确，仍易误解为王氏刊刻。"第二例的"豫章宗人用晦"与"江藩白贲拱柄"极为类似，特附记于此。

2 吴毓江：《墨子校注》，北京：中华书局，1993年，第1010页。

如《墨子大全》影印的唐尧臣、江藩二本[1]，也是一本，不能不引起注意。抛开吴毓江先生的说法不论，对于这部书，我们可以进行以下的思考：若有陆本，何以今无传本？陆序何以言唐公刻之？铜活字本目录后有"明刑部河南清吏司郎中吴兴北川陆稳校行"一行，若非前有陆本，则此铜活字本即为陆本，唐本据此翻刻，陆又为加序。这说明吴氏所说有可能是事实，否则就是铜活字本是翻印陆本，而陆本今已无传。

《重广补注黄帝内经素问》　此书最为显赫的是明嘉靖二十九年（1550）顾从德覆宋本，有刘承幹嘉业堂藏明翻本，版心刻工、行款同，字画较差，无顾氏后跋（见《柏克莱加州大学东亚图书馆中文古籍善本书志》）[2]。按：此书有几种，略有不同，非同一副版片，刻工名也有不同。台馆《善本书志》著录为三种，一部有顾定芳校一行，并有两篇顾从德序（一写刻，一硬体），其余两种没有序跋刊记，看来内情并不简单。问题是绝大部分没有刊刻标记，怎样确定为顾氏原刻，各本不同之处是不是有修版补版的缘故。

据《经籍访古志补遗》，此书明代有好几种刻本，版式相同：一种较顾本为精；一种是顾本；一种文字或有讹误，是坊刻本。此外还有吴勉学翻顾氏本、周曰校刊本等[3]。据此而言，跟顾本纠缠在一起难以分辨的至少还有两个版本，这就难怪台馆《善本书志》要

---

1 任继愈主编：《墨子大全》，北京：北京图书馆出版社，2002年。
2 柏克莱加州大学东亚图书馆：《柏克莱加州大学东亚图书馆中文古籍善本书志》，上海：上海古籍出版社，2005年，第152页。
3 ［日］涩江全善、森立之等：《经籍访古志》，杜泽逊等点校，上海：上海古籍出版社，2017年，第286页。

把顾刻分为三种——当然其中应该只有一种是顾氏所刻。

我们不能不看到，明刻本中，特别是四部要籍和日常用书，修版、转手和翻版等情况十分普遍，可是以往没有给予足够的注意，结果原版、修版、翻版混杂在一起，没有作出正确的分合。怎样理清它们的关系，这是明刻本版本鉴定工作的重点所在。这里略及一二，不再赘述。

（四）明本和明版清印

明代有些书版到清代还可以使用，印出的书就是明版清印本，明版清印跟明版明印之间的区别是后印跟初印的关系。一般讲来，如果清印本没有增补、修订、改错之类可取之处，价值就低于明印本，把二者分开也不是没有意义。明版清印本有时有印书人的序跋，说明重印的缘起。有时从内容也可以看出端倪，像明刻《古今诗余醉》中录有岳飞的《满江红》词，清印本避忌"胡虏"，缺文。

值得注意的是，明末清初汲古阁刻本有初印和修版、原版和翻版的区别，特别是《十三经注疏》和《十七史》等大部头的要籍，陶湘在《明毛氏汲古阁刻书目录》前言中说：

> 其名誉最著而流行最广者，《十三经》《十七史》《文选李善注》《六十种曲》，刷印既繁，模糊自易。顺治初年，子晋修补损缺，已至变易田产。详子晋顺治丙申年丙申月丙申日丙申时《刻书缘起》中。康熙间，板已四散。经、史两部归苏州席氏扫叶山房，始而剜补，继则重雕。亥豕鲁鱼，触目皆是，读者病之。窃维毛氏雕

工精审，无书不校，既校必跋。纸张洁炼，装式宏雅，如唐宋人诗词及丛书、杂俎等刊，均可证明其良善，岂有煌煌经史，反如斯之恶劣耶？毛氏自刻均有"汲古阁"三字，代刊则无，或并其斋名亦代刊。于是刻意搜求，得《十三经注疏》原板初印。每经之后均有篆文或隶书印记，为通行本所无。《十七史》为开花纸印，内府有之。莫郘亭珍藏，是海内仅见。经史之钱谦益序，均未抽毁。《文选》字口如新，与通行汲古本迥判霄壤，而毛刻之含冤蒙垢，遂昭然大白。[1]

毛氏版片转手后，印本一般更换藏版堂号。如《词苑英华》的内封初为毛氏汲古阁藏版，版归洪振珂后，内封另刻为因树楼藏版。后来再印，内封又改为汲古阁藏版。堂号一再更改，版片日见漫漶，只是并未重刻。

郑德懋《汲古阁刻板存亡考》对毛氏版片下落及翻版之事多有记载，可供参考[2]。其个别记载可能不确，如书中说《四唐人集》版被毛氏后人劈作薪柴烹茶，后人竞相征引，为之慨叹，其实此版和《诗词杂俎》版都归吴门寒松堂，并继续刷印。

以明本充宋元本是书贾常弄的狡狯，目的不外乎牟利。由于跟今天相隔不久，很少以后世刻本伪作明本的情况。只是民国初年南陵徐氏影刻明崇祯寒山赵氏小宛堂刻《玉台新咏》，原书本身就多有异说，影本也很工致，有时鱼目混珠，不辨甲乙。笔者曾有专文讨论，这里

---

1 陶湘：《书目丛刊》，窦水勇校点，沈阳：辽宁教育出版社，2000年，第19页。
2 陶湘：《书目丛刊》，第270–272页。

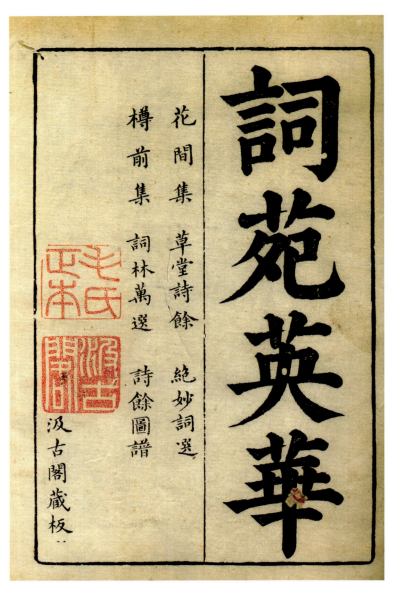

詞苑英華

花間集　草堂詩餘　絕妙詞選

樽前集　詞林萬選　詩餘圖譜

毛氏正本

汲古閣藏板

《词苑英华》　明末毛氏汲古阁刻本

不再重复，参看《闲闲书室读书记》收录的《明寒山赵氏小宛堂刻〈玉台新咏〉版本之谜》一文[1]。

七　明刻本收藏余论

以上我们概括介绍了明刻本鉴赏和收藏的基本情况，此外还有一些书籍值得注意。我们知道，明人著述往往涉及明朝与满洲对峙的北方边事，这些书籍在清代遭到严厉的禁毁，损失严重，侥幸存留下来就是难得的珍本。清朝末年以来，随着清廷的衰败和现代学术研究的开展，禁书开始成为学者搜求的对象，也曾掀起一阵禁书热。旧书店遇到一部书必然要翻检清代禁毁书目，一见榜上有名，必然特别标明"禁书"二字，立时跻身珍本秘籍，身价倍增。时过境迁，学者的眼光不再像当年那样专注，一般水平的藏家又难以赏识和鉴定禁书的价值，禁书就开始陷入低潮。遭禁的明刻本中有许多明人的诗文集，有关的作品在清代即使有机会重印，文字或多或少都会有所更易。在欣赏明代原刻真面时，看看它何以会遭禁，不仅平添了兴味，而且是很有意义的事情。想想它是历尽磨难的漏网之鱼，在珍重摩挲之余，应该会有一份额外的温馨。有心人肯于坐下来认真地读读书，探索一番，而不是仅仅貌相，那么收藏禁书就是一个值得考虑的选择。

明代还有许多宋元流传下来的书版，不时修版补缺刷印行世，明

1　林夕：《闲闲书室读书记》，桂林：广西师范大学出版社，2011年，第53—60页。

代补版一般注明补刻时间。这些书刷印时间越早，则旧版越多，补版越少，所以其版本价值决定于刷印的年代。像目前所见的宋版《尔雅疏》其实是明初刷印本，众所周知的三朝本"南北朝七史"就是宋版明印。如果印在嘉靖之前，已经是值得珍惜的佳本。由于旧版漫漶断烂，这些印本其貌不扬，若不留心很容易交臂失之。无论过去怎样评价，今天遇到这些书都不应该错失机会，说不定还会有意外的奇遇。傅增湘先生当年就是在他人摒弃的"三朝恶本"之中，以贱值买到天壤孤本北宋刻十行十九字本《史记》，一些学者定为北宋景祐补刻淳化本。要知道淳化本可是宋刻《史记》的第一个版本，皇皇一百多卷大书，绝对的人间瑰宝，国之重器。

最后我们还不能不提到明代有刊刻汇编丛书的风气。宋元丛书仅寥寥数种，明代的大套丛书规模宏大，十分引人注目。这些丛书质量不一，内容和刻印水平往往不是很高，不入学者和藏家之目，但是流传到今天，想找完整的一部书已经很不容易。像胡文焕编印的《格致丛书》，今天已经难以查考它到底包含哪些书。对于明刻丛书，除了考虑它传世多寡以外，特别要注意检查它包含哪些书，如果其中有一般丛书目录中没有记载的书，价值就不一般。例如汲古阁的《诗词杂俎》一般只有十五种，偶然会有十六种，多出《清江碧嶂集》，得到这种书就是意外的收获。

清前期中期藏家一般热衷宋元刻本，不注重明刻本。像黄丕烈早年也是如此，后来才认识到明刻也有可珍之处。黄丕烈在《明刊陈子昂集跋》中说："往闻前辈论古书源流，谓明刻至嘉靖尚称善本，盖其时犹不敢作聪明以乱旧章也。余于宋、元刻本讲之素矣，近日反

宋　李氏　清照

鳳皇臺上憶吹簫　閨情

香冷金猊被翻紅浪起來慵自梳頭任寶奩塵

滿日上簾鈎生怕離懷別苦多少事欲說還休

新來瘦非干病酒不是悲秋　休休這囬去也

千萬遍陽關也則難留念武陵人遠煙鎖秦樓

惟有樓前流水應念我終日凝眸凝眸處從今

《漱玉词》　明末毛氏汲古阁刻《诗词杂俎》本

留心明刻，非降而下之。宋、元版尚有讲求之人，前人言之，后人知之，授受源流，昭然可睹。若明刻人不甚贵，及今不讲明而切究之，恐渐灭殆尽，反不如宋元之时代虽远，声名益著也。"[1]

因为时代较近，明刻本存世数量多，加以人情贵远贱近，往往不以为意，结果我们对它们的了解还很有限。从上文的论述可以看出，明刻本的版本苑囿中有广阔的天地有待我们去探究荒芜，去发现珍奇。实情掌握不多，价值判断也无从进行，难保不会错过稀世佳本，上文提到的江藩所刻《墨子》就是个例子。特别是，目前明刻本民间还有相当的存量，有志之士无论是治版本之学，还是作坐拥百城之乐，都不可忽视这个近在身边触手可及的有利条件。

---

1 黄丕烈跋文未收入《荛圃藏书题识》，原书今藏国家图书馆。王欣夫1957–1960年间在复旦大学授课时曾提及此跋文，见：王欣夫：《文献学讲义》，上海：复旦大学出版社，2015年，第142页。

第五讲

清刻本的鉴赏与收藏

一 清刻概说

清朝是中华民族历史上最后一个王朝。随着初期的国家兴盛、中期的内外多故和末期的王朝覆亡，社会经历了巨大的变革，人心风尚、学术思想、工艺技术都经历了蜕变和新生的过程。与此同时，一统天下的传统雕版印刷也随着皇帝逊位走下神坛，让位于现代多样化的印刷技术。不过从整体而言，清代仍以雕版印刷为主流，各个时期都有精品传世，甚至到清末民初，在一些文人雅士的倡导之下，还曾精益求精，出现无限风光的"晚照"。

清代印刷的古书内容最为多样，富有学术价值和文献价值，有继承传统印制方式的铭心精本，也有探索新颖印刷技术的实验样品，它们呈现了灿烂多彩的画面，为鉴赏和收藏提供了广阔的空间。居今而言，如果说宋元刻本已是景星庆云，不可逼视，明刻本日益尊贵，日见其远，那么殿后的清刻本无疑最为通行而习见。清本数量众多，入手容易，鉴赏和研究都有广阔的空间，收藏也有多种选择余地，确乎可推为爱书人的乐园。特别是，越是习见的东西越容易被人忽视，不要看它们年资轻浅，似乎不足为奇，其实清本中许多书的版本细节和珍奇情形目前并不了然，还有待于研究者和收藏家去阐发和揄扬。

二 清刻本的时代分布

清代从顺治元年（1644）算到宣统三年（1911），共十帝，有国268年。从印刷出版物方面看，大致可以说顺治、康熙、雍正是前期，乾隆承上启下，嘉庆、道光是中期，咸丰、同治时间短，国家变故丛生，也是转型时期，光绪、宣统则是后期。

目前已经出版的清刻本图录收书都以书籍版本特点为重，所选的书或者有版式代表性，或者珍奇难得，或者有关版本鉴定，总之是有话可说的书，并不反映各时期出版量的多少。这可以说是在浩如烟海的清本中各据所见为我们进行了遴选，列举出一批值得注意的书。

从时代方面看，重点一般在清前期和中期，从藏家的心理出发，眼光首先放在这里。值得注意的是，嘉庆朝仅25年，不及康熙、乾隆的一半，道光也才30年，但这两朝所占比例独高，很有些书值得注意。特别是学术著作，嘉庆、道光时期有不少价值高、印量有限的名作。光绪、宣统两代出版量很大，但是年代较近，不受重视，只有《清代版本图录》选材较多，可供参考[1]。以这些取向当路标，鉴赏和收藏就有了大致的方向。

三　清刻本的文献价值

书籍内容是否为学人和藏家所关注，跟书籍的价值有很大关系。从内容上看，清刻本的文献价值体现在三个方面，一是流通世不经见的秘本，一是仿刊古刻善本，一是传布清人的学术著述。

清朝初期一些刻本在流布珍本秘籍方面功绩卓著，像曹寅刻《楝亭藏书十二种》，大多是传本珍稀的秘本，尽管学者病其有讹

1　黄永年、贾二强：《清代版本图录》，杭州：浙江人民出版社，1997年。

文夺字，但是有些书读者仍然不得不依赖曹本。《梅苑》就是一个例子，有清一代学人可得而见者，仅此一刻本而已。曹寅刻《集韵》、张士俊刻《泽存堂五种》、汲古阁刻《说文解字》都是小学经典名著，清代朴学之士无不沉浸其中，视如瑰宝。再如《绝妙好词》《山中白云词》《白石道人歌曲》《乐府补题》等词学典籍，都是久久沉湮不显，到清初才陆续刊行于世。

有一些书旧本已经绝迹，所幸明代收录于《永乐大典》之中，《大典》后来散失，多亏当时曾辑出刊行于世，得以不绝于天壤。清代中期仿刻古书旧本，为保存文献和传播珍本作出巨大贡献，当年据以传刻的一些古本，如宋刻《韩非子》《仪礼疏》等要籍，今日已经不可再得。

清代本朝的著述只有依赖清刻本流布，那些书或则饱含学术创见，或则富有史料价值。看看《清史稿·艺文志》及其《补编》《拾遗》就知道，那是浩瀚的著作，清刻本就承担了传播的重任。郑振铎先生在上世纪40年代说，清人文集"或富史料，或多考订之作"，多有论经子金石文字之精绝之言，晚清诸家集则"足以考见近百年来之世变"[1]，给予很高的评价。

值得注意的是，清人的许多学术著述虽然有重要的价值，但是印本并不多见。一百年前，叶德辉在《书林清话》中就曾慨叹清人经解单行本难得，说嘉庆刻张惠言的《仪礼图》、王鸣盛的《周礼田赋

---

1 郑振铎：《郑振铎全集》第6卷《清代文集目录序》，石家庄：花山文艺出版社，1998年，第941页。

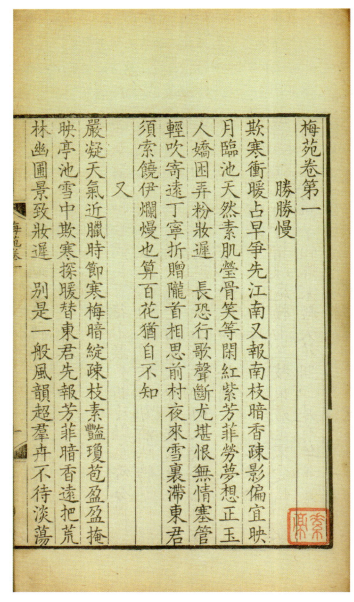

梅苑卷第一

勝勝慢

欺寒衝暖占早爭先江南又報南枝暗香疎影偏宜映
月臨池天然素肌瑩骨笑等閒紅紫芳菲勞夢想正玉
人嬌困弄粉妝遲　長恐行歌聲斷尤堪恨無情塞管
輕吹寄遠丁寧折贈隴首相思前村夜來雪裏滯東君
須索饒伊爛慢也算百花猶自不知

又

嚴凝天氣近臘時節寒梅暗綻疎枝素豔瓊苞盈盈掩
映亭池雪中欺寒探暖替東君先報芳菲暗香遠把荒
林幽圃景致妝遲　別是一般風韻超羣卉不待淡蕩

《梅苑》　清曹寅刻《楝亭藏書十二種》本

《集韻》 清康熙四十五年曹寅扬州使院刻嘉庆十九年重修本

重刊玉篇序

小學之重于古久矣周官保氏掌養國子教之六書漢制太史試學童能諷書九千字以上乃得為史吏民上書字或不正輒舉劾自凡將元尚滂喜諸篇中許慎據以撰說文解字古本部分自一至亥者是已顧氏玉篇而爰歷博學為閭里書師所合入之倉頡篇均失其傳本諸許氏稍有升降損益迄唐上元之末處士孫強稍增多其字既而釋慧力撰象文道士趙利正撰解疑至宋陳彭年吳銳丘雍輩又重修之於是廣益者眾而玉篇又非顧氏之舊矣予寓居吳下借得宋槧上元本于

《泽存堂五种》　清康熙张士俊泽存堂刻本

说》、金榜的《礼笺》求之多年才得到[1]。而郑振铎先生当年收集清人文集也备感艰辛。

四 清刻本的版式风格

清开国之初刻书不多，基本沿袭明末的风格，没有什么新颖独特之处。只是明万历以来书坊常用的横细竖粗的修长的宋体逐渐变为长宽均衡，甚至向扁平发展，版式则从清疏趋向茂密。清康熙兴起软体写刻，乾隆宋体刻本坚实严谨，嘉、道以还仿宋精刻独领风骚，这是清代出现的几种典型的版刻风格。

（一）软体写刻

看清刻本的版式，首先引起我们注意的是字体有软体和宋体两大类型，个别的书还会使用特殊字体。软体就是整齐的手写楷体字，也叫写体。从宋、元直到明初，版刻字体虽有灵动和规整的不同，但是基本上就是写体。明代中期以后，横平竖直的宋体字通行，写体淡出，只有偶尔一见。清代从康熙朝兴起写体，一直到中后期仿宋精本，软体跟宋体分庭抗礼，始终是版刻精品的标志，扮演着重要的角色。如果说宋体成为印刷业规范是明代的创举，那么软体和宋体的对峙则是清代印刷品的一大景观。

软体刻本也有种种类型。以康熙刻《通志堂经解》和扬州诗局

---

1 叶德辉：《书林清话》，北京：北京联合出版公司，2018年，第305页。

所刻《全唐诗》《楝亭藏书十二种》为例，或者以清内府馆阁体刻书为例，只能说是规整的楷体字。看惯了方正的宋体，乍见软体，会感到新颖活泼。一旦看多了，也就落入程式的窠臼。然而用软体刻书费工，造价高，一般书不会采用。讲究的书字用软体，纸墨工料精益求精，价值自然要高出宋体字本。

有些软体刻本出书法名家之手，其初印精本下真迹一等，历来受到鉴赏家的钟爱。著名的写刻精本，早期有康熙刻《林佶四写》（包括王士禛《渔洋山人精华录》、《古夫于亭稿》、汪琬《尧峰文钞》、陈廷敬《午亭文编》）；中期有嘉庆刻余集手写《续夷坚志》《志雅堂杂钞》，沈彩手书自作《春雨楼集》；晚期有道光刻吴熙载手写《心向往斋用陶韵诗》《受辛词》等。名人写样的书还有乾隆刻江声篆书《尚书集注音疏》《释名疏证》，道光刻张敦仁草书《通鉴补识误》等。

宋体刻本也不是没有可取之处，《樊榭山房集》《铜鼓书堂遗稿》等可以代表乾隆时期风行的宋体样式，严整隽朗，别有一种情趣。只是随着清室的衰败，疏俊的风格逐渐消失，中后期刻本字体草率，版面呆滞，看了全无乐趣，也就反衬出软体精刻的可爱。

（二）仿古精刻

清代所刻仿宋、元、明本是鉴赏和收藏的一大热点，仿古刻本从清初就零星出现，例如康熙张士俊仿宋精刻《泽存堂五种》、清内府一批影宋刻本、仿宋刻《说文解字》等，但是以声势和影响论，则不能不推朴学兴盛的嘉、道时期，著名的有孙星衍影宋《说文》《古文苑》，张敦仁影宋《礼记注》、校宋《仪礼注疏》、影明《盐铁

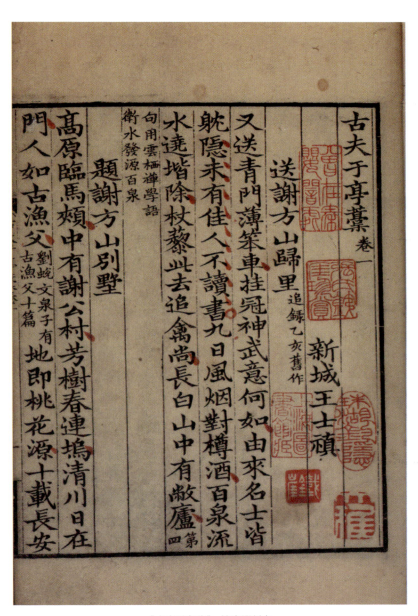

古夫于亭藁 卷一

新城王士禎

送謝方山歸里 追錄乙亥舊作

又送青門薄笨車挂冠神武意何如由來名士皆

髡隱未有佳人不讀書九日風烟對樽酒百泉流 第

水遠堦除杖藜此去追禽尚長白山中有敝廬 四

衛水發源百泉

句用雲栖禪學語

題謝方山別墅

高原臨馬頰中有謝公村芳樹春連塢清川日在

門人如古漁父 劉蜿文泉子有古漁父十篇 地即桃花源十載長安

《古夫于亭稿》　清康熙刻本

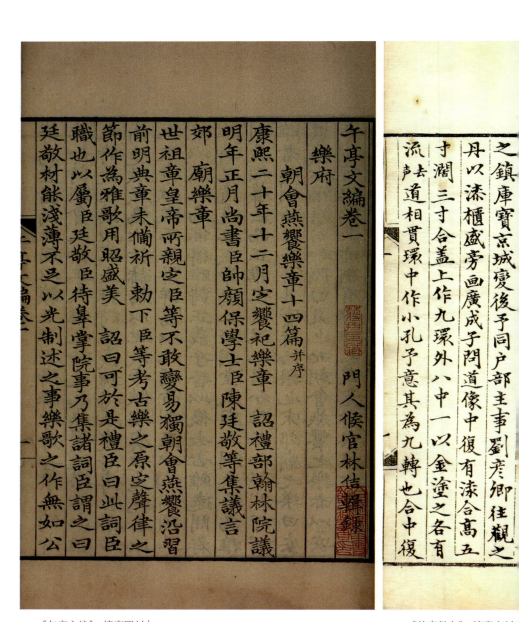

午亭文編卷一

樂府

　朝會燕饗樂章十四篇 并序

康熙二十年十二月定饗祀樂章　詔禮部翰林院議

明年正月尚書臣帥顏保學士臣陳廷敬等集議言

郊　廟樂章

世祖章皇帝所親定臣等不敢變易獨朝會燕饗沿習

前明典章未備祈　勅下臣等考古樂之原空聲律之

節作爲雅歌用昭盛美　詔曰可於是禮臣曰此詞臣

職也以屬臣廷敬臣待皐掌院事乃集諸詞臣謂之曰

廷敬材能淺薄不足以光制述之事樂歌之作無如公

之鎮庫寶京城䕫後予同戶部主事劉彥卿往觀之

丹以漆櫃盛旁畫廣成子問道像中復有漆合高五

寸潤三寸合蓋上作九環外八中一以金塗之各有

流声道相貫環中作小孔予意其為九轉也合中復

声去声相貫環中作小孔予意其為九轉也合中復

《午亭文編》　清康熙刻本　　　　　　　　　　《續夷堅志》　清嘉慶刻本

續夷堅志卷一

鎮庫寶

太原元好問裕之纂

趙王鎔煉丹成不及餌藏之鎮州庫藏中者餘三百

心嚮往齋詩集

曲阜孔繼鑅宥圃

用陶韻詩卷上

灌園四章用歸鳥韻

翔遊八表不如在林戢影惡木不如松岑借問君子好

邂何心亦不自審坐我庭陰

逸翩風舉萬里能飛波深雲阻中道何依百齡悠忽寶

發一歸投清領素古之所遺

式瞻歸路無復褻褱昔廉身而今有心摻氣把山靜神

與春諧顧言金而薈天無懷

一

《心向往斋用陶韵诗》 清道光刻本

銅鼓書堂遺彙卷一

宛平　查禮　恂叔

甲寅

春日郊遊

野馬田閒路悠悠遠世情荒原殘礎臥古墓朽株橫農圃

非家學巖阿貞隱名佇看煙景召花事競春城

落盡殘梅處無鶯拂柳條溪陰水未解徑滑雪初消飢鵲

窺芳楂疲驢怯板橋一聲清磬響隔水寺非遙

亥市囂塵散芳津煙靄中帘斜村店靜岸闊夕陽空蘭苴

安初服園廛得古風漁樵舒嘯傲誰許話窮通

登臨非有意來去更何期蟾影穿疎樹尨聲出短籬興闌

歸覺晚境僻轉忘疲欲待桑麻長還將筆硯隨

《铜鼓书堂遗稿》　清乾隆刻本

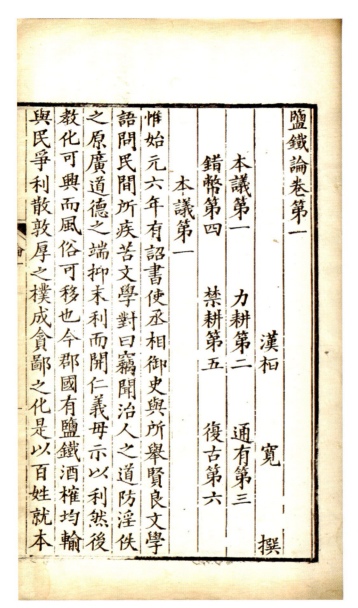

鹽鐵論卷第一

漢桓　寬　撰

本議第一　力耕第二　通有第三

錯幣第四　禁耕第五　復古第六

本議第一

惟始元六年有詔書使丞相御史與所舉賢良文學
語問民間所疾苦文學對曰竊聞治人之道防淫佚
之原廣道德之端抑末利而開仁義毋示以利然後
教化可興而風俗可移也今郡國有鹽鐵酒榷均輸
與民爭利散敦厚之樸成貪鄙之化是以百姓就本

《盐铁论》　清嘉庆张敦仁影明刻本

论》，胡克家影宋《文选》、影元《资治通鉴注》，吴鼒影宋《韩非子》、影明《晏子春秋》，黄丕烈士礼居、秦恩复享帚精舍和汪士钟艺芸书舍所刻各书，或影摹旧本，或仿宋精刻，文字可靠，版刻精湛，都是享有重名的佳本，价值远在普通明版之上。

影摹旧本的风气至清末民初大盛，缪荃孙、江标、董康、徐乃昌、陶湘、张钧衡、傅增湘、蒋汝藻、周叔弢等名家都有精刻精印佳本，近今藏家珍为善本，什袭宝藏。

值得注意的是，仿刻本所称的底本往往不确。一个原因是，古书版本研究在发展之中，刻书时对版本的鉴定不一定准确，断代往往偏前。清内府所谓宋淳祐本《四书章句集注》其实是元刻本（详情似乎还可以研究），所谓宋岳珂刻《相台五经》则是元宜兴岳氏刻本。清代藏家所盛称的北宋本，几乎都非定论，如汪士钟刻所谓景德官本《仪礼疏》其实是南宋刻本。

另一个原因是刻书者的底本不是原书，而是影抄本，或覆刻本。光绪江标刻《唐人五十家小集》号称覆南宋陈道人刻本，其实当时存世的书棚本唐诗已经没有如此整齐的五十家之多，江氏所用的底本大抵为明嘉靖刻《唐百家诗》。郑文焯致书朱祖谋说，缪荃孙以明刻唐诗残卷五十家归江标，江据以影刻，并非宋书棚本[1]。缪荃孙《艺风老人日记》有多处记载与江标交易明刻唐人诗集[2]，可见此说并非虚妄。江刻非影宋一事不仅当时多有记述，后来学者如郑振铎、

1　唐圭璋：《词话丛编》，北京：中华书局，1986年，第4355页。
2　缪荃孙：《艺风老人日记》，北京：北京大学出版社，1986年。

韓不為秦此人情也今王不用久留而歸之此
自遺患也不如過法誅之秦王以為然下吏治
非李斯使人遺藥令早自殺韓非欲自陳不見
秦王後悔使人赦之非已死矣

乾道改元中元日黃三八郎印

韓非子目録

第一卷
　初見秦第一
　存韓第二
　難言第三
　愛臣第四
　主道第五

第二卷
　有度第六
　二柄第七
　揚權第八
　八姦第九

第三卷
　十過第十
　孤憤第十一
　說難第十二

第四卷
　和氏第十三
　姦劫弒臣第十四

《韓非子》　清嘉慶吳鼒影宋刻本

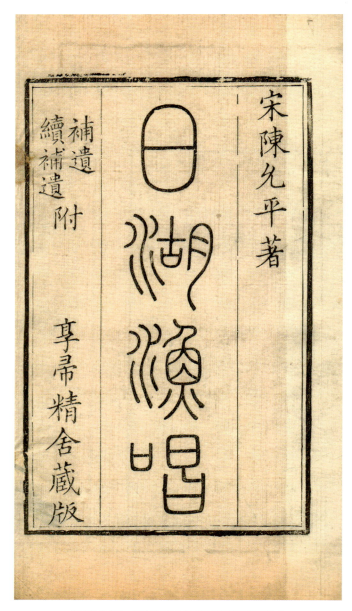

《词学丛书》 清嘉庆道光江都秦氏享帚精舍刻本

儀禮疏卷第一

唐朝散大夫行太學博士引文館學士臣賈 公彥 撰

儀禮疏序

竊聞道本沖虛非言無以表其疏言有微妙非釋無能悟其理是知聖
人言曲事資注釋而成至於周禮儀禮發源是一理有終始分為二部
並是周公攝政太平之書周禮為末儀禮為本則難明末便易曉是
以周禮注者則有多門儀禮所注後鄭而已其為章疏則有二家信都
黃慶者齊之盛德李孟悊者隋日碩儒慶則舉大略小經汪疎猶登
山遠望而近不知悊則舉小經汪注稍周似入室近觀而遠不察二
家之疏互有脩短時之所尚李則為先案士冠三加有緇布冠皮弁爵
弁既冠又著玄冠見於君有此四種之冠故記人下陳緇布冠委貌周
弁以釋經之四種經之與記都無天子冠法而李云委貌與弁皆天子
始冠之冠李之謬也記云凶禮之要是以南北二家章疏甚多時
之所以皆資黃氏案鄭注喪服引禮記檀弓云經之言實也明孝子有
忠實之心故為制此服焉則經之所作表心明矣而黃氏妄云襄以表

《仪礼疏》 清道光汪士钟艺芸书舍影宋刻本

顾廷龙等都曾有说。其实明刻《唐百家诗》历来学者都很看重，版本确实不差，然而径作宋本则误人不浅。

仿刻本的另一问题是跟底本不符，有的是无意出错，有的是有意校改，却不出校记。王鹏运刻《花间集》内封大书"影宋淳熙鄂州本花间集十卷"，跋语说据杨氏海源阁藏宋刻本"如式影写，付工精刻"，行款、字体确实是仿宋风格。其实王刻与宋刻原本并不一致，颇有错字，最重要的是所据宋本前后缺叶，核其文字，应是据明本抄补，王刻则前后浑然一体，跋语也不说明有抄补，仿佛全书都是宋刻。四印斋刻书的名气和"影宋"之称产生了严重的误导，学者径以王刻为宋鄂州本。李一氓《花间集校》倚重鄂本，欧阳炯叙"庶以阳春之甲"六字据鄂本、汤本删去[1]，其实底本此叙系抄补，并非宋刻，所谓鄂本实际是王本，不足为据。

（三）印本种种

从版刻绚丽方面着眼，除了版画，套色印本也能吸引目光。清代套印本不如明代闵、凌二家那么显赫，清内府刻开化纸套色印本《古文渊鉴》《词谱》《曲谱》是初期的佳作，中期以道光许槤刻《六朝文絜》最著名。嘉庆江西活字四色印本《陶渊明集》兼有活字、套印双重特点，是印刷技术标本，值得注意。

活字本一般只印一次，印数也不会太多，一两百部就不少，留到

1［后蜀］赵崇祚辑、李一氓校：《花间集校》，北京：人民文学出版社，1958年，第2页。

今天还能有几部就难说，所以逐渐成为一个收藏热点。清代最引人注目的是泥活字印本，道光翟金生曾予试用，印本如今极其罕见。书林盛传的道光间李瑶泥活字印本已经遭到否认，参看艾俊川先生的《为李瑶"泥活字印书"算几笔账》一文[1]。清代铜活字印本也不多，最著名的是内府铜活字印巨著《古今图书集成》，如今零册也可得高价。

木活字印本中，最著名的要属《武英殿聚珍版丛书》，所印各书多属要籍善本，加以活字印本传世不多，历来为学者所重。其中有少量开化纸印本，珍如凤毛麟角。除《武英殿聚珍版丛书》外，清初散见者，如活字印《唐眉山诗集》《后山居士诗集》，都是佳本。中期的活字本中，嘉庆十一年（1806）扬州汪昌序印《太平御览》世不经见，《道光御选唐诗全函》内府刻书目录未见记载，道光六安晁氏印《学海类编》及咸丰胡珽辑印《琳琅秘室丛书》全书极其罕见。活字印本大宗是家谱，印数极少，而且很易散失，过去不受重视，现在逐渐引起注意。

有些印本有印刷文物价值，例如瓷版本、锡活字本，以及早期铅字印本、蜡版本、油印本等，都值得关注。

纸张装帧也是值得关注的地方，跟价值大有关系。清代印书一般是白色用连史，黄色用竹纸。清初的精品得名于开化纸印本，光洁细腻，纸白墨黑，赏心悦目。嘉、道以后的开化纸质量渐差，逐渐绝迹。此外，罗纹纸、高丽纸、皮纸都有可取之处。有些书有特印本，使用特殊纸张，工料讲究，专门印制，以备收藏。这种印本不多，有

---

1 艾俊川：《文中象外》，杭州：浙江大学出版社，2012年，第51–63页。

时仅有一两部归名家收藏，保留到今天就是珍品。

清内府刻书纸墨印工都很讲究，除御制诗文集刷印较多外，精印本一向索价不低，号称仿宋实为仿元本《四书章句集注》《相台岳刻五经》及仿宋咸淳本《周易本义》可入珍本之列。内府早年刻本不仅字体工致，而且多为开化纸印本，纸白墨光，精丽动人，都是玩赏的佳品。即使内府后期印本，纸墨工料也不寻常。

五 清刻本的版本鉴定

清刻本年代鉴定比较容易，一个重要的原因是清代刻书有讳字。康熙避"玄烨（烨）"、雍正避"胤禛"、乾隆避"弘暦（历）"，有助于确定清初本的时代，"寧（宁）"是道光帝讳，避"淳"是同治的标记，这几个字最有实用价值。不过讳字也不能绝对信赖，有时也有例外。康熙初年刻本不见得避讳，即使避"玄"，也不见得避"烨"，乾隆本也有"玄"字不缺末点的。我们也曾看到，同一版而且几乎是同时印的张惠言编《词选》，一本避"淳"，一本就不避。

一般地讲，翻印本的价值要低于原版，正确地区分原版跟翻版是鉴赏和收藏的学识和功力所在。清刻本书坊翻版仿真牟利者不多，困扰书林的是雍正精刻本《笠泽丛书》，碧筠草堂和水云渔屋二本纠缠缭绕，久久不辨甲乙，参看梁颖先生的《雍正刊本〈笠泽丛书〉之谜》一文[1]。

---

1 梁颖：《雍正刊本〈笠泽丛书〉之谜》，《藏书家》第9辑，济南：齐鲁书社，2004年，第17—25页。

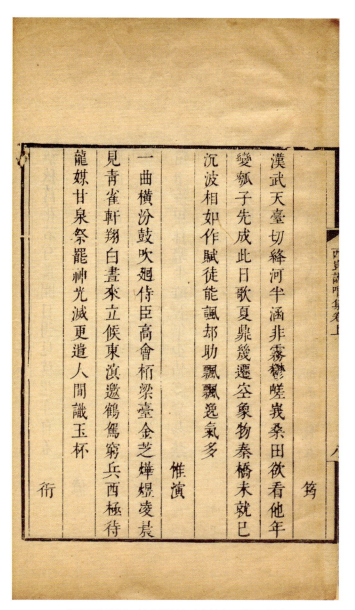

龍媒甘泉祭罷神光滅更遣人間識玉杯

見青雀軒翔白晝來立候東滇邀鶴駕窮兵西極待

一曲橫汾鼓吹廻侍臣高會柏梁臺金芝燁煜凌晨

沉波相如作賦徒能諷却助飄飄逸氣多

變瓠子先成此日歌夏鼎幾遷空象物秦橋未就已

漢武天臺切絳河半涵非霧鬱嵯峨桑田欲看他年

惟演

術

笃

《西昆酬唱集》 清康熙刻本（耆龄本"燁"不讳）

如果原版损毁，后人重刻或补版时，一般都有说明。有关序跋或牌记缺如时，就要仔细辨认。这就要求我们多知多见，首先要知道一部书有没有翻版，其次要知道原版和翻版有什么区别。除了多看古籍版本目录和题跋扩充自己的知识外，最重要的是多接触实物，细心观察，逐渐积累经验。这里特别要指出，目前古籍版本研究还有很多不足之处，现时论著中的观点不尽可据，最重要的还是"多闻阙疑，慎言其余"，以免发出尽信书不如无书之叹。像《词综》、《笠泽丛书》、阮元刻《复斋钟鼎款识》、胡克家刻《文选》《资治通鉴注》、汪阆源刻《仪礼疏》之类重要书籍，也有一些问题未必尽人皆知。

这里且看清代刻的一部书，其书经常见到，可是还没有引起大家的注意。明嘉靖吴元恭刻《尔雅》是公认的佳本，流传很少，在明代就有翻版。清嘉庆十一年（1806）顾广圻思适斋影刻吴本，有增修本，有转手再印本。其实它还有覆刻本。顾氏影刻本出名工之手，相当可观。他人覆刻顾氏本亦步亦趋，逼肖顾氏影刻原版。不把原、覆二本并几比勘，几乎莫辨甲乙。近年市场上不断出现覆刻印本，都作为顾氏影刻原本处理。但是一旦二本并列，覆版神气呆滞，真赝一目了然[1]。区分原版跟覆版时，一个要点是看版面整体感觉是否谐和，气韵是否连贯。古人论书法时有言，"如大家婢为夫人，虽处其位，而举止羞涩，终不似真"[2]。品味此言，可得此中三昧。

1 杨成凯先生曾与国家图书馆鲍国强先生一同比勘了五部《尔雅》清刻本，两部为思适斋影刻吴元恭印本，三部为覆刻思适斋印本。参见：鲍国强《传统版印特征与图书馆善本特藏选购》，载：浙江图书馆编《中国书写与印刷文化遗产和图书馆工作》，杭州：浙江古籍出版社，2009年，第282页。
2 ［唐］张彦远《法书要录》，范祥雍点校，上海：上海古籍出版社，2013年，第49页。

清刻本数量十分众多，因为常见，过去更少有深入的研究。陈乃乾先生在《上海书林梦忆录》中曾经说过当年是怎样努力改变大家的观念，给予清刻精本更多的重视[1]。通行的善本划线到乾隆朝为止，这本质是在没有掌握各种清刻本珍稀程度的情况下，为了操作方便，不得不以年代划线，并不准确。事实上，由于过去少有人注意，遗留下来很多问题。这里仅举几个例子。

《古文苑》　清嘉庆十四年（1809）兰陵孙星衍刻《古文苑》出自宋本，不仅版本精善，雕版刻字也出自名工之手，历来得到好评。清光绪有飞青阁覆刻本，逼真原刻。二本并列，字迹似乎完全相同，但是版面观感却有差异，嘉庆本朴厚自然，光绪本则显得生硬率易。这既有原版与覆刻的关系，也有不同时期工艺技术的关系。

《四书拾义》　清胡绍勋撰《四书拾义》道光十四年（1834）刻本五卷，有序跋。后来又加刻一卷，字体不同，显然中间隔了一段时间，但是增刻本没有更动序跋。增加的那一卷，《北京图书馆古籍善本书目》著录为"续一卷"[2]。实际上也可以看作第六卷，因为从原书编排看，似乎徘徊在二者之间。而版本则著录为"清道光十四年吟经楼刻增补本"，这个名称还可以斟酌。因为它有歧义，可以理解为道光十四年所刻的是增补本，这样就把增刻的时间确定在同一年。不过这是个小问题。引起我们注意的是《北京图书馆古籍善本书目》本

1　陈乃乾：《陈乃乾文集·海上书林》，虞坤林整理，北京：国家图书馆出版社，2009年，第12页。
2　北京图书馆：《北京图书馆古籍善本书目·经部》，北京：书目文献出版社，1987年，第130页。

及柳

田車既安鑒勒馬衆既簡左驂旛旛右驂駃駸

避旦隮于原避我陣止世陡宮車其寫秀弓旹

射麋豕孔麃麈鹿雉兔其叉旆其趀囷大出各

亞夃執而勿射麃趯趯君子延樂

鑾車㸒軑真弓孔碩彤矢馬其寫六䜌驁驁辻

駿孔庶廎亶搏搏肯車載衍徒如章原逕陰射

之㹯迂陽趑六馬如虎獸麈如多賢連禽避兔

允異

《古文苑》 宋刻本

古文苑卷第一

文

石皷文

避車既工避馬既同避車既好避馬既駐君子

員員邋邋員斿麀鹿速速君子之求酉弓茲呂

寺避歐其孫其來趞趩變即避即時麀鹿趚趚

歐其樸來射其來囷既避其獝蜀

汧殹沔沔烝烝叕淖淵鰻鯉處之君子漁之漁

又嵲其斿趣趣帛魚𩶊𩶊其盬氐鮮黃帛其

滿又帛又博士

古文苑卷第一

文

石皷文

避車既工避馬既同避車既好避馬既駻君子

員員邋邋員斿麀鹿速速君子之求酋弓兹吕

寺避敺其孫其來趩鑾燹即避即時麀鹿趚趚

敺其樸來射其來囿既避其獶蜀

汧殹沔沔烝烝盩淵鰻鯉處之君子漁之漫

漫又鯊其斿撥撥帛魚鱳鱳其蓋氐鮮黃帛其

鱸又鮊又鱮其豆孔庶麤𢆶之𣬈𣬈𣬈如大人賦垤

《古文苑》　清嘉庆十四年兰陵孙氏影宋刻本

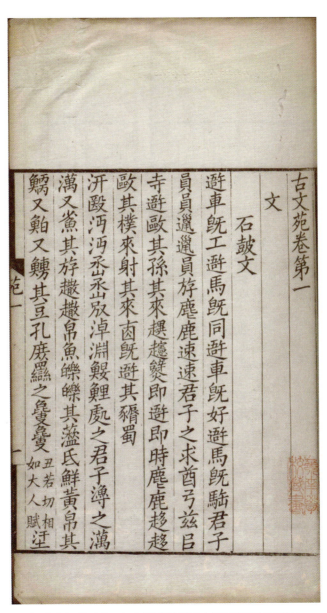

《古文苑》 清光绪五年飞青阁覆刻嘉庆十四年兰陵孙氏影宋本

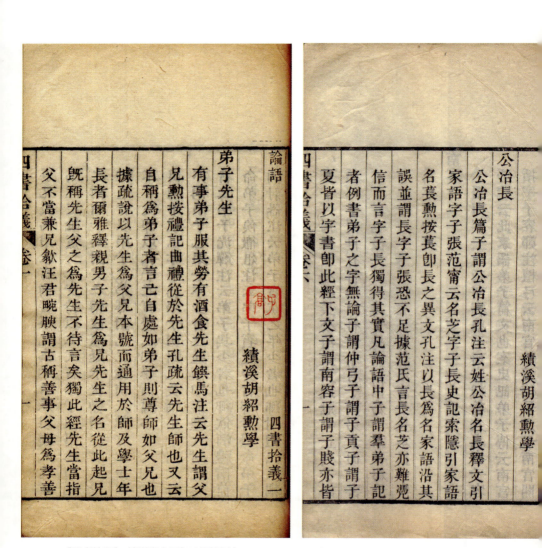

公冶長

公冶長篇子謂公冶長孔注云姓公冶名長釋文引
家語字子張范甯云名芝字子長史記索隱引家語
名萇勳按萇即長之異文孔注以長爲名家語沿其
誤並謂長字子張恐不足據范氏言長名芝亦難憑
信而言字子長獨得其實凡論語中子謂羣弟子記
者例書弟子之字無論子謂仲弓子謂子貢子謂子
夏皆以字書卽此經下文子謂南容子謂子賤亦皆

續溪胡紹勳學

弟子先生

有事弟子服其勞有酒食先生饌馬注云先生謂父
兄勳按禮記曲禮從於先生孔疏云先生師也又云
自稱爲弟子者言己自處如弟子則尊師如父兄也
據疏說以先生爲父本號而通用於師及學士年
長者爾雅釋親男子先生爲兄先生之名從此起兄
既稱先生父之爲先生不待言矣獨此經先生當指
父不當兼兄歙汪君晥腴謂古稱善事父母爲孝

續溪胡紹勳學

《四書拾義》　清道光十四年吟经楼刻本

《四書拾义续》　清道光十四年吟经楼刻增补本

来著录了五卷和六卷两本，《中国古籍善本书目》却只著录五卷本[1]，没有六卷本，这就是不了解内情的缘故。其实《四书拾义》这部书很有好评，后人多次翻刻，但它们都是五卷本，没有第六卷。六卷本之罕见令人惊讶，《北京图书馆古籍善本书目》两本兼收确有真知。

《巢林诗集》　有乾隆九年甲子（1744）陈撰写的序，序中说当时书已刻成。事实上当时书也确已刻成，但只有四卷而非七卷。后来第四卷增加了五首诗，并补刻至七卷，却没有另加序跋，所以现在有些书目误把七卷本著录为乾隆九年刻本。此书版片保存完好，道光十三年（1833）金楷曾加跋重印，《贩书偶记》误著录为道光十三年刻本[2]，其实是一副版片。

《友林乙稿》　从黄丕烈以来，都知道宋史弥宁的《友林乙稿》有宋本，虽然多家宣称藏有宋本，但是经过认真鉴定，都是清仿宋本——有人说是明覆宋本。像皕宋楼藏本原称宋本，然傅增湘先生记载，实是清本：

> 《友林乙稿》一卷，宋史弥宁撰。清翻宋刊本，陆心源氏题为宋刊，八行十八字，版心记字数及姓名。按：此帙乃清初翻刻本。其真宋本余为袁寒云克文购得于厂市英古斋，已影印行世。此本字画虽极娟秀，以宋本比较，则神韵索然，殆虎贲之似中郎

1　中国古籍善本书目编辑委员会：《中国古籍善本书目·经部》，上海：上海古籍出版社，1989年，第350页。
2　孙殿起：《贩书偶记》，上海：上海古籍出版社，1982年，第437页。

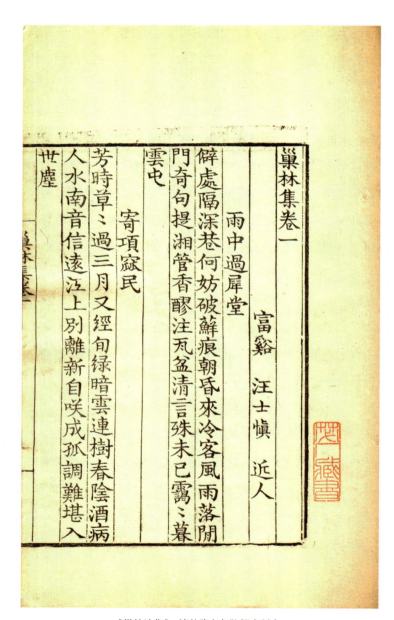

巢林集卷一

　　　　　富谿　汪士慎　近人

雨中過犀堂

僻處隔深巷　何妨破蘚痕
朝昏來冷客　風雨落閒門
奇句提湘管　香醪注瓦盆
清言殊未已　靄靄暮雲屯

寄項寂民

芳時草三過　三月又經旬
綠暗雲連樹　春陰酒病人
水南音信遠　江上別離新
自咲成孤調　難堪入世塵

《巢林诗集》　清乾隆九年陈撰序刻本

耳。日本静嘉堂文库藏书，己巳十一月十三日阅。[1]

相传的真宋本原在黄氏士礼居，《百宋一廛书录》云：

> 《友林乙稿》，四明史弥宁著。前有序一首，其文似不全，并多描写字。作序之人仅有"域以庠序诸生"云云，可证其名为域，而究未知其人。中云"掇拾《友林诗稿》"，而本书又名《友林乙稿》，不知先有《甲稿》否。目首尾多钞补半叶，以诗证之，当是全本。字体华丽，有娟秀之态，又为宋刻中之逸品，不多见也。《登雁峰》一首割去九字，以素纸补空，未知何故。尝见翻刻本，于割补处皆墨钉，盖有自也。卷嵩有"天锡收藏"印，卷末有"学古"一印，审是元人图章。元有两天锡，一为萨，一为郭。虞集有《道园学古录》。[2]

民国初年袁克文得到一部《友林乙稿》，大家认为它是真宋本。复核藏印，与黄氏所说相合。没有黄氏藏印，有艺芸书舍汪氏父子藏印。黄氏所藏精本大都转归汪氏，可以推想这部书也在其中。袁氏得书十分欣喜，钤印书跋，交付影印。袁氏藏书精本大多曾交李盛铎鉴赏，此书也不例外。大家众口一词，认为是人间孤本。袁氏书散，此书归潘氏宝礼堂，张元济先生为撰《宝礼堂宋本书录》，也是推许备

---

1 傅增湘：《藏园群书经眼录》，北京：中华书局，2009年，第1056–1057页。
2 ［清］黄丕烈：《黄丕烈藏书题跋集》，余鸣鸿等点校，上海：上海古籍出版社，2013年，第556页。

至。潘氏书捐归北京图书馆后，见载1959年出版的《北京图书馆善本书目》，以后直到《中国古籍善本书目》都无异词。可是近年编纂《中华再造善本》时，国家图书馆同好对此书产生怀疑[1]。

这件事不能不引起我们注意，因为这个本子是历经很多名家鉴定没有异议的重器，近代最负盛名的版本大家都曾经手过眼，而且他们都不是不知道此书有翻印本，仍然会有闪失，这是不可想像的事情。清仿宋本还有传本，是不是出自一版，可以仔细比较。只是有一点麻烦，此本已经裱成册页，无法细看纸张。

先说此书内容，情况比较复杂。大家都看到有割补涂改的情况，认为是作伪者以残充全，原是二卷，伪作一卷，不得不消灭痕迹，所以序言就不完整。书中《登雁峰》一首割去九字以素纸补空，黄氏未知何故。按：这一点倒是值得注意，有一种可能性不能不考虑：此本原来跟清仿宋本一样，此处也是墨钉，作伪者割去墨钉补以白纸，以示此本与之不同，以此冒充清仿宋本的底本。

从黄氏所说的几处内容和钤印看，袁克文影印本跟黄本相同。除非黄氏本人作伪，否则黄氏所见就是此本。以袁克文影印本跟《宝礼堂宋本书录》核对，袁本即潘本，亦即今国家图书馆藏本。就是说，从黄到汪，再到袁到潘，所谓的真宋本，就是今天所见之本。我们得到的结论说明，从黄丕烈开始，所有接触过此本的前辈版本大家都看走了眼。如果事情确实如此，那就是大家都相信了黄丕烈的阅历和眼

---

1 中华再造善本工程编纂出版委员会：《中华再造善本总目提要·唐宋编》，北京：国家图书馆出版社，2013年，第701–704页。

力，以为他不会有此眉睫之失，有这先入之见，再加上可能都没有机会跟翻本并几比观，纯凭印象，出了错误。张元济先生说："余尝见明代覆本，摹印极精，不易辨为赝鼎。"[1]他说"尝见"，看来没有拿二本比对，结果未"辨为赝鼎"。当然，事情到底如何，还有待进一步研究。不过作为一个匪夷所思的例子，它是名副其实的。

《青邱高季迪先生诗集》　金氏文瑞楼刻《高青邱诗集》的版本问题现在并没有完全弄清楚。原版初印版心下有"文瑞楼"三字，这是大家的共识。后来的事情就有不同的说法。第一种说法是，后来版归他人，挖去版心下"文瑞楼"三字刷印，这是后印本；后来还有翻刻本，不仅版心没有"文瑞楼"三字，校订署名也改为桐乡汪氏，卷一首叶末行小注改为"司马相如"云云。第二种说法是，署名为汪氏者是后印本。

按照常情，首先可以肯定，至少有三种本子：A版心有"文瑞楼"三字；B版心无"文瑞楼"三字，署名未改；C版心无"文瑞楼"三字，署名汪氏。A无疑是原版。B有可能版已不属金氏，甚至根本不是文瑞楼原版，不然不会去掉"文瑞楼"三字，不过这一点尚待考核。C更在B后，因为校订者署名已经更改。大家意见不同之处在于C，甚至B，是不是翻版。

小注的更改，持前说者认为是翻版所为，而非后印所改。按说更改小注应该出自作者，文瑞楼本本身就会有初印和修版两种本子。

---

1 张元济：《张元济全集》第9卷《古籍研究著作》，北京：商务印书馆，2010年，第126页。

青邱高季迪先生詩集卷六

五言古詩

賦得真娘墓送蟾上人之虎邱〔李紳詩序真娘吳之妓人歌舞有名者死葬武邱寺 虎邱志蟾記室與高啓徐賁為詩友姚少師廣孝詩所謂闡道蟾公似贊公一瓶一鉢寄山中者也〕

色相終壞滅〔文天祥詩為問西來宗旨道世間色相是空虛〕佳人能久妍 斷碑山寺小 家竹林邊蘭葉春風帶苔花暮雨鈿情留吳苑客夢逐楚臺仙物外全真念人間斷俗緣高僧方宴坐身在散花天

友竹軒〔姑蘇志友竹軒在吳江半澤村元末金玉局副使崔天德所居周伯溫書扁高啓作記〕

世人務結託車馬紛交馳言笑雖强歡衷懷詎相知中林有君子淡然鳳與期虛心兩無阻榮悴烏可移〔禮記故貫四時而不改柯易葉〕

《青邱高季迪先生诗集》 清雍正六年至七年金氏文瑞楼刻本

B和C很可能都是原版重印，不是两副版片。如果有机会把不同的本子放在一起仔细比较一下，看看版片断裂情况和字体细节，那么三种印本是不是同一副版片，是不是C在后，而B在前，应该不难得出明确的结论。后印时很可能有补版，要排除补版的干扰。如果是同一副版片，只要各卷第一叶没有换版，那么更改署名处字体必有特殊：可能颜色不同，往往墨色深，也可能字体有差异，或有歪斜现象。

当然我们这样讲，也不能忘记《笠泽丛书》的故事，会不会金氏刻成后就有人翻版，以致原版翻版当时就纠缠在一起，不多看几个印本还不敢放心地作出断然的结论。

附：与张丽娟关于此书通信两则

张丽娟邮件一：

《青邱高季迪先生诗集》雍正金氏文瑞楼刻本，《清代版刻图录》中有书影，版心下有"文瑞楼"，是原刻本。现在冯平山所藏有三部同版，都是翻刻本，因版心没有"文瑞楼"字样。但一部有"文瑞楼藏版"封面。另有一部大概是后印本，将卷端署名挖改了一下，原来的"侄成鼎梅均、男宏熹开霞仝校"改成了"汪梦龄与三、汪安次迁重订"。我不知道这三部翻刻本是他人翻刻，还是有可能文瑞楼自己翻刻？一个是因为翻刻本有文瑞楼藏版封面，当然这也可以翻刻，还有一个，翻刻本改动文字，卷一第一页末行"群官从清尘"，原刻本下小字注作："班固《东都赋》：'雨师汛洒，风伯清尘。'"翻刻本作："司马相如《谏猎书》：'犯属车之清尘。'"这种改动好像应该是作者自己改的。

杨先生复函一：

文瑞楼刻《高青邱诗集》的版本问题现在并没有完全弄清楚，各家说法似乎都有问题。原版初印版心下有"文瑞楼"三字，这是大家的共识。后来的事情说法就有不同，有人说后来版归他人，挖去版心下"文瑞楼"三字刷印，这是后印本；后来还有翻刻本，不仅版心没有"文瑞楼"三字，校订署名也改为桐乡汪氏，卷一首叶末行小注改为"司马相如"云云。另有人则称署名为汪氏者为后印本。此说为前者所否定，持前说者肯定第三种是翻刻本。我认为这两种看法都有问题。首先可以肯定至少有三种本子：一版心有"文瑞楼"，二版心无"文瑞楼"，署名未改，三版心无"文瑞楼"，署名汪氏。一无疑是原版。二可以肯定版已不属金氏，不然不会去掉"文瑞楼"三字。三更在二后，因为校订者署名已经更改。不同的观点是三，甚至二，是不是翻版。

小注的更改，持前说者认为是翻版所为，而非后印所改。照我所知，应该在一。这就是说，文瑞楼当初就有初印和修版两种本子。我认为你的看法不错，更改出于作者。

我还认为二和三应该都是原版重印，不是两副版片。可是我没有机会把不同的本子放在一起仔细比较，这一点请你验证一下：仔细比较版片断裂情况和字体细节，看看那三部书是不是同一副版片，是不是三在后，而二在前。要多看一些叶子，因为后印时很可能有补版，要排除补版的干扰。如果是同一副版片，只要各卷第一叶没有换版，那么更改署名处字体必有特殊：可能颜色不同，往往墨色深，也可能字体有差异，或有歪斜现象。

张丽娟邮件二：

这三部是相同板片没有问题。一有"文瑞楼藏版"封面；二没有封面；三则挖改署名，似应较后。卷一第五叶上第一行"钩"字断板处三本相同，同叶上栏边框处，一与二有约17毫米的版框断裂处，三则将断裂处补镶上，且连接之处痕迹甚明，似亦说明其印较后。文字上三部也未见不同，而都与原刻初印的书影有异。

再与《清图录》卷一首叶相比较，虽然书影不如原书准确，但大体未看出什么不同，不同处惟在第2—4行的署名处。三的署名已改自不必说，一和二的署名处字的写、刻与原刻书影有些许不同，如"乡"字字形结构就不如原来均衡清秀。我原认同《清图录》的说法作翻刻本，很大程度上是受这三行署名的影响，如果解释作三行署名为重刻的话，其他部分确实可认为是与原刻同版。但这也有一个问题：三行署名内容上没有任何改变，为什么要重刻？还有，一有"文瑞楼藏板"的封面，说明一的版片还应归文瑞楼，可为什么要挖掉版心的"文瑞楼"字样呢？

或者有另外的解释。即改为汪氏署名的三印在前，其时版片他属，故挖掉版心。后板复归金氏，又改刻署名处，加刻封面，但版心不再改了，这就是二和三。从这三部的印刷看，版片的新旧程度没有明显不同，断板处的断裂程度差不多，起码不觉得三比一和二更晚。那个断板补镶处可以解释作后来掉下来了。您看这个解释能说得过去吗？

当然，还要再看看原刻本的原书，仅凭书影总觉不踏实。

特别是现有的两叶书影都没有太明显的断板特征。

《中国版刻图录》上的书影是卷六首叶，比较这一叶，我也觉得这三部是原版修补而非翻刻。这一叶亦有文字改动，原版末行"礼记"以下小字注，这三部都改作大字"朝寻披烟"，这四字明显为改刻，因与原刻字体写、刻明显不同而墨迹也较轻。

杨先生复函二：

版心有"文瑞楼"三字者，已经有修版校改的情况，像卷一第一叶末小注就是这种情况。如果细细核对，恐怕会发现许多校改之处。卷六改字，恐怕也是这种情况。金氏此书刻板有一个过程，大致在雍正五年就刻成一部分，当时全书未成。汪氏得版后，可能需要整理一番，像你发现的嵌补边框，应该属于这种情况。

翻版恐怕没有可能。因为部头太大，软体精刻，费工费时，刻得维妙维肖，尤其难能，根本没有牟利的可能。汪氏为金氏做嫁衣裳，也不可能。很遗憾，我没有这部书的初印本，不能提供几个初印断版痕迹以供佐证。

古书经常修版，会带来许多麻烦。像王鹏运刻《梦窗甲乙丙丁稿》，黄永年先生认为少见，我有幸得到三本。闲来比较文字，结果三本文字都有不同之处。过去认为文瑞楼此书有翻版，根据是文字有异，然而版心有"文瑞楼"的文字也不完全相同。有些异文，显然是作者修版更改。这就是古书鉴定的难处，谁也不肯把同一版的书，拿好几部，逐字校对一番，结果内情谁也不知其详。像这部书，好多人说翻版，仔细想想，翻得这么好，没有可能性。我所见到的翻版书，从来没有这么维妙维肖的。至于有"文瑞楼"封面，版心无"文瑞楼"三字，怀疑是版已易主，若在金家，没有必要铲去三字。

六　清刻本收藏略论

藏家通例是贵古贱今，醉心于千元陌宋。其实买书只看宋、元本最为省事，那些书到今天几乎本本都记在"账"上，像样的只有那么几百种而已。相反，要想在众多清刻普通书中别择佳本，却不那么容易，很大程度上，要投身书海认真地看书学习，依靠博闻多识练就识之于碔砆的伯乐眼光。因难以见巧，藏家识见之高下也就体现在这里。看看王欣夫先生的《蛾术轩箧存善本书录》对诸多清本鞭辟入里的阐述，不能不由衷地赞叹前辈功力之深厚。我们从几个不同的方面略加说明。

第一，藏家往往从年代着眼，如果把清刻本的年代分为前、中、后三期，那么清前期刻本应该最可贵。清初到今天已经是三百六十多年，居今看清初，相当于明末清初钱谦益、钱曾、季振宜等藏书大家看宋末元初。这样一比，可以看出清初刻本在今人心目中的地位，恐怕还不够高。清初刻本有许多已经散逸无存，有些则或隐或现，不为人知。翻翻《清人别集总目》和《清人诗文集总目提要》[1]，不难发现，

1　李灵年、杨忠主编：《清人别集总目》，合肥：安徽教育出版社，2000年；柯愈春：《清人诗文集总目提要》，北京：北京古籍出版社，2002年。

除了个别名家的别集较多流传外，顺治、康熙、雍正、乾隆四代所刻的诗文别集今天都不多见，冷僻的集子甚至有孤本仅存的情况。即使当时轰动一时的科场案蒙冤者吴兆骞的《秋笳集》徐乾学初刻不分卷本、抗清义士屈大均的《翁山文钞》康熙刻十卷本，不可谓默默无闻之作，也都仅著录一部。

还有许多书如今已不见著录，例如宋代方夔的《富山遗稿》十卷有康熙刻本，可是民国间已经不知有此本，藏园老人傅增湘订补《邵亭书目》以为"此书无刊本，惟恃钞本流传"[1]，当时不得不影印文渊阁四库抄本收入《四库全书珍本初集》之中。

清初政权还不稳定时文网还宽，稍后就开始大规模地清查、禁、毁。有些书，特别是文字狱涉案之书，往往从此人间绝迹。有些书虽未全毁，却已剜改忌讳的字眼，抽掉有碍的篇章，失去原貌。最明显的是，"胡""虏"等字眼犯忌不能留，钱谦益和一些"罪人"的名字要剜去，跟他们有关的文字要删削。这些书往往有史料价值，很有嚼头，值得一读。有幸得到漏网之鱼，摩挲鉴赏一番，多破费些金钱，也是其乐洋洋者矣。

按照《中国古籍善本书目》的标准，善本划限到乾隆。其实古书的价值包含多种因素，绝不是仅凭年代衡量。嘉、道以来所刻的书尽管年代已近，传本渐多，但是仍然不乏珍罕难得之书。往年郑振铎先生曾列举一些难得的乾嘉朴学家著作，像嘉、道间刻谢启昆的《树

---

1 ［清］莫友芝撰、傅增湘订补：《藏园订补邵亭知见传本书目》，傅熹年整理，北京：中华书局，2009年，第1276页。

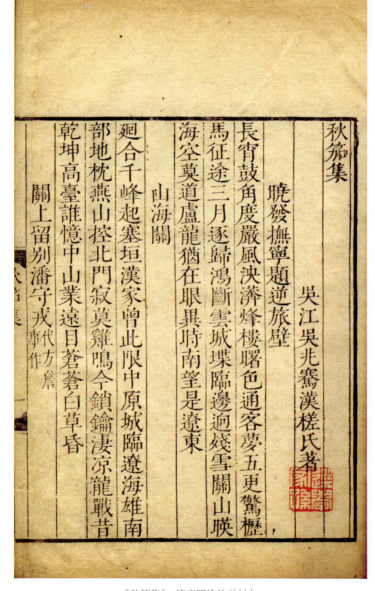

秋笳集　　　　吳江吳兆騫漢槎氏著

曉發撫寧題逆旅壁

長宵鼓角度嚴風冽澌烽樓曙色通客夢五更驚櫪
馬征途三月逐歸鴻斷雲城堞臨邊迥殘雪關山映
海空莫道盧龍猶在眼異時南望是遼東

山海關

廻合千峰起塞垣漢家曾此限中原城臨遼海雄南
部地枕燕山控北門寂莫雞鳴今鎖鑰淒涼龍戰昔
乾坤高臺誰憶中山業遠目蒼蒼白草昏

關上留別潘守戎　代方詹　拙作

《秋笳集》　清康熙徐乾学刻本

经堂文集》、彭绍升的《二林居集》、邵晋涵的《南江文钞》、陈鳣的《简庄缀文》、凌廷堪的《校礼堂集》、王绍兰的《许郑学庐存稿》、沈钦韩的《幼学堂文稿》、冯登府的《石经阁文集》等，原刻本都不易得。

清中期战乱不断，道光、咸丰所刻的书往往来不及大量刷印，书版就毁掉，同治、光绪时期不能不重刻。文献中提到《桐桥倚棹录》《浦泖农咨》，今天近乎孤本；杨氏连筠簃刻《说文解字义证》《永乐大典目录》、陆氏木犀香馆刻《尔雅义疏》、丹徒包氏刻《镇江志二种》等都十分罕见。有些书版虽未全毁，但是今天所见大多为同治以后补版重印本，初印无补版者则难得一见，此中大有鉴赏和收藏的乐趣。

同治、光绪以后，年代较近，这个时期的书流传较多。但是有些书也还是相当难得，例如许瀚的《攀古小庐文》，咸丰刻本固然珍罕，光绪刻本和日本影印本也不易得。有些书分明近在光、宣时期，今日竟然踏破铁鞋无觅处。清末在日本刻印过一些书籍，影摹古本，印制精善。例如黎庶昌《古逸丛书》、德清傅氏《籑喜庐丛书》都值得注意，虽然汇印本成为丛书，单印本也很可贵。

第二，如果从经、史、子、集四部书的内容来看，传统以经、史为重，进入民国以后，经学退位，昔日号为难得的经解单行本今日已经难觅知音。相反，不入传统学者法眼的书籍却可能成为买家的热点，价值飙升。古书目前已经是商品，自然不能不服从市场需求的价值规律。

从目前的市场看，若印刷和装帧没有出奇之处，清刻本中经部诸书大概只有小学类还可以吸引买主，史部的热点则在杂史、舆图、目录和金石书籍，子部中术数、艺术、谱录、佛家、道家近年都曾升温，集部则各取所需没有集中的热点。有史料价值的文献，大抵只是学者关注。

20世纪前期，在古书市场上骤然走红的新贵是小说、戏曲和版画。虽然这仅是个别学者的喜好，但是这些书过去人们不以为意，存世不多，只要有几个人争购，就足以牵动整个市场。随着古书的玩赏热和商品化的转型，戏曲和小说如今已经沦落为靠书中的插图招徕买家，版画则一枝独秀，成为书海骄子。

清刻画谱以《芥子园画传》初、二、三集版本最多，原刻初印本极其难得，翻版工致者可鱼目混珠，非对比不易分辨，需要认真鉴别。顺治刻萧云从绘《太平山水图画》和《离骚图》则属版画名作，历来享有重名。清内府刻《御制耕织图诗》《万寿盛典》《避暑山庄诗》《圆明园四十景诗》图绘都很精致。道光刻汪英福等绘画的《鸿雪因缘图记》、咸丰刻任熊绘画的《任渭长四种》、光绪刻改琦绘画的《红楼梦图咏》，都是版画名本。

古器物图谱都是钩摹原物形状，大都精刻精印，不仅是学术资料，还有观赏价值，原刻初印本一般不多，价值一向较高。像嘉庆刻吴玉搢的《金石存》、道光刻刘喜海的《金石苑》、道光刻叶志诜的《叶氏平安馆金石文字》、许梿的《古均阁宝刻录》等，都是个中名品。清乾隆武英殿刻《西清古鉴》附《钱录》，开化纸初印本极其名贵，日本铜版重刊本售价也很高，一般所见只是鸿文书局石印本。程敦的《秦汉瓦当文字》乾隆横渠书院原刻罕见，光绪刻吴大澂的《古

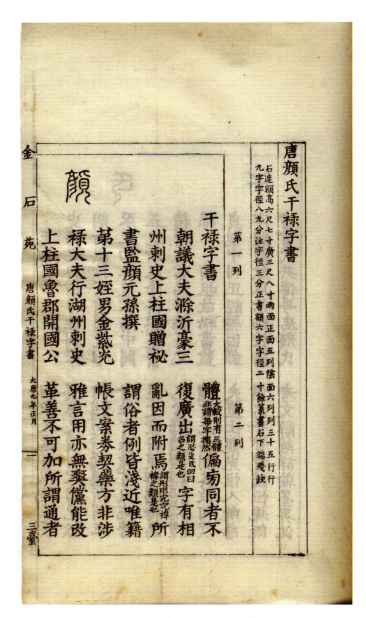

《金石苑》 清道光二十六年刻本

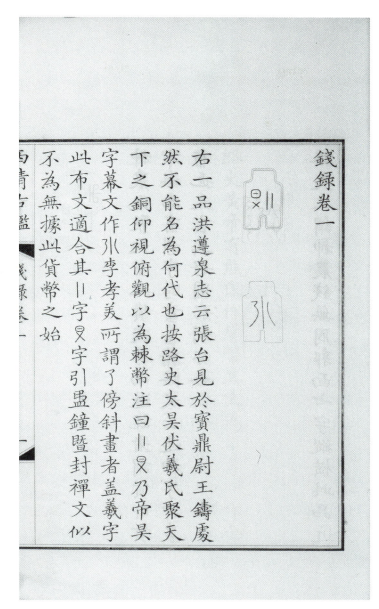

錢錄卷一

右一品洪遵泉志云張台見於寶鼎尉王鑄廢
然不能名為何代也按路史太昊伏羲氏聚天
下之銅仰視俯觀以為棘幣注曰𝄁𝄁乃帝吳
字幕文作水李孝美所謂了傍斜畫者蓋羲字
此布文適合其𝄁𝄁字𝄁字引𝅘蓋鐘暨封禪文似
不為無據此貨幣之始

《西清古鑒》附《錢录》 清乾隆十六年武英殿刻本

玉图考》和《权衡度量实验考》传本也很少。

时代风气不断变化，过去藏家对清刻本不大注意，读书人的视点左右着市场，书的内容重于形式。现在从学术研究方面讲，很难说经、史、子、集四部哪里独领风骚，而且线装古书已经是奢侈品，学者作为一个整体不再影响市场，所以当前的主流是形式重于内容，有图、有画、版刻装帧有特色是着眼点。需要读，甚至需要校，才能赏识的书，只好留给有心人独乐乐。

第三，即使几部书同出一版，印本也会互有不同，价值也就有高有低。一副书版刷印伊始，版面明丽，神气十足，印本为人珍视。这里需要注意，初印本卷帙较少，后来陆续增加，这种情况在清人撰述中很普遍。例如嘉庆刻王引之的《经义述闻》和程瑶田的《通艺录》都是由少积多，最后集为大成。这些书的初印本较为少见，而且有助于考索作者治学步进的历程，虽然内容并不全备，却是收藏和鉴赏的隽品。清人诗文别集初刻卷数少，后来陆续增刻，这几乎随处可见。

一般地讲，初印本印数不多，比较难得，但是不能一概而论，也有些书却是后印本十分罕见。道光刻胡绍勋的《四书拾义》初印五卷本就不多见，几乎无人知道此书续刻为六卷，后来翻印本也只有五卷。道光五年（1825）阮福小琅嬛仙馆刻《读书敏求记》，十年后据秦恩复石研斋藏抄本补刻若干条目，补刻本十分罕见。

初印本序跋常常比后印本少，文字内容也会有些差异。无论是阅读、鉴赏还是收藏，对此都需加注意，不要误认为缺页缺卷。特别要注意，有些书初印和补刻增订之本使用同一个牌记，例如张鸣珂《寒松阁词》光绪十年（1884）初刻二卷，后来增刻为四卷，牌记一直未变，《中国丛书综录》就把四卷本归为光绪十年刻。这些情况需要认真鉴别和评价，初印有初印的价值，后印有后印的好处，不可一概而论。

最后我们不能不说，目前的书目并不十分可靠，有些清刻本存世数量不少，馆藏书目中反映的数量却不多，甚至没有著录，《中国古籍善本书目》常有这种情况。有些罕见的佳本也不能依靠书目，只有见闻广博才能有真知灼见。书籍珍罕与否跟需求也有很大的关系，有些书存世数量未必很少，前人题跋却认为珍稀，这可能是由于大家都要买，求大于供的缘故。

无论鉴赏还是收藏，都要读书，通过读书可以获得真正的乐趣。多多比较同一种书的不同版本之间的差异，对古书的版本就会有更深刻的认识。当然还要尽量利用现有的各种书目、题跋和读书札记，《中国丛书综录》、《中国古籍善本书目》、《贩书偶记》及《续编》、《续修四库全书总目提要》，以及《清人诗文集总目提要》[1]、《清人别集总目》[2]、陶湘编《书目丛刊》[3]，都是重要的参考书。

七　清刻善本琐谈

在谈清刻善本之前，首先要谈谈我们所说的"善本"的概念。按说书这种东西问世以后，不管是一本本抄写，还是大规模印刷，都会有本子"善"和"不善"的问题。我们都知道孔夫子已经做过整理典

1　柯愈春:《清人诗文集总目提要》，北京: 北京古籍出版社，2002年。
2　李灵年、杨忠主编:《清人别集总目》，合肥: 安徽教育出版社，2000年。
3　陶湘:《书目丛刊》，窦水勇校点，沈阳: 辽宁教育出版社，2000年。

籍的工作，汉代刘向父子更是大规模整理古代文献的楷模，唐代陆德明的名著《经典释文》详细罗列不同文本的异同，等于说是给经籍做校勘记。在校雠学源远流长的背景下，很早就应该出现"善本"的概念。然而在今天所能看到的古代文献中，像现在这样正式谈论书籍的善本，还是在宋代书籍的印刷出版事业兴盛之后。我们不妨从宋人著作中引证两段后人津津乐道的文字。

欧阳修在《六一诗话》中说：

> 陈舍人从易，当时文方盛之际，独以醇儒古学见称，其诗多类白乐天。盖自杨、刘唱和，《西昆集》行，后进学者争效之，风雅一变，谓之"昆体"。由是唐贤诸诗集几废而不行。陈公时偶得杜集旧本，文多脱误，至《送蔡都尉》诗云"身轻一鸟"，其下脱一字。陈公因与数客各用一字补之。或云"疾"，或云"落"，或云"起"，或云"下"，莫能定。其后得一善本，乃是"身轻一鸟过"。陈公叹服，以为虽一字，诸君亦不能到也。[1]

苏轼文集中有下面一段论"慎改窜"的文字：

> 近世人轻以意改书，鄙浅之人好恶多同，故从而和之者众，遂使古书日就讹舛，深可忿疾。孔子曰："吾犹及史之阙文也。"自予少时，见前辈皆不敢轻改书。故蜀本大字书皆善本。蜀

---

1 ［宋］欧阳修：《欧阳修全集》，北京：中华书局，2001年，第1951页。

本《庄子》云："用志不分，乃疑于神。"此与《易》"阴疑于阳"、《礼》"使人疑汝于夫子"同。今四方本皆作"凝"。陶潜诗："采菊东篱下，悠然见南山。"采菊之次，偶然见山，初不用意，而境与意会，故可喜也。今皆作"望南山"。杜子美云："白鸥没浩荡，万里谁能驯。"盖灭没于烟波间耳。而宋敏求谓予云"鸥不解'没'"，改作"波"字。二诗改此两字，便觉一篇神气索然也。[1]

宋人所说的"善本"是就内容和文字而言，这是读书人的善本观。一直到清代末年张之洞作《輶轩语》教导人们读书，说"善本非纸白、板新之谓，谓其为前辈通人用古刻数本精校细勘付刊、不讹不缺之本也"[2]，也还是这种观点。

随着收藏之风兴起，古书善本的含义开始转化，从内容精良、文字准确的传统意义，逐步走向年久代远、珍秘罕见，这是收藏家的善本观。清前期藏家重在宋元，中期开始兼取明初黑口本，清末下及嘉靖白棉纸本。丁丙在《善本书室藏书志后记》中说所藏善本延至万历以后，"要皆雕刻既工、世鲜传本者，始行入录"[3]。民国以来，清代刻本日渐稀少，清代初年顺治、康熙刻本，乃至嘉庆、道光刻本，逐渐进入藏家视野。《中国古籍善本书目》收录范围大抵以清代乾隆为下限，虽然对善本的概念作了多种说明，究其实却不外乎珍稀一义。我

---

1 朱易安等主编：《全宋笔记》第一编九《商刻东坡志林》，郑州：大象出版社，2003年，第147页。

2 ［清］张之洞：《张之洞全集》第十二册《輶轩语》，苑书义等主编，石家庄：河北人民出版社，1998年，第9790页。

3 ［清］丁丙：《善本书室藏书志》，北京：中华书局，1990年，第935页。

们这里谈清刻善本，也是从这个意义出发，从不同的角度看看清代刻本中的一些具有收藏和赏鉴价值的佳本。

（一）时代观

按照年代讲，清代刻本珍品大抵集中在清初和道、咸时期。文物通例是年代越久存世越稀少，清初刻本已经是三百多年前的古物，历经兵燹水火之厄，到今天都不多见。特别是一些抗清志士和明代遗民，他们所写的书中不乏对明清换代之际的沧桑巨变和社会活动的记载，即使是随笔诗文中也流露家国身世之痛，对研究当时的历史事实极有裨益。然而经过康、雍、乾文字狱和大规模禁毁的摧残破坏，许多书已经稀如星凤，甚至绝迹人间，偶然有所发现，都属瑰宝。

嘉庆、道光以后到今天不过二百来年，传本当然比清初刻本要多。可是道光和咸丰是战乱频仍的年代，嘉、道、咸三代刻本往往刚刚刻成，还来不及大量刷印，版片就毁于战火，无从寻觅，其难得和珍罕程度不下于清初刻本。我们知道，道光刻顾禄《桐桥倚棹录》、姜皋《浦泖农咨》几乎已经是人间孤本，其实道光年间战事频繁地区刻印的书大都不易获见。当时有许多著名的朴学家，他们的诗文集富有学术价值，例如程瑶田《通艺录》、谢启昆《树经堂文集》、金鹗《求古录礼说》、彭绍升《二林居集》、邵晋涵《南江文钞》、王绍兰《许郑学庐存稿》、洪颐煊《筠轩文钞》、朱琦《小万卷斋文稿》、宋翔凤《朴学斋文录》等，原刻佳本极为难得。

即使清末刻本也不都是唾手可得的，其中也有难得的佳本。郑振铎说过光绪刻本许瀚的《攀古小庐文》难得，即使日本影印本也十分少见。其实民国以后的刻本，也不是俯拾皆是，钱玄同编刊刘师培的诗集时没有看到已经刻印出版的《左盦诗》，就是一个很好的例子。此外，黎庶昌在日本影摹古本刻印《古逸丛书》，精细工致，初印本用日本皮纸刷印，有些还盖有"单行本"和"杨守敬督印"的朱印，精美可观，也都是大家艳称的名品。

（二）印制观

从字体方面看，清代刻本有所谓软体写刻本，由名工手写上版，字体秀丽，纸墨精良，看起来赏心悦目。刻软体字比刻宋体字要贵，所以精美的写刻本大都出自皇家内府和显宦豪富之家。康熙年间大宗的写刻本，典型的制作是曹寅扬州诗局刻本和徐乾学为纳兰成德刻的《通志堂经解》，私家刻书也不乏名品。当时金埴撰《不下带编》卷四称道写刻本之精，他说：

> 自康熙三四十年间，颁行御本诸书以来，海内好书有力之家，不惜雕费，竞摹其本，谓之欧字。见刻宋字书宋字相传为宋景文书本之字，在今日则枣本之劣者置不挂眼。盖今欧字之精，超轶前后，后世宝惜，必称曰"康版"，更在宋版书之上矣。[1]

虽然此说奖誉过情，然而后世收藏鉴赏界对清代写刻本确实赞赏有加。这些书初印本大都用开化纸精印，纸色雪白细腻，墨光黝黑照人，展

---

[1]［清］金埴：《不下带编》，《续修四库全书》第1262册，上海：上海古籍出版社，1996年，第427页。

卷入目，心旷神怡，真是读书的享受。不过我们不能不指出，对"康版"评价如此之高是就刊刻工致而言，当时影摹旧本和博考精校的风气还未兴起，用写刻方式翻印的旧籍版本却未必精善。张士俊所刻《泽存堂五种》、曹寅所刻《楝亭五种》和《楝亭藏书十二种》，包括乾隆时卢见曾所刻《雅雨堂丛书》，虽然刊刻精美，而且不乏罕传秘本，有功学子，但是一旦取原书或别本覆勘，却发现有时擅改旧文，有时底本不佳校勘欠精，经不起认真推敲。项氏玉渊堂所刻各书以富丽精工为藏家所推重，夷考其实，却往往并非善本。刻《水经注》时或许未得明抄善本，然而舍明刻佳本不用，却取多有讹误的评点本，则不可理解。雍正三年（1725）项绚群玉书堂刻《绝妙好词》出自康熙柯氏刻本，由于校勘粗疏，多有讹误。厉鹗、查为仁不察，据以作笺。《绝妙好词笺》从清乾隆以来一再翻印，项本一些莫名其妙的错误自此广为流传，沿袭至今，习非成是，败坏了《绝妙好词》的版本，学者不可不知。

软体写刻费工费时，工价比宋字要高。根据陶湘《书目丛刊》所载清内府《武英殿造办处写刻刷印工价》，无论写工还是刻工，软体工价较宋字高百分之五十，欧字则高一倍[1]。肯于高花费，除了刻书者财力充裕之外，所刻的书价值较高、内容重要往往也是一个因素。所以遇到写刻本，书价都要高一些，这也有一定的道理。

有些写刻本由名家手写上版，刻印精美绝伦。雍正金农手写《金冬心诗集》，乾隆汪士慎手写《巢林集》等等都受到世人的重视。

讲起书法之工，我们不能不提到清初以来的影宋和仿宋刻本。清

---

1 陶湘:《书目丛刊》，窦水勇校点，沈阳：辽宁教育出版社，2000年，第209–213页。

初比较显赫的是内府所刻的《周易本义》《四书章句集注》《相台五经》等书，皇家所刻，印制精美。嘉、道时期影刻古本成为风气，张敦仁影宋刻《礼记注》和影明刻《盐铁论》，吴鼒影宋刻《韩非子》和所谓影元刻《晏子春秋》（底本其实是明刻），都是著名的佳本。当时吴中黄丕烈更是仿刻古本的大家，他刻的《国语》《国策》等书版本珍贵，写印不苟，一直享有重名。嘉、道间汪士钟艺芸精舍所刻各书都很精美，仿宋刻《孝经注疏》《仪礼疏》《诗说》等都很出名。

这些仿刻旧本书籍历来受到重视，旧书店中标价都很高。但是传本有多有少，珍罕程度并不相同。例如清内府刻《周易本义》和《四书章句集注》同样精美不苟，但是前者不难看到，而后者传本远为稀少，陈鳣在《经籍跋文》中说它"似系国初翻刻者"，直到今天也没有弄清它是何时所刻。像汪士钟所刻的几种书，平常看到的几乎都是《仪礼疏》，《诗说》就少，而《孝经注疏》甚至少有人知。雷梦水先生毕生跟古书打交道，记得十几年前看到汪刻《孝经注疏》，他连连说少见，拿出笔记本马上作了记录[1]。

---

1 著者札记一则：大约是1990年，一天在中国书店读者服务部看到一摞书，有大本二册，翻开一看，是精刻《孝经》。定价80元，囊有余钱，携之归。未久，携以访雷梦水先生。雷先生一见，丞捉笔下行款。先生颇为看重，闻买价80元，云若在店中，此价不可得。因知此固非习见之书也。此本无内封，首有汪文琛刻书序二叶。内钤"辛酉拔贡丙子举人""维之同里""萧□"三朱印。《音义》后有刊记。外封有墨书"长沙汪氏刻本为立之题　华"，雷先生疑为姚华题，不知确否。此书颇为难得，王欣夫先生往年偶然得到徐乃昌旧藏本，诧为未见，见《蛾术轩箧存善本书录》。徐本前后似有缺，王氏未见书末刊记，不知此书刊刻原委。据汪文琛序，此本翻刻元泰定本。核其实，恐即以阮刻为本，据校勘记略改数字而已，非真见元泰定本也。惟后附《音义》出影宋本，有刊记可证。此书系汪氏早年所刻，传本不多。李庆撰《顾广圻研究》，系年道光，且疑未刻，固未深考也。

我们平常所说的写刻精本都是楷体正书，大都工整匀称，模仿欧阳询的字体，所以金埴称之为"欧字"。也有一些写刻本字体别致，例如乾隆时江声篆书《释名疏证》，嘉庆时张敦仁草书自撰《通鉴补识误》，道光年间吴熙载所写《心向往斋用陶韵诗》，都是以书法闻名的佳本，颇有观赏和收藏价值。

跟软体写刻本不同，宋体字刻本端庄肃穆，别有趣味，即使单纯从观赏角度看，宋体刻本也不是没有可喜之处。清初宋字刻本大抵延续明末刻本的风范，乾隆宋字刻本则有特色，字体舒展匀称，版式大方开朗，颇可观赏。较之嘉、道以后的刻本，乾隆刻本风貌迥然不同，也许这就是有人所说的国力赢绌在出版事业上的体现。绝大多数清刻本都是宋字，比较甄别、别择佳本，不是简单的事情。根据上文所说的清代各个时期刻本存世情况判断，多少有些帮助，像上文"时代观"一节所提到的罕见的清初和嘉、道刻本都是宋字本。

清刻精本一般用纸讲究，清前期有所谓开化纸，藏家十分喜爱。当年著名藏书家陶湘着意收集开化纸印本，竟至获有"陶开花"的雅号。旧书店中遇到开化纸书，定价要高出两三倍的样子。开化纸的质地也不完全相同，清初内府刻本使用的最为精美，民间用纸要差一些。嘉、道以后虽然间或还有人使用，但是纸质已经不能跟康乾盛世的纸张相比。清初内府印书上好的用白色的开化纸，其次用黄色的太史连纸。太史连纸色泽米黄，坚实光滑，墨色滋润入里，色彩对比柔和，看起来别有风味，非一般竹纸印本所能及。

同样的书，使用的纸张不同，价格就不相同。清刻本往往有用特殊纸张刷印的精本，留备馈赠友朋，什袭珍藏。即使原书本身并不抢眼，身价也会因特印而飙升。嘉庆年间胡克家仿宋本刻印《文选》和《资治通鉴》，校勘、写刻都出名工之手，美妙绝伦，即使竹纸刷印也是佳本，二书却都有皮纸初印本，更为精彩动人。光绪年间淮南书局曾用原书上版覆刻若干清代精刻本，往往有使用好纸的特印本，覆刻乾隆葛鸣阳刻本《复古编》和覆刻嘉庆吴志忠刻本《四书章句集注》等书都有皮纸印本。前者皮纸本上世纪30年代富晋书社曾标价50元，而竹纸印本仅3元，相差十几倍之多。显然是由于这些特印本是为个别名人刷印的本子，并不公开发售，往往仅此一本，找不到第二部。所以，即使同样的一种书，用纸不同其价值也会大相径庭。

刻本有初印和后印的区别，初印本字迹清晰精湛，刷印比较讲究，索价较后印本要高。同样一部书，初印本和后印本书价一般会差五成，甚至差一两倍之多。不过却有个问题值得注意，初印和后印有时候互有短长，初印本并不见得一定佳胜。清初刻本初印者往往会有犯忌讳的文字，后印本则予以删削，初印者当然比后印者要好。这种情况在清人文集中时有所见，前人题跋经常提到。甚至像乾隆年间刻的《知不足斋丛书》，初印和后印也有这种情况。但是有些书的后印本会增刻序跋，补充内容，校改错字，初印本就没有这些好处。例如陆龟蒙的《笠泽丛书》，陆锺辉水云渔屋刻本初印者直翻碧筠草堂本，后来根据钱氏绛云楼藏抄本作了校勘。上文说到的张敦仁仿宋刻《礼记注》，初印本印制精美，可是后附的《释文》没有得到宋本，只好翻印通志堂本。后来顾广圻见到宋本《释文》修版重校，补上了缺憾，不过印本已经不如初印者精美。当然对于后印本校改文字的得失也要具体分析，像汲古阁刻的《说文解字》，一般认为初印本保持宋本面貌较多，毛扆修版时虽然增加了一些附录内容，但是改字处大都不可取。正是有这些缘故，我们经常看到藏家谈自己的藏本时，有时夸初印本印制精美，有时夸后印本内容完备，很有敝帚自珍的意味。

清代的多色套印本中也有佳本，可以作为艺术品赏鉴。例如清康熙内府刻印的《古文渊鉴》四色印本，开化纸刷印，相当美观艳丽。清刻套印本名品是道光许梿编印的《六朝文絜》，字体端庄秀丽，套印红色圈点评语，开化纸印，钤印古雅，历来有重名。套印色彩最多的本子是道光卢坤芸叶盦刻《杜工部集》，正文黑色，套印五色评语，共计六色，这是多色套印本的绝作。

（三）内容观

从内容上看，经部善本以仿刻宋本为主，读书人很注重乾嘉学者解经著作的单行本和初印本。清代仿刻宋、元旧本史书不多，史部善本以记载清代史料的文献为主，有学术研究价值，却不是玩赏之物。子部书善本较多，先秦、汉魏诸子都有佳本，艺术和谱录刻印精致可喜，都是值得注意的东西。清代的善本集中在清人的诗文别集中。清初的诗文别集因为年代久远自然珍罕。一些大家的文集刷印虽然较多，但是初印本还是值得珍藏。初印本数量不多，流传到今天的更少，而且没有后来避讳挖改的毛病，较多地保存了原著的面貌，历来受到学者和藏家的青睐。嘉庆、道光年间刻印的文集往往具有相当的学术价值，版子存世短暂，刷印不多，内容重要。清代翻印的前代诗文集也有佳本。例如宋徐积的《节孝先生文集》，清康熙辛丑（1721）锡山王邦采曾覆刻宋本（封面题《徐节孝先生全集》），刻印精工，所

六朝文絜卷一

海昌許槤評選　　朱鈞參校

賦

蕪城賦　　宋鮑照

濔迆平原南馳蒼梧漲海北走紫塞鴈門柂以
漕渠軸以崑岡重江複關之隩四會五達之莊
當昔全盛之時車挂轊人駕肩廛閈撲地歌吹
沸天鬻貨鹽田鏟利銅山才力雄富士馬精妍
故能奓秦法佚周令劃崇墉刳濬洫圖修世以

宋孝武時臨海
王子頊有逆謀
照為參軍隨至
廣陵見故城荒
蕪乃漢吳王濞
所都濞以叛逆
被誅子頊因其
事諷子頊極說
從盛為時極力
入總為蕪字張
本如此方有勢
有力

《六朝文絜》　清道光五年許槤享金寶石齋刻套印本

夢李白二首

死別已吞聲生別常惻惻江南瘴癘地逐客無
消息故人入我夢明我長相憶恐非平生魂路遠
不可測魂來楓葉青魂返關塞黑君今
在羅網何以有羽翼落月滿屋梁猶疑照
顏色水深波浪闊無使蛟龍得
浮雲終日行遊子久不至三夜頻夢君情親見君意
告歸常局促苦道來不易江湖多風波

《杜集卷三》

六

《杜工部集》　清道光十四年芸叶盦六色套印本

谓"下真迹一等"，百多年前就有人误认为宋本，传为书林佳话。

这里我们简单说一说有特殊内容的书籍。首先是版画著作，民国以来一时成为抢手货，康熙原刻《芥子园画传》初印本难得，清康熙内府刻印的《耕织图》也是名品。收集套印本和版画书是晚近的趋向，传统的藏书家从读书经世角度出发，以经史典籍为主，并不注意这些东西。描摹实物形制的金石书籍一般刻印都很精致，价格比普通书要高，也值得珍视。

清代活字印本以印刷方式见重，无关乎书籍内容。活字排版只能一次性印刷，印完就要拆版，不能像雕版那样随时拿出来刷印。普通书若用活字印刷，印数一般不多，流传到今天数量已经很少，收集起来别有兴味。清代初期散见若干木活字本，大宗木活字本最著名的是《武英殿聚珍版丛书》，全书现在已经很难得到。有心有力者若能一部一部地搜集起来，积少成多，最终凑成一部全书，体验一下其中的甘苦，应该别有一番乐趣。铜活字本则以清雍正内府排印的《古今图书集成》为巨编，今天仅能见到零散残册。道光时期有泥活字印本，它们是重要的印刷史文物，都在善本之列。

有些书经过名家收藏，写有题跋或批校，这些书一般都属善本，值得珍重。即使仅仅盖上他们的收藏印记，也会增加书的身价，这里不再多谈。

（四）"善本"的异义

似乎是蜻蜓点水，我们大略介绍了一些可能被古往今来的读书人和藏书家追逐的古书。行文中，有时说善本，有时说佳本，有时说精本。现在我们不能不回到本文开头的老问题，问一问这些书是否都属"善本"。事实上，不仅纯粹的读书人，即使传统的藏书家也不会把这些书一律看作善本。套印本、版画书、开化纸本、红蓝印本、活字本等等，过去是个别有特殊爱好的人所追逐的东西，属于某些赏鉴家的宠儿。以此为"善"，可能背离"善本"的原义。本文其实是综合了传统眼光和时下风气几种不同的观点，有些书虽然过去负有重名，归入善本当之无愧，如今恐怕已经没有多少人识货。相反，某些如今当红的书，过去也许不登大雅之堂。对书的认识跟买书人的见识、兴趣、意图有关系，读书看内容，玩书要珍奇。如果买书就是为了保值、增值，稀见固然是一个条件，如今也还不如美观一些、好看一些，更能招徕买家。所以，如果有人对本文所说的某些书持有异议，认为并非"善本"，那么我们预先说明，读书跟玩赏本来就不是一回事，说不到一块儿是正常的。也许我们需要拟定一个更合适的名称，让"善本"保持它固有的高雅意义。

第六讲

活字本的鉴赏与收藏

一 活字说略

继雕版印刷而起，北宋沈括《梦溪笔谈》记载毕昇发明了泥质的活字印刷的方法，印刷技术从此进入了一个崭新的世界，厥功至伟。

《梦溪笔谈》所记毕昇活字印刷之法，具体说来就是事先制成一个个汉字字模，印书时把它们摆在一起拼成一块版片。印过之后拆开，可以再拼下一张书叶。如果说雕版印书像是用一个个图章盖印，那么活字印刷就像是用一捆捆图章盖印。

有宋一代对活字印刷绝少记载，至今也没有看到宋代中原地区可靠的活字印本实物。元代王祯记载了木质活字印刷的方法，但是今天关于元代中原地区活字印刷也没有确认的实物。元明以降活字印刷逐渐与雕版印刷并行，清代继承明代的传统，活字印书渐多。

活字的质料主要是金属和木材两种，使用泥、瓷和其他材料的也偶有所见，大抵是实验性质，印本流传很少。就典型活字印本典籍而言，今天所能见到的最早是明代印本。明代以前的活字本，文献中偶然也有记载，但是循名以求，都靠不住。叶德辉《郋园读书志》说他藏有北宋胶泥活字印本《韦苏州集》。此书后归周越然，审定为明本[1]。郑振铎《劫中得书续记》对刘之驷（字公鲁）所称北宋胶泥活字本《刘随州集》也深表怀疑，认为应是明初活字本[2]。

附带说一句，文献中有时称活字为"合字""聚字"或"砌字"，甚至会称活字本为"活字刻本"，值得注意。

---

[1] 周越然：《言言斋古籍丛谈》，沈阳：辽宁教育出版社，2001年，第235–236页。
[2] 郑振铎：《西谛书话》，北京：生活·读书·新知三联书店，2005年，第295–296页。

便是八除者增二便是但一位一因之若
位數少則頗簡捷位數多則愈繁不若乘
除之有常然籌術不患多學見簡即用見
繁即變不膠一法乃為通術也

版印書籍唐人尚未盛為之自馮瀛王始印
五經已後典籍皆為版本慶厤中有布衣
畢昇又為活版其法用膠泥刻字薄如錢
唇每字為一印火燒令堅先設一鐵版其
上以松脂臘和紙灰之類冒之欲印則以
一鐵範置鐵版上乃密布字印滿鐵範為

一板持就火煬之藥稍鎔則以一平板按
其面則字平如砥若止印三二本未為簡
易若印數十百千本則極為神速常作二
鐵板一板印刷一板已自布字此印者纔
畢則第二板已具更互用之瞬息可就每
一字皆有數印如之也等字每字有二十
餘印以備一板內有重複者不用則以紙
貼之每韻為一貼木格貯之有奇字素無
備者旋刻之以草火燒瞬息可成不以木
為之者木理有疎密沾水則高下不平兼

《古迂陳氏家藏夢溪筆談》 明嘉靖三十一年芝城銅活字藍印本

活字跟雕版是两种不同的印刷方式，其差异关系到一部书的方方面面，不仅可能影响到印本的内容和外观，而且可能影响到印本的流布，无论阅读还是收藏，我们都需要了解活字印本的诸多特点。

需要说明，活字印刷自发明以来传播广泛，不仅影响亚洲临近地区，甚至远至欧美各地。这里所说的是我国中原地区的情况。在其他地方，情况如何还是有待进一步研究的课题。像近年陆续发现的佛教文献，特别是西夏文献，已经给活字印刷的技术和时代的研究提出了一些新的思考，这里没有涉及。

二　活字特点

中国传统印刷技术一直以雕版为正宗主流，活字只是一种替补或应急的手段，这跟活字印刷的特点有关。活字印刷最大的优点是节省物料，快速便捷。清乾隆印聚珍版书时，经手人金简就计算过，制备一套活字版所需不过是《史记》的雕版费用而已[1]。活字事先已经刻好，印书时照本排字成版，即刻就印。而雕版就需要置备大量的版材，还要写样刻版，费时费事，代价就高。所以，即使在盛世的乾隆，大批印书时，还是采用了活字版。

然而活字也有许多不便。雕版可以储存，可以随时取出刷印，用多少就印多少。活字版不能储存，排好版要及时刷印，刷完就要拆

1　金简:《武英殿聚珍版程式》，陶湘:《书目丛刊》，窦水勇校点，沈阳：辽宁教育出版社，2000年，第278页。

版。清乾隆排印聚珍版书时，据金简说只用二十个木槽版[1]，这样同时最多只能排二十叶，然后刷印拆版，腾出槽版去排其他的书叶。这就是说，排一次版只能印一次，印多印少，印好印坏，一锤子的买卖，再印就要重排。这就要求对印数有比较准确的估算，而且校勘也要抓紧，不能像雕版那样反复修版。

再者，雕版可以随时请书手写样，版式随意，字大字小，欧体颜体，悉听尊便。活字就不然，字是预先制成，大小、体式一定，换一个样式就要再制一套字，所费不赀，岂是咄嗟可办。

大批量、随排随印、印数能够控制、版式无多挑剔，具备这样的条件，活字就可以一显身手。如果需要细水长流，随时添印，或者要求字体有个性，版面要精美，活字印刷就不得不敬谢不敏。了解了活字印刷的特点和宜忌，我们就来看活字印本可能是哪些书，活字本的内容、形式以及价值观有哪些值得注意的地方。

三 活字本的内容

活字印本的内容也很广泛，经、史、子、集四部书都有所见，但是在雕版印刷的强势掩盖之下，显得相当畸零。活字本独出风头的领域是家谱、族谱，这些书印发范围有限，印数容易掌握。地方志常采用活字印刷，也是这个原因。这些书的印刷形式虽然简朴，但是内容往往渊源有自，从宋、元、明旧本沿袭而来，富有历史文献价值，其

1　金简：《武英殿聚珍版程式》，陶湘：《书目丛刊》，窦水勇校点，沈阳：辽宁教育出版社，2000年，第277页。

中可能保存有别处已经见不到的珍贵资料，实在不可小觑。从家族谱中辑录诗文和史料的报导，屡见不鲜。像《全宋词》历经名家编订，搜罗资料极其繁富，近年仍不时发现佚词，家族谱就是一个重要的来源。家族谱和地方志印数少，范围窄，过去一直不受藏家重视，历经天灾人祸，很难流传下来，值得给予特别的关注。近年已经开始大批印刷出版，填补了这个空白。

常见的活字印本还有小说、唱本等通俗读物，这也是过去难登大雅之堂的书籍，使用活字印刷显然是取其速成而不是传世。像《红楼梦》这样的精心结撰之作，初见于世的也是活字本，后来才有刻本。活字在流传通俗文学作品方面的功绩不可漠视，印本收集起来，也会是洋洋大观。

印大部头的书也是活字用武之地，不妨举几个例子。清乾隆《武英殿聚珍版丛书》前后共计排印一百三十四种，清道光十一年（1831）晁氏活字印本《学海类编》四百三十种八百十四卷。《太平御览》一千卷有明万历二年（1574）周堂铜活字本和清嘉庆十一年（1806）汪昌序木活字本，《太平广记》五百卷目录十卷有明活字印本，《续资治通鉴长编》五百二十卷目录二卷有清嘉庆二十四年张氏爱日精庐活字印本，《历代史书大全》五百零九卷有明活字印本，更有清雍正四年（1726）内府铜活字印本巨帙《钦定古今图书集成》一万卷目录四十卷。这些煌煌巨编都给我们留下了深刻的印象。

有些家族除了排印家谱、族谱外，往往还会排印一些家族人员的诗文遗集，这些印本一般出自家族收藏的稿本、抄本或罕见的印本。这些书往往流传不广，值得给予特别的关注。一个典型的例

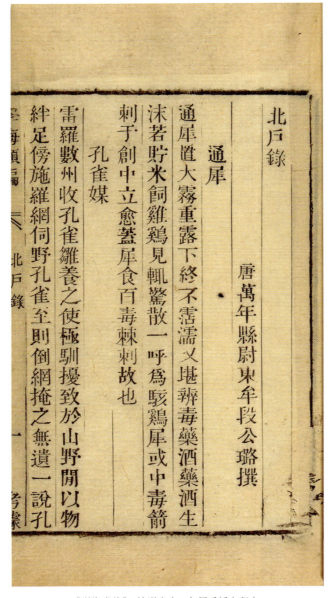

北戶錄

通犀

唐萬年縣尉東牟段公路撰

通犀道大霧重露下終不霑又堪辨毒藥酒藥酒生

沫若貯米飼雞鷄見輒驚散一呼為駭雞犀或中毒箭

刺于創中立愈蓋犀食百毒棘刺故也

孔雀媒

雷羅數州收孔雀雛養之使極馴擾致於山野開以物

絆足傍施羅網伺野孔雀至則倒網掩之無遺一說孔

《学海类编》 清道光十一年晁氏活字印本

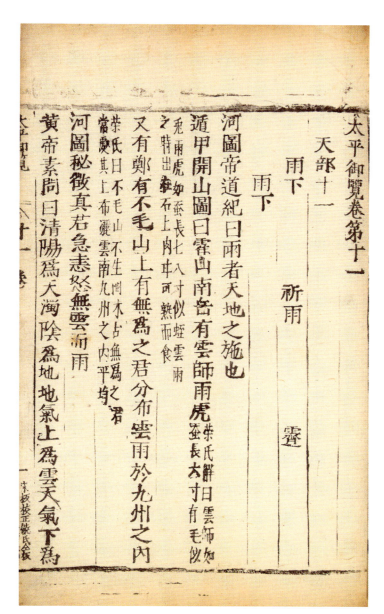

《太平御览》　明万历二年周堂铜活字印本

子是，宋葛洪撰《蟠室老人文集》二十二卷《奏议》一卷，久已无闻，家祠藏有残宋本十卷，清光绪六年（1880）葛氏后裔排印数十部，如今几乎已是孤本仅存。而残宋本今已散佚，仅南京图书馆藏二卷。葛洪此集今编《全宋文》未能获见，近年才据以辑补佚文。

活字本的校勘质量经常遭遇恶评，这是伴随省工速成并发的副作用。明华氏会通馆活字本《宋诸臣奏议》出自宋本《国朝诸臣奏议》，但是张金吾《爱日精庐藏书志》指其妄删原文残叶，"不思字句之不贯，不顾文义之隔绝"，斥为"谬误不可枚举"[1]。黄丕烈批评会通馆本《文苑英华纂要》，也曾指出有消灭缺叶痕迹以欺世之举，看来华氏印书颇有些鲁莽灭裂，殊失犹及阙文之古训。清乾隆帝曾抽阅聚珍版书，指斥馆臣失于校勘，这都不能不说是活字印书速成之累。

不过对明铜活字印本也不乏赏识之论，黄丕烈跋《开元天宝遗事》说："古书自宋、元板刻而下，其最可信者莫如铜板活字，盖所据皆旧本，刻亦在先也。"[2]学者对明铜活字印《唐人集》普遍有好评；黄丕烈对芝城铜活字蓝印本《墨子》赞赏有加[3]；王重民先生采样比对后认为万历周堂铜活字本《太平御览》不逊于宋本[4]；赵万里先生说孙蕡的《西庵集》诗篇独多，为孙诗最善之本[5]；可见对活字本也不能一概而论。至于《武英殿聚珍版丛书》多有罕传之书，《学海类编》中

---

1 ［清］张金吾：《爱日精庐藏书志》，冯惠民整理，北京：中华书局，2012年，第159页。
2 ［清］黄丕烈：《黄丕烈藏书题跋集》，余鸣鸿等点校，上海：上海古籍出版社，2013年，第312页。
3 ［清］黄丕烈：《黄丕烈藏书题跋集》，第242–243页。
4 王重民：《中国善本书提要》，上海：上海古籍出版社，1983年，第355–356页。
5 赵万里：《赵万里文集》第3卷，北京：国家图书馆出版社，2012年，第478页。

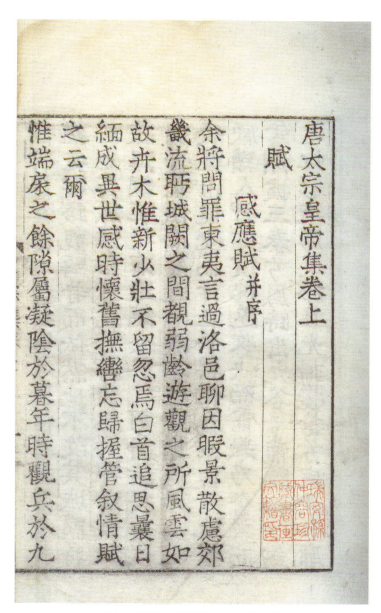

《唐太宗皇帝集》　明铜活字《唐人集》印本

墨二卷

相勞來也腐臭餘財而不相分資也隱匿良道而不相教
誨也若此則飢者不得食寒者不得衣亂者不得治故昔者堯有舜有
禹禹有皋陶湯有小臣武王有閎夭泰顛南宮括散宜生
得此不勸譽且今天下之王公大人士君子中實將欲為
仁義求為上士上欲中聖王之道下欲中國家百姓之利故
天下和庶民阜是以近者安之遠者歸之日月之所照
車之所及雨露之所漸粒食之所養之所說而不
可不察此者也尚賢者天鬼百姓之利而政事之本也

墨子卷之二終

道藏本校 沛二

墨子卷之三

尚同上第十一

子墨子言曰古者民始生未有刑政之時蓋其語人異義
是以一人則一義二人則二義十人則十義其人茲眾其
所謂義者亦茲眾是以人是其義以非人之義故交相非
是以內者父子兄弟作怨惡離散不能相和合天下之
百姓皆以水火毒藥相虧害至有餘力不能以相勞
餘財不以相分隱匿良道不以相教天下之亂若禽獸然
夫明乎天下之所以亂者生於無政長是故選天下之賢
可者立以為天子天子立以其力為未足又選擇天下之
賢可者置立之以為三公天子三公既以立以天下為博

墨子

《墨子》　明嘉靖三十一年芝城銅活字藍印本

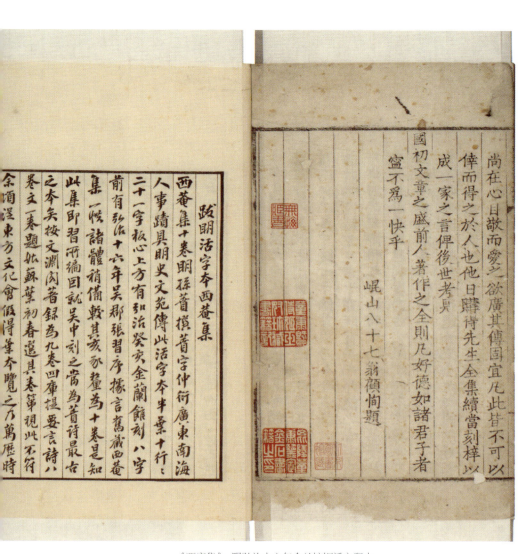

右：

尚在心目敬而愛之欲廣其傳固宜凡此皆不可以
倖而得之於人也他日購得先生全集續當刻梓以
成一家之言俾後世考見
國初文章之盛前人著作之全則凡好德如諸君子者
寧不為一快乎

　　　　　　岷山八十七翁顧憪題

左：

跋明活字本西菴集

西菴集十卷明孫蕡撰蕡字仲衍廣東南海
人事蹟具明史文苑傳此活字本半葉十行
二十一字板心上方有弘治癸亥金蘭館刻八字
前有弘治十六年吳郡張習序據言舊藏西菴
集一帙諸體稍備戴其家嘗為十卷是知
此集即習所編目就吳中刻之當為蕡詩最古
之本矣按文淵閣所著錄為九卷四庫提要言詩八
卷文一卷題此蘇葉初春遷其卷第視此不符
余頃涅東方文化會僅得葉夲覽之乃萬曆時

《西菴集》　明弘治十六年金兰馆铜活字印本

时有佳本，都不可忽视。

四　活字本的形式

活字本以省钱和速成取胜，形制求其中规中矩而已，不能在版式风貌方面有什么苛求。用一个个独立的单字排列成行，不会像雕版写样的队列那么整齐，行气不会那么连贯，版面也不会那么平整，这些都会影响印本的视觉效果。

活字版一般制作两套活字，一套大字，一套小字，以便分排正文和注文。明华氏会通馆排印的《宋诸臣奏议》有大字、小字两种版本，小字本一行中排两行字，数界格是半叶七行，数文字是半叶十四行。

活字本的版框大都用版条临时拼成，边框和行线往往不很整齐。武英殿聚珍版是两次印刷，预先印好版框和界格，再印排好的文字，看起来比较美观。

活字本也可以套印，一般是朱墨两色，最为常见的宏编巨制当以《朱批谕旨》为冠，正文黑色，批语红色。多色套印本十分少见，常见的只有《陶渊明集》是活字朱墨蓝绿四色套印本。清乾隆《御选唐宋文醇》和《御选唐宋诗醇》有江西崇仁谢兰墀朱墨蓝绿四色套印本，四函四十册。邵氏《四库简明目录标注》说《唐宋文醇》有谢氏套印本，《唐宋诗醇》还有摆字套印[1]。

1　[清] 邵懿辰撰、邵章续录：《增订四库简明目录标注》，上海：上海古籍出版社，2000年，第919−920页。

活字本印好之后发现错字，一般是刻一个木戳把正确的字用红色盖在错字上，予以纠正。《诗总闻》内聚珍本卷九叶十第5行"凡风雅颂"中"雅颂"二字剜补；叶十一第8行"左氏必已经改"，"必已"二字剜纸粘补。此二叶为"吴舒帷校"。往年偶得一本活字印《道光御选唐诗全函》，书中有几处贴纸补字，武英殿聚珍版书中也有这种现象，想来这是在挖改错字。在雕版印本中也可以发现这些情况，只是活字印刷速成，一印就是一批，改错的情况更多见罢了。

古书内封的字号一般超常，活字字号有限，难以排印，所以活字印本没有内封往往并非缺叶。有些活字印本另行镌版刷印内封，这也需要注意。

通例一枚活字就是一个汉字，西方人曾仿照西文用字母拼单词的方法，尝试把汉字分拆成若干部件，使用时拼合在一起构成一个个汉字。这就是所谓叠积字或拼合字，出现在近代印刷萌芽时期，印本流传很少。

五 活字本的鉴定

活字本的鉴定工作有两项主要内容，一是确定一个印本是不是活字印本，二是确定它是哪一种活字印本，是金属活字、木活字还是其他活字。

传统印刷默认的方式是雕版，若使用活字，书中大都有刊记或序跋予以说明。如果书中没有说明，文献中也没有记载，那么辨认活字本就只能从观察印本的形式特点入手。不妨列举一些值得注意的地

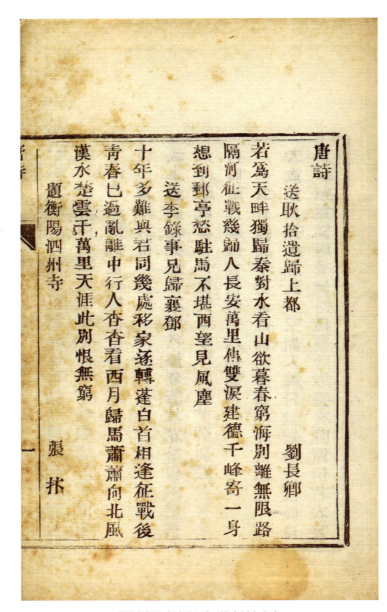

唐詩

送耿拾遺歸上都 　　　　劉長卿

若爲天畔獨歸秦對水看山欲暮春窮悔別離無限路
隔河征戰幾歸人長安萬里伴雙淚建德千峰寄一身

想到郵亭愁駐馬不堪西望見風塵

送李錄事兄歸襄鄧

十年多難與君同幾處移家逐轉蓬白首相逢征戰後
青春已過亂離中行人杳杳看西月歸馬蕭蕭向北風

漢水楚雲干萬里天涯此別恨無窮

題衡陽泗州寺 　　　　　張抃

《道光御选唐诗全函》 清木活字印本

方，多少有助于辨认活字本。

寻找特征字是经常采用的方法。排字时失慎把字倒置，印出来就是倒字。书中有倒字，前人就定为活字本。如果能在书中找到一枚有特点的字，在不同的书叶中反复出现，也有理由猜想它是活字印本。

活字版是由一个一个独立的单字组合而成，行列不易排齐，特别是横行往往不齐。相邻的两个字分开，笔画不会相交。如果两个字笔画交叉，一般就不看作活字本——特殊情况不在此例。

活字拼成的版面不会很平，难免有的地方墨重，有的地方墨淡。版框四角大多有版条拼合的痕迹，而不是四边连接完然一体。版面是拼合而成，就不会像雕版那样有横贯版面的裂纹，这也是一个明显的特点。

雕版版面会有伸缩，一叠书叶装订成册后，从版心看，一般是下边齐，上边不齐。而活字本由于字大小一致，版面由版框卡住，所以往往上下都齐。

必须说明，这些特征都不可执一而论。雕版的版片磨损敝坏，或工料粗劣，也会出现墨色不匀、版框断裂等现象。修版改字时马虎一点，也可能出现倒字。罗振玉《扶桑两月记》说毛晋《津逮秘书》本《毛诗陆疏广要》有字横植，因而推定《津逮秘书》是活字板[1]。周作人则认为雕版剜改补字之木块脱落，匠人随手嵌入，也会出现文字颠倒错乱的情况，只有一例不足为凭[2]。

---

1 罗振玉：《罗振玉学术论著集》第十一集，上海：上海古籍出版社，2010年，第118–119页。
2 周作人：《书房一角》，北京：北京十月文艺出版社，2012年，第229页。

活字印刷也有不同的工艺技术，呈现不同的特点，也就不能一概而论。像高丽本《寒山子诗》一卷《丰干拾得诗》一卷附《慈受拟寒山诗》一卷，递藏黄氏士礼居、瞿氏铁琴铜剑楼，《四部丛刊初编》初次印本也曾影印，现藏国家图书馆。此本历来认作刻本，韩国学者李钟美在《朝鲜本系统〈寒山诗〉版本源流考》一文中定为木活字本。文中以同一个字有不同的字形为据，断为木制，非金属铸造而成[1]。这一点用于我国活字版就要慎重，因为我国的金属活字是铸造还是雕刻而成，一直有不同的观点，而且有些金属活字同一个字有不同字形，显然是雕刻而成。

　　有些活字本跟刻本差异并不明显，若不注意，很容易看作刻本。明代有一些活字本就被误认作刻本，如明活字本《晏子春秋》，清代学者定为元刻本，著名藏家丁丙也曾著录于《善本书室藏书志》[2]，叶德辉《郋园读书志》断为明活字本[3]。《中国版刻图录》也曾指出丁氏所藏《石门洪觉范天厨禁脔》也是明活字本，丁丙误作明正德刻本[4]。又，清初内府铜活字印本也很容易误作刻本，像雍正十一年（1733）印本《御选宝筏精华》二卷，以往著录为刻本，近年则断为活字本。

　　摹刻活字本　这里还要指出，有些刻本是摹刻活字本，带有一些活字印本的特点，需要认真分辨。一个著名的例子是明华氏兰雪堂

1　李钟美：《朝鲜本系统〈寒山诗〉版本源流考》，《文献》，2005年第1期，第46–63页。
2　［清］丁丙：《善本书室藏书志》，杭州：浙江古籍出版社，2016年，第370页。
3　叶德辉：《郋园读书志》，杨洪升点校，上海：上海古籍出版社，2010年，第197–198页。
4　北京图书馆编：《中国版刻图录》，北京：文物出版社，1961年，第100页；［清］丁丙：《善本书室藏书志》，第1702页。

《晏子春秋》 明活字印本

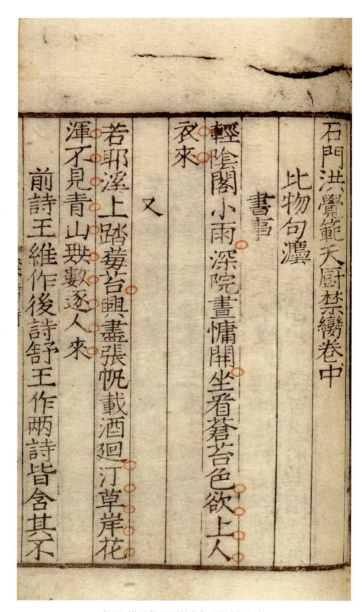

石門洪覺範天厨禁臠卷中

比物句濾

書事

輕陰閣小雨深院畫慵開坐看蒼苔色欲上人
衣來

又

若耶溪上踏莓苔與畫張帆載酒廻汀草岸花
渾不見青山㬠數逐人來

前詩王維作後詩舒王作兩詩皆含其不

《石门洪觉范天厨禁脔》 明活字印本

活字本《蔡中郎文集》，明代有影刻本，《四部丛刊初编》初次印本误认作活字本。清代《武英殿聚珍版丛书》也有影刻本，但不如原书工致，较易分辨。

金属活字　辨认一部书使用的是哪一种材质的活字，有时相当困难。从字形看，金属活字有的笔画锋颖毕现，斩然如切；有的笔画拙钝，缺少棱角。看看明代华氏铜活字印本、徐氏《唐诗五十家》铜活字印本和清代内府铜活字印本，对铜活字本多少可以有些印象。有一种说法，金属活字用墨含有油质，墨色浓重，木活字用水墨，墨色淡薄，也可供参考。

泥活字等　用泥、瓷或其他材料制作活字印书的情况只是散见，传本很难见到。近年偶有所见的是泥活字印本，一般都有印制说明。众所周知，道光末年泾县翟金生曾制作泥字印书，印本近年也陆续有所发现。同时苏州李瑶也称仿毕昇"自治胶泥版"印书，然而李瑶印本是否确用泥活字，尚待研究。活字材质不同，印刷效果就会有所不同，这方面还需要进一步研究。此外，活字印书术流传很广，要注意分辨周围地区印本，特别是古高丽活字印本。

除了直接观察印本，版本的鉴定和考证工作也需要广泛阅览文献。像《蔡中郎文集》十卷，明正德十年（1515）华氏兰雪堂活字本，黄丕烈所得一本目录后刊记作"□□乙亥春三月锡山兰雪堂华坚允刚活字铜版印行"，前缺二字，为书贾作伪。黄氏不加细检，遂称"当在成、弘间"[1]。其实成化和弘治两朝都没有乙亥。又如明活字

---

1 ［清］黄丕烈:《黄丕烈藏书题跋集》，余鸣鸿等点校，上海：上海古籍出版社，2013年，第373页。

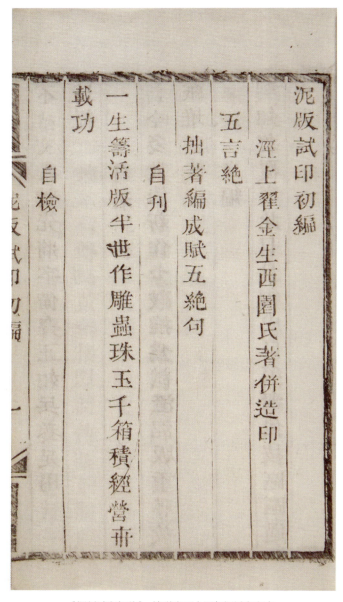

《泥版试印初编》 清道光二十四年泥活字印本

本《唐人诗集》，多年不知印制详情，1989年陈尚君先生从《四友斋丛说》考得其书为吴县徐缙所印五十家唐诗[1]。再如许多文献载有明嘉靖二十年（1541）蜀府活字本苏辙的《栾城集》，其实此书原是刻本，落款嘉靖二十年的两篇序中明言蜀王殿下命"校正锓梓，以广其传"，又说"适集刻告成"，"书以为序"。活字本照样翻印，序跋仍旧，论者没有见到刻本，就误认为蜀府原版。这说明活字本跟刻本一样，也会如式翻印，并不都是原创，值得注意。

六　活字本的收藏

说到活字本的收藏，首先要评定一下活字本的价值。一部古书的价值不外乎三个参数，即内容的文献价值、外观的形制价值和传世的收藏价值，评价活字印本也不外乎这三个条件。我们已经对活字本的内容和形制特点作了简单的说明，现在看看活字本的流传情况。

印本寥寥　活字本一般只印一百部上下。如明铜活字本《太平御览》版心下方注有"宋板校正闽游氏全板活字印一百余部"；祁氏《澹生堂藏书约》说"华容魏学博有全史隐括颇悉（按：应即魏显国之《历代史书大全》）[2]，郭相奎使君以活板模行于武林者百许部"。清

---

1 陈尚君：《铜活字本〈唐五十家诗集〉印行者考》，《中华文史论丛》，1990年第1辑。该文收入氏著：《唐诗求是》，上海：上海古籍出版社，2018年，第829–831页。
2 "华容魏学博有全史"，它本有作"盱江邓元锡有《函史》"者。郑诚整理《澹生堂读书记》时说："稿本（《澹生堂藏书约》）开篇谓'华容魏学博有《史全》'，乃指明人魏显国编有《历代史书大全》。万历单刻本并《澹生堂集》本'史全'俱改作'全史'。《知不足斋》《藕香零拾》二本则改作'盱江邓元锡有《函史》'。"见：［明］祁承煠：《澹生堂读书记》，郑诚整理，上海：上海古籍出版社，2015年，第5页。

詩五十三首

郭綸綸州都監官滿貧不能歸權嘉州監稅

郭綸本蕃種騎闖雄西戎流落刋無罪因循遂龍鍾郭綸本河西子箭手屢戰有功不賞自黎

茂州已經歲見我涕無窮自言將家子少小學彎弓

長遇西鄙亂走馬救邊烽手挑犬八子所徃如投空

平生事苦戰數與大宼逢昔在定川寨賊來如羣蜂

萬騎擁首帥自謂白相公揮兵取其元糢糊腥血紅

戰勝士氣掅越敵如旋風蚩蚩氈裘將不信勇且忠

遷語相勸誘一矢摧厥胷短兵接死地日落沙塵蒙

欒城集　卷一　一

《欒城集》　明活字印本

末金绳武以活字排印《花草粹编》百部，余一鳌跋《听雨小楼词稿》也说排印百部。可见刷印百部是活字本的通例。

流传稀少　四部典籍活字印本向来就不多，一部书只刷区区百十部，有幸流传到今天的自然寥寥无几。从收藏的角度看，活字本既不是浩瀚至漫无边际，也不是垂手可得的东西。周叔弢先生晚年就曾专力搜集清代活字本，借以自娱，养心适性。在上世纪五六十年代，古书还多见的时期，以他的能力和地位，也不过收得四百来种而已。如果不涉家族谱，今天想达到这个数字也不容易。

以往学者大都从内容和校勘方面着眼，很少措意于传本流传多寡。明活字本因为底本近古，还能得到藏家的青睐，一般活字本很少有人关注。居今而言，以这种传统的眼光看，活字本的收藏天地实在有限。明活字本寥若晨星，比宋本还要罕见。近代赵元方以藏明铜活字本闻名，听说也不过有二三十部。明、清两代几部活字巨帙市场久已不见踪迹，嘉德拍卖会上出现的铜活字印《太平御览》虽有配本，也是难得的奇遇。可是这些珍稀名贵的活字本名气远远不如宋、元本，并没有引起足够的注意，出现在市场上往往遭到冷遇。

收藏逸趣　总而言之，明以来的活字本的年代虽然不及赵宋、金、元那么久远，但是传本并不多见；外观可能不如写刻妩媚，不如套印艳丽，但是内容富有文献价值，而且一些少见的特种活字印本还是珍贵的印刷史料。以活字本为收藏专题，这应该是一个不错的选择。除了别具只眼、人弃我取保存有用的历史文献以外，还可以享受搜集和鉴赏之乐。拿到一部书，想想世间原来不过百十本，历经风雨劫难，日见消亡之余，自己还能得到一本，摩挲披阅，该是多么欣幸？一些特殊印本，如泥活字、叠积字等，都是重要的印刷史料，尤其值得给予青睐。由于过去没有人注意，关于活字印本的许多问题还有待研究，说不定随便翻翻就能有出人意料的发现。作为版本学百花园的一枝幽葩，有必要给予活字印刷和活字印本更多的关注。

第七讲

抄本的鉴赏与收藏

一 抄本和写本

抄本（"抄"又作"钞"）跟写本这两个名称都有人使用，二者有时相同，有时又有些不同。从字义看，"抄"是誊写，"写"是书写；二者都是写，也都有传录的意思，本来不能截然分开。按今天日常的用法，大抵"抄"有原本，"写"没有原本，所以"抄书"跟"写书"意思完全不同。

有些情况是约定俗成，不一定能讲出多少道理。如果是卷子，我们一般说写卷，而不说抄卷，唐人抄写的书卷称为唐人写本。一般说写经，不说抄经，宋人抄写的经卷称为宋代写本。对于这些习惯的称呼，如果要细加分辨，那么"写"着重在书写，郑重一些，"抄"着重在传录，就随便一些。

二 抄本的类型

抄本其实有多种类型，传统上也有各种名称。按照民国三十五年（1946）商务印书馆出版的《国立中央图书馆中文图书编目规则》乙编之一《善本图书编目规则》[1]，关乎抄本的有以下几种情况：

著者本人手写的书稿叫"手稿本"，他人誊清后经著者亲手改定的书稿叫"清稿本"。按：《中国古籍善本书目》则一律著录为"稿

---

[1] 国立中央图书馆编：《国立中央图书馆中文图书编目规则》，上海：商务印书馆，1946年，第78–79页。

本"，不再区分。

出于名家手笔的抄本，称"某人手写（或抄）本"；藏书家请抄手传抄的本子，称"某处某氏抄本"，可以知道的，加上藏书家的斋、室、堂名。

写本卷子可题"某代某年某处某人手写卷子本"，传写人未详者，可称"某代某年写卷子本"，如年次不详，可以仅称"唐人写卷子本"或"宋人写卷子本"等。

不知何年何人所抄的本子，如果可以确定非近年所抄，可称"旧抄本"；如果确定为近代所抄，可称"传抄本"，或仅称"抄本"。按：旧抄本是书林习惯称呼，含义比较模糊，《中国古籍善本书目》则按朝代分称明抄本、清抄本等。

凡据旧本影写，而行款无异者，称"影抄（或影写）某某本"，或"影某某抄本（或写本）"。按：这里看不出"抄"和"写"有什么区别。严格的影抄本是把纸蒙在书上照原书的样子一笔一笔地描摹，力求维妙维肖，分毫不爽，毛氏汲古阁影宋抄本就是以此著称。简单一些就只是照原书的样子临写一本而已。

这里需要注意，前人说的"抄"也有像"校"那样的用法，以"抄宋本"指据宋本抄出的本子，不要误解。

三　抄本的来源

根据甲本抄成乙本，甲本就是乙本的底本。抄的底本有以下几个来源：

一部书稿从写草稿到定稿可以有一个撰写过程，在这个过程中，随时都可能由他人抄录出来，这样的抄本出自稿本；

一部书印刷以后，流传不多，难以获得，就可能出现以印本为底本的抄本；

一部抄本也可以作为底本供人传抄，甚至一传再传，这就出现了所谓传抄本。

古往今来大量抄本就是这样产生的。

抄本跟底本的关系等同于原刻跟翻刻的关系，我们知道，按底本原样摹刻的本子叫影刻本，同样，按底本原样摹写的抄本叫作影抄本。从这个角度看，一部翻印本是原书的一个版本，一部抄本实质上也是原书的一个"版本"，只是它还没有经过刻版印刷而已。

抄本作为原书的一个版本，跟印本有不同之处。最大的不同是，同一个版本可以有若干印本流传，但是每一部抄本都是一个独立的版本，即使同一个人再抄一本，那也是另一个版本。

需要注意，"版本"或"板本"这样的名称原来是指印刷的本子，特别是雕版印刷的本子，现在抄本也包括在内。

四　抄本的价值

从"一部书的一个抄本就是它的一个版本"这一点出发，我们就知道应该怎样去鉴赏和评价一个抄本。对于一部抄本来说，由于没有存世数量多少的问题，最重要的是它的文献价值。

（一）以内容重

一部古书有三个价值点，内容、形式、传本。对于抄本来说，内容这一项最为突出。因为抄书跟印书不同，抄一部书，本意就是抄来阅读，没有可读之处，就不会动这个念头。一旦打定主意去抄，不是印本难得，甚至未曾刊行，就是文本优异，迥出他本之上，抄本的文献价值就在这里。

在浩瀚的古代文献中，后世有印本流传的毕竟有限。有些书稿一直没有出版，后世所能见到的只有稿本和传抄本。有些书虽然印过，但是后世已经看不到印本，就只有依靠个人抄录流传。

历史上有很多书已散佚无传，不复可见，令人扼腕兴叹。有些书幸运一些，长期湮没无闻，全仗抄本延命于一线，得以未绝于世。不妨举几个例子。我们都知道，宋词曾是宋代文坛的骄子，可是金元曲子兴起以后，词乐失坠，宋人的词集也随之零落。如今我们看到的宋人词集宋元本寥寥无几，几乎都来自元、明两代人的传抄本。典型的例子是南宋著名词人姜夔的《白石道人歌曲》和张炎的《山中白云词》，这么重要的词集却是久久无传，甚至连名目也无人提起。直到清初，藏家有幸获见元陶宗仪抄本，相继刊刻行世，两部词集才重现人间。但是刻本经过后人重校，有失原貌。如今陶氏抄本久已不知下落，只能从清初藏家的传抄本中尝试纠正刻本的讹误。像《白石道人歌曲》，其中有十七首词注有歌谱，是极为珍贵的燕乐研究资料，几个刻本互有异同，所见的几个抄本就极具参考价值。

宋陆游的《家世旧闻》从明初以后就不见流传，从毛氏汲古阁

白石道人歌曲卷之一

聖宋鐃歌鼓吹曲十四首

慶元五年青龍在己亥審易民姜夔頓首上尚
書省聞鐃歌者漢樂也殿前謂之鼓吹軍中調
之騎吹其曲有朱鷺芋二十二篇由漢迄隋承
用不替雖名數不同而樂紀閼墜各以詠歌祖
宗功業唐六鐃部有柳宗元作十二篇六章弗
録神宗受命帝績皇烈光耀震動而逸曲未舉
廼政和七年臣工以請上詔製用中更苦擾殷

《白石道人歌曲》 清小玲瓏山館抄本

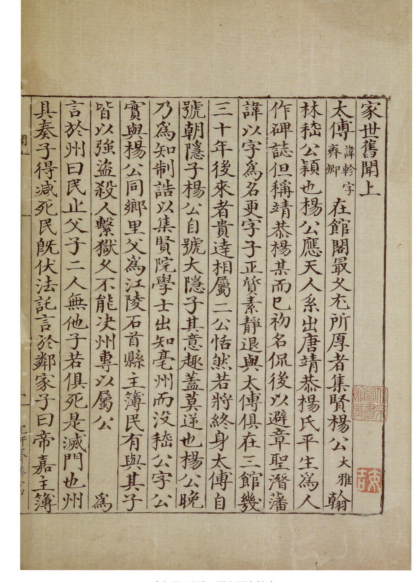

家世舊聞上

太傅諱軫字彝卿 在館閣最久所厚者集賢楊公大雅翰
林稚公穎也楊公應天人系出唐靖恭楊氏平生為人
作碑誌但稱靖恭楊某而已初名侃後以避章聖潛藩
諱以字為名更字子正質素靜退與太傅俱在三館幾
三十年後來者貴達相屬二公恬然若將終身太傅自
號朝隱子楊公自號大隱子其意趣蓋莫逆也楊公晚
乃為知制誥以集賢院學士出知亳州而稚公字公
實與楊公同鄉里父為江陵石首縣主簿民有與其子
皆以強盜殺人繫獄父不能決州專以屬公　為
言於州曰民止父子二人無他子若俱死是滅門也州
其奏子得減死民既伏法記言於舞家子曰帝嘉主簿

《家世旧闻》　明穴研斋抄本

刻陆游著作以来，只能从《说郛》节录的寥寥几条文字中尝鼎一脔。直到近年，藏家发现了明穴研斋抄本，全书才复现于世。再如《宋史·艺文志》著录有宋程大昌撰《考古编》和《续考古编》各十卷，《考古编》流传很广，可是《续考古编》则沉湮不显。同样是近年藏家搜剔孑遗，发现有明抄本。往年参与古籍整理出版时，托友人从国家图书馆藏本抄出，得以收入《新世纪万有文库》，珍本秘籍重见于世，颇以为幸。

这样的例子很多。宋人别集中，方蘷的《青溪富山先生遗稿》十卷，一向未见刻本，民国初年珍重影印收入《四库全书珍本初集》之中。陈杰的《自堂存稿》也是久已无闻的一部宋人别集，《郘园读书志》著录宋刊元明补修本，今已不知下落，仅见抄本。

稗史杂记等随笔纂录的文稿往往只有抄本传世，《明季野史》就是众所周知的大宗未刊文献。往年无意间在冷摊检得抄本《盘餐录》一册，记明末蜀中人在战乱中的遭遇，诧为未见，《中国古籍善本书目》载中国科学院图书馆所藏也是抄本。

有些书虽然后世有印本流传，但是以抄本对校，发现文本不佳，讹误较多，甚至不堪卒读。若获见旧抄本，据以雠勘，往往可以一扫榛芜，还其真面。像清雅雨堂刻的《封氏闻见记》，当时人就不得不据抄本补脱正误重行刊刻。再如清康熙曹寅刊行的《楝亭藏书十二种》，大多是秘本，软体写刻，十分精美，但是版本往往不佳。其中的《法书考》，傅增湘《藏园群书题记》以旧抄本校，可以看到脱讹满纸，不可卒读；《梅苑》，民国初年李祖年圣译楼刻本以他本覆勘，同样谬误很多。清康熙刻《日知录》有许多避讳删略之处，

《封氏闻见记》 明纯白斋抄本

黄侃得清初抄本作了大量校补，辑录为《日知录校记》。这样的例子俯拾皆是。

　　说起抄本的内容文字往往多有胜处，非通行习见之本所能及，我们不能不说一说影抄本。因为影抄工作费时费工，不是珍贵的本子轻易不会动手。古人留下来的影抄本极其罕见，它们的底本都是珍稀难得，文字优胜，两擅其美，值得花大力气去描摹下来。影抄旧本的风气开始于明代末年，极盛于清代，今天我们所见的多为影宋抄本和影元抄本，影明抄本已经不多，清刻本就更少有人去影抄，这个道理不言而喻。

　　一般抄本中，以明抄本最值得重视，因为明抄本的底本往往是宋元旧本，后世未必能够看到。像《水经注》一书，如今最早的宋本存卷不足三分之一；其次是明嘉靖黄省曾刻本，可惜底本不佳，有严重的脱漏和错叶，连郦道元的自序也不存。如今悏以为善本秘笈的只有几部明抄本，最为学者珍视的就是《永乐大典》写本，源出宋本，郦道元序完整无缺。

　　马令的《南唐书》是一部重要的史书，今有明嘉靖二十九年（1550）顾汝达刻本，从空格提行的格式看，出自宋本。可是《四部丛刊》影印时以明嘉靖茶梦斋主人姚咨抄本校，文字多有异同，不得不据姚本附上校勘记。姚氏所抄的书版心下面有"茶梦斋钞"四字，写于明正德、嘉靖之际，多出自宋元旧本，历来推为名抄。

　　宋岳珂的《愧郯录》如今犹有宋本存世，可说是难能可贵。然而修补后印，脱文缺叶累累，明清刻本有十叶一直未能补足。当年商务印书馆辑印《四部丛刊续编》时，得见周越然藏明澹生堂抄本，虽仅

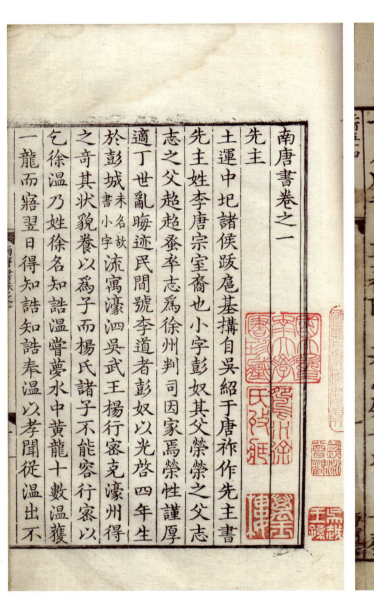

《南唐书》　明嘉靖二十九年顾汝达刻本

《愧郯录》　宋刻本

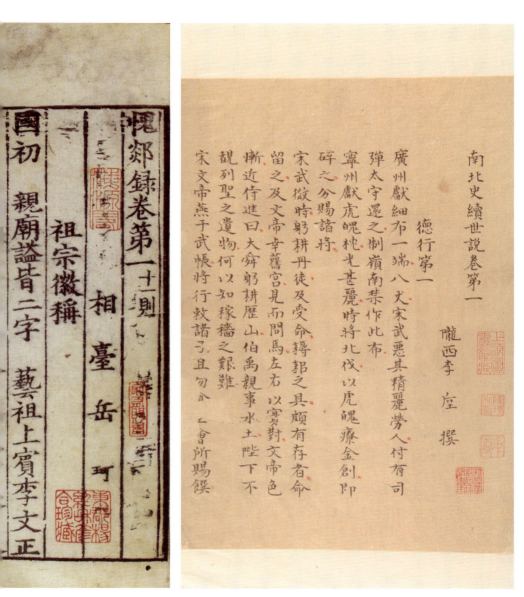

《南北史续世说》　明姚氏茶梦斋抄本（姚咨校）

存半部，却得以补上缺叶，张元济后跋诧为幸事[1]。

唐封演的《封氏闻见记》一书，富有唐代史料，从明以来只有递相传抄的几个抄本流传。清乾隆卢氏雅雨堂觅得抄本刊刻行世，可惜底本不佳，讹字缺文甚多。前人根据传世的明清抄本一再校勘，校误补脱，很有收获。赵贞信先生撰有《封氏闻见记校证》[2]，详细记载各本的异同，对我们了解抄刻各本的关系很有帮助。

毛氏汲古阁刻宋龚明之撰《中吴纪闻》，虽然所据也是明前期旧刻本，但是错误仍然很多。毛扆心有不慊，借得昆山叶氏箓竹堂藏棉纸旧抄本，改正竟至一百三十多处，而且补录一则文字。

此外，清修《四库全书》时从《永乐大典》辑出不少当时已经无传的古书，有些书后来收入《四库全书》，可是跟当时翰林院原写本核对一下，可以发现《四库全书》本有许多讹误和有意的删削（参看《藏园群书题记》有关题跋）。如今《永乐大典》大部已经毁失，不仅这些写本，还有嘉、道甚至光绪时期的学者从中抄出的资料，都有极其珍贵的文献价值。

总起来看，抄本的长处是照底本直抄，很少像一些刻本那样自作聪明擅改古书。短处在于忙中出错，难免笔误，甚至大段漏略。如果抄成之后没有覆校，就会有讹误和脱漏。影抄本被称为下原书一等的好本子，也免不了会有些出入。像汲古阁影宋抄本就有据别的本子涂改的情况，影宋抄本《集韵》就是个例子，并不尽同底本

---

1 张元济：《张元济全集》第9卷《古籍研究著作》，北京：商务印书馆，2010年，第174页。
2 赵贞信：《封氏闻见记校证附引得》，北京：燕京大学哈佛燕京学社引得编纂处，1933年。

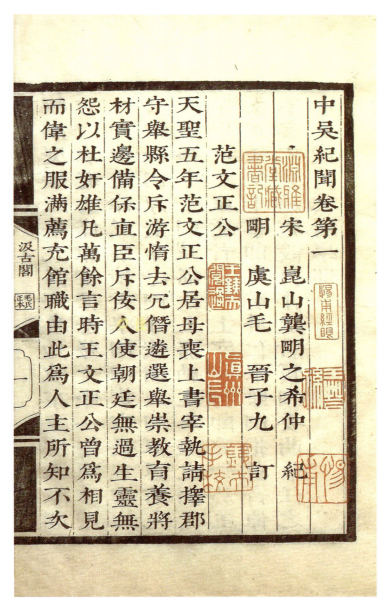

中吳紀聞卷第一

宋　崑山龔明之希仲　紀

明　虞山毛　晉子九　訂

范文正公

天聖五年范文正公居母喪上書宰執請擇郡
守舉縣令斥游惰去冗僭遴選舉崇教育養將
材實邊備係直臣斥佞入使朝廷無過生靈無
怨以杜奸雄凡萬餘言時王文正公曾爲相見
而偉之服滿薦充館職由此爲人主所知不次

《中吳紀聞》 明末毛氏汲古閣刊本

原貌。

抄本的文献价值依赖于底本，如果底本没有特色，那就不一定胜于刻本。曩年郑振铎先生见到清汪有典撰《史外》旧抄本，携归与刻本对勘，讹字触目皆是，绝少胜处，废然舍抄而取刻[1]。而清末宁波沈氏误以抄本为贵，雇人抄录通行刻本，以为珍藏。沈氏抄本制作精工，流入市场需要明辨，不可为其华丽外表所误导。

（二）以名人重

有些抄本出历代名家之手，这就在内容之外还具备了名人墨迹的文物价值。文人雅士相互赠答书写的诗篇，学者著述的稿本，出自作者本人的手笔，物以人重，人人以亲近前辈手泽为幸，身价自然非一般抄本所能比拟。第一批《国家珍贵古籍名录》中，有上海图书馆藏元郭畀手书日记、明祝允明手书《畅哉道人艳体诗》等都是书法妙品。

历代学者闻人的书稿也都值得珍爱，像清代以来惠士奇、惠栋、戴震、钱大昕、段玉裁、张惠言、焦循、王筠、朱骏声、陈澧、孙诒让等人的稿本，都得到了应有的重视。晚近学者的书稿同样富有文献价值，可惜目前还没有引起更多人的注意。

这里特别要提到历代藏书名家的抄本，它们一向受到书林的重视。像明代姚氏茶梦斋、祁氏澹生堂、范氏天一阁、钱氏悬磬室等，明末以来的毛氏汲古阁、钱遵王述古堂、鲍廷博知不足斋、吴翌凤古

---

1 郑振铎：《西谛书话》，北京：生活·读书·新知三联书店，2005年，第276–277页。

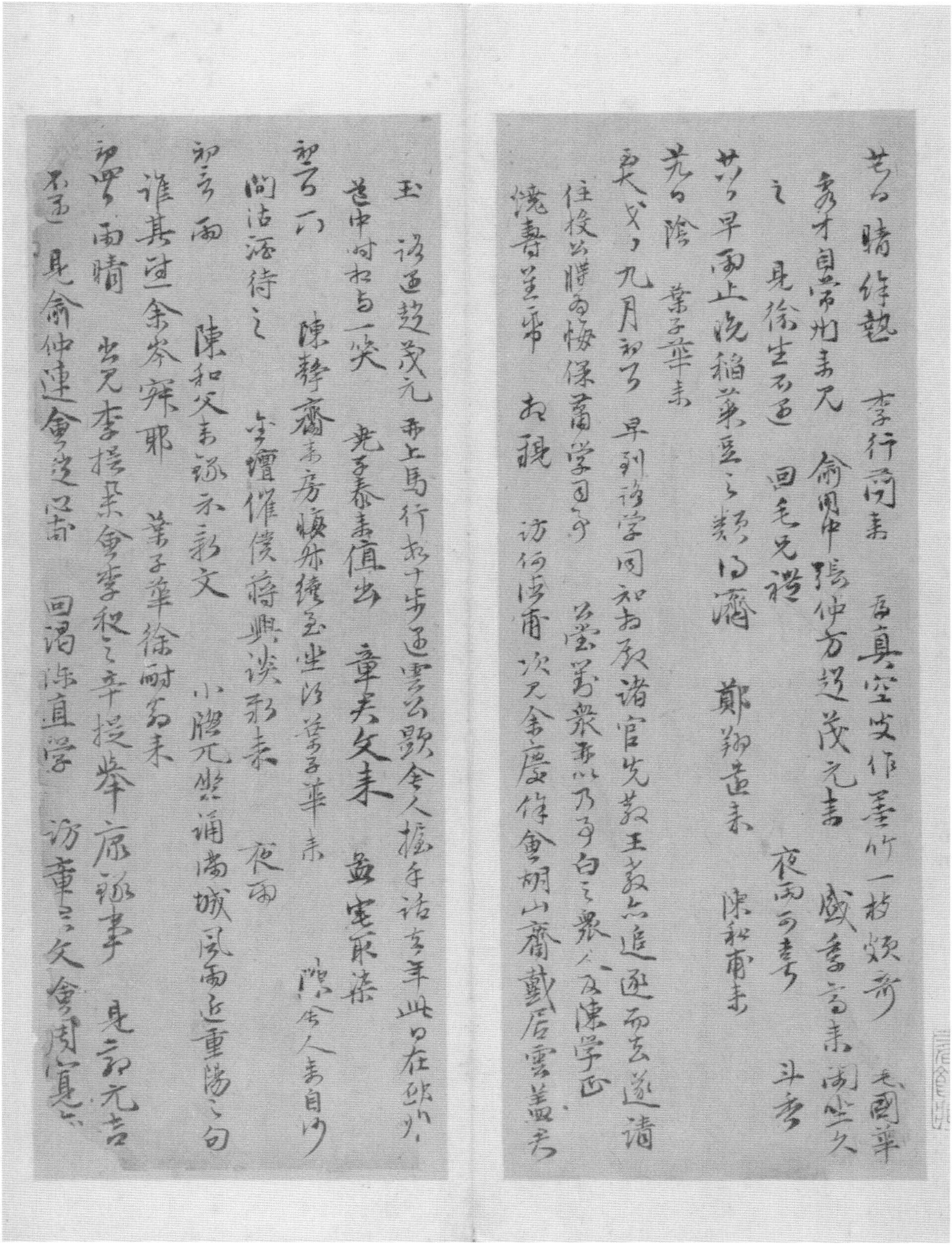

《元郭髯手写日记》 稿本

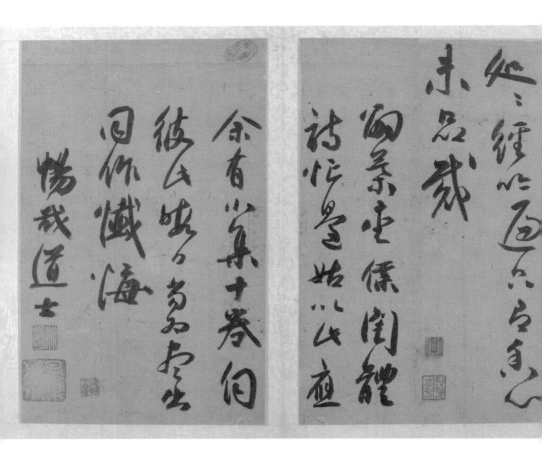

《畅哉道人艳体诗》 稿本

欢堂、黄丕烈士礼居、劳氏兄弟（劳格、劳权）、瞿氏铁琴铜剑楼、陆氏十万卷楼等彪炳书史的大家，晚近缪荃孙艺风堂、孙毓修小绿天、周大辅鸽峰草堂、冯雄景岫楼等藏家，都是经常抄书的名家。

藏书名家熟谙古书版本，收藏富，眼界宽，遇到珍稀的本子不能到手就要设法传抄，他们看得上眼的书肯定是版本名贵、传世稀少的好书。况且名家旧藏的书，本来就值得珍视。

五　抄本的鉴赏

一部抄本入手，最重要的是两件事：第一是辨明它的来源，确定它出于哪个时代，成于何人之手；第二是审定内容，判断它的文献价值。

考订抄本的来历，最简单、最直接的方法是看抄本的风格和形制，纸墨字体都是首先入目的观察对象。明、清两代著名藏家的抄本多用自制格纸，版心或栏外有斋堂名号，可以帮助我们查考它们的出处。从叶昌炽《藏书纪事诗》以来，出版了许多记载历代藏书家的著作，也有记载斋堂名号的辞书，都可以帮助我们找到它们的主人。也有用旧纸抄的，如黄丕烈命门仆用旧纸影抄《蔡中郎文集》活字本全帙。

藏家抄书大都有印章和题识，通过印章可以查考抄本的身世，题识则会告诉我们更多的信息，对鉴定一部抄本的来源极为重要。当然要注意看一下钤印是不是伪造，题识是不是录自底本，不能贸然执一而从。莫友芝当年得到的《封氏闻见记》有"隆庆戊辰借梁溪吴氏宋钞本录"二行，莫氏据以定为明抄本[1]，傅增湘先生则认为是清初传抄本[2]，对题款就有不同的看法。

没有藏家名号可查的抄本中，明抄本多用白棉纸或黄棉纸，往往有蓝格、红格或黑格，书写随意，甚至笨拙，并不力求工整。清抄本多用竹纸，无格，初期抄本字体自然而不拘束，中后期渐见整齐。从墨色新旧程度也可以大致判断抄本的年代。

行格款式也是一个要点，如果跟某一部古本一致，就可以看看它们有没有传嬗关系。即使不是正规的影抄，也要看看会不会是照原本格式仿写而成。根据行格推断版本来源，这是传统十分倚重的方法。清末民初著名目录版本学者曹元忠根据明、清两部《乐府雅词》抄本寻绎阙文所在，考订它们应该同是十行十八字，断言必出宋椠，这个推理很有代表性。再如南宋杭州书籍铺刻过许多唐人诗集，十行十八字，习称书棚本。前人看到明刻和明抄十行十八字的唐人诗集，就会说它们出自书棚本。影抄本可以没有行格，如国家图书馆藏《友林乙稿》影宋抄本，即无格。

从内容看讳字也是简单可行的手段。可惜明代只有末年避光宗常洛、熹宗由校的讳有些用处，特别是天启以后"校"写作"较"。清初还有沿袭的例子，后来就看不到了。如果一部抄本把"校"写作"较"，那么至少它的底本就可能出在那个时期。清康熙以后"玄"字缺笔或径改为"元"，乾隆以后"弘"字缺笔或径改为"宏"，道光

---

1 ［清］莫友芝：《宋元旧本书经眼录》，邱丽玫等点校，上海：上海古籍出版社，2009年，第103页。
2 傅增湘：《藏园群书经眼录》，北京：中华书局，2009年，第565页。

以后"宁"字或缺笔或变形，这些都是最有用的避讳字。人名常用"弘"字，要是把陶弘景写作陶宏景，那十有八九是乾隆以后的写本。当然也要注意，有时讳字只说明抄写的时代，底本也许远在其前。此外，避讳的事情也很多样，还有家讳等，而特殊情况也不在此例。这些情况都有赖博闻多识，有必要时可以参考有关的书籍或辞书。

对于抄本而言，较之鉴定它抄写于什么时期，审查内容如何、判断文字是否优胜，恐怕是更重要的事情。对于刻本，年代早的一般传本少，这是藏家关注的焦点。晚近的刻本不稀罕，即使影宋、影元，文本绝佳也不能列入善本书目。但是抄本就不然，每一部都是只此一本，哪怕同一个人再抄一次也是另一本而不是这一本了。如果它的文字比通行本优越，底本已经无存，那可真是喜从天降的好事。

确定一部抄本的文献价值需要审核内容，这是最麻烦的事情。如果已有刊本，自己又喜欢校书，抽时间坐下来翻开书卷研朱细勘，也是人生一乐。如果没有从容自得的时间，那就必须对书的文本事先预习一番，掌握书中关键之处各本的得失优劣，翻阅时就有判断的依据。闲来不妨翻翻各家的题跋或校记，如《藏园群书题记》，看看抄本会给我们怎样的惊喜。

审核抄本的内容时，先把书名、卷数、章节、篇次等大处看一下，也许会有事半功倍的作用。一旦发现它们跟通行本不同，进一步就可以分析一下何以如此。如果从未刊印，那就要评估它所提供的资料的价值，一般说来，这样的本子除非是妄人涂抹之作或杂抄之本，否则都值得重视，其中很可能有难得的史料。往年在乱纸中随手拣起一册挽联抄本，涉及民国初年的人物，录有吴昌绶的自撰赴告等，就不是毫无所用。

书中的题记款识也有助于我们判断抄本的文本价值。莫氏所得的《封氏闻见记》题款说录自梁溪吴氏宋抄本，这是过去的习惯说法，指的是抄宋本，就是抄自宋本的抄本。这行题字提示我们，它的传抄源头是宋本。上文所述姚氏抄本《南唐书》，姚氏题记说明传抄自宋本，较之明嘉靖刻本有不少胜处，不愧为名抄。毛扆所见的叶抄《中吴纪闻》有一行题记"洪武八年从卢公武假本录传"，卢氏是搜集整理此书的重要人物，从他的本子录出自然有胜人之处。

六　抄本的收藏

平心而论，不能不承认如今市场上古书抄本比较少见。这是因为，首先是抄书费事，抄本本来就不多；其次是从清末以来有一种风气，凡抄本不论新旧皆为善本，结果抄本身价陡增，一时被公私藏家搜罗殆尽，私家所藏后来大多也整批进入公库，难得流落在市廛。

检点一下古籍书目可以知道，宋人抄本除佛经外，稀如景星庆云，只有寥寥几部而已。元人抄本同样十分罕见，也是屈指可数。正经的宋元写本可以归入国宝级的文物，历代相传，著录在册。除了佛经以外，很难想像还会有新的发现。而且前人记载的东西也不一定可靠，像铁琴铜剑楼旧藏的《太玄集注》六卷《太玄解》四卷附《太玄历》一卷，宋讳缺笔，明清名家题识、藏印累累，相传为宋抄本，今在国家图书馆，已经改为明抄本。清初朱彝尊曾得抄本《典雅词》，笺皆罗纹，书法潦草，定为宋时胥史所抄南渡以后诸公词。可惜今日

《典雅词》惟存传抄本，原本久已失传，不知朱氏鉴定是否可靠。

元人抄本，大抵出自宋本，如宋姜夔和张炎的词集全本，久已沉湮无闻，若不是元陶宗仪殷勤传抄，恐怕早已湮没无存。明人抄本之所以可贵，主要原因是它们十之八九出自宋元旧本，版本价值极高。我们知道，明代刻书事业已很兴盛，一般古书大都有刻本行世，肯于花费人力物力去抄书，那不是没有刻本，就是得到了值得投入的宋元善本。可惜市场上并不多见。

目前经常见到的都是清抄本，清代初期距今已有三百多年，经过时间的筛选和淘汰，留下来的大多有相当的版本价值。清代的影宋抄本和名家传抄本，也有很多为今天已经散佚的旧本留下了子嗣，名声在外的大都早已归藏公库。不过一般的清抄本没有明显的卖点，不是人见人识，还是一个可以开发的角落。

在今天的古书市场上，煊赫一时的名家抄本如凤毛麟角，不仅难得一见，价格也扶摇直上。像毛氏汲古阁抄本、鲍氏知不足斋抄本、黄氏士礼居抄本、仁和劳氏抄本等，炙手可热，可以比之宋、元精本，一般人已经不敢问津。学者闻人的写本，虽然不能跟上述名抄比美，社会认可程度也在上升。不过藏界看重的大都是它们的名气，倒不一定是内容，而实际上抄本更重要的是文献价值，所以这里还有相当的选择空间。特别是近人的稿本和抄本，还有必要从文献的角度给予公正的评价。

相对而言，抄本的价值评估更需要一定的眼力和知识。一些抄本之所以较受冷落，价值没有得到应有的重视，一个原因是，一般抄本都不是装帧华丽动人的尤物，它们的长处在文献价值，过去的买家

楊鐵崖先生薬集卷

賦

伏蛟臺賦

按真君許遜傳晉永嘉時誅蛟精於鄱蛟既誅復埋
鐵茅於鄱湖口植靈栢於西山用制蛟之餘尊也栢
不幸毀於至正甲申明年鐵茅走其所鄱陽道士胡
道玄於東湖之濱夜見神光燭天電火下擊於是就
寧所得鐵茅遂築臺東湖之濱口伏蛟仍瘞茅其下
守以銅仙始真君去時言五陵當出地仙八百人
振其教而嗣吾事者在鍾陵今鎮蛟之茅千年而變
變而蛟復為孽一旦先幾俾道玄得之豈非神陰有

鐵崖賦薬上

鄱元作蕃何改鄱
下同

《铁崖赋稿》 清仁和劳氏家抄本

都是仔细比对内容的完阙和文字的正误之后才决定取舍的。现在就仅能仓促地翻阅一下，除非有多年念兹在兹的功力，对书籍内容和不同版本的异同了如指掌，否则茫茫然而不辨美恶，即使有堕入风尘的佳品，也怕难入伯乐的法眼，一般人自然更难以赏识。

如果简单化，那么看抄本着眼两点，一是底本源头要早，二是抄家资历要深。底本源头早，文字应该更为可靠。我们特别看重明抄本和清代的抄宋本、抄元本，道理就在这里。一旦底本佚失不传，传抄本也就同样可贵。

抄书之家资历深，见多识广，自然会有真知灼见。他们慧眼识书，知道汪洋书海中哪些书卓尔不群，值得下功夫去抄。我们看看历代抄本的题记，不难发现名家抄本大都传本少，价值高。

1931年藏书名人周越然先生曾列举哪些抄本可取，可以供我们参考：

甲　名家手钞，为一般人所认定者。

乙　有名人手跋，或收藏印记者。

丙　经名手校正，其校正之字，又较刻本为胜者。

丁　字句与刻本不同，其不同处，较刻本为佳者。

戊　行格与通行本不同，但与宋元本或明刻本吻合，可决其为影钞者。

己　通行本之字句，有为钞本所缺者，而所缺之字句，反足以证明刻本中文字，有非撰著人原文之处者。

庚　刊本久佚，存者仅此钞本，则此钞本之价值，实与孤本或稿本无异。

辛　虽无收藏图记，或名人手跋，而纸色古雅，书法精工，与凡品不同者。[1]

共计八条，看起来很复杂，其实归并一下不外乎上文指出的几个要点：一是名家鉴赏；二是内容可靠；三是源出古本；四是世无二帙；五是纸古字精，迥非凡品。第六条有些意思，这是说有些书流传到后世有缺字，刻书者不想留下遗憾，就擅作主张，填补空白，结果语意背谬，贻误读者，不如抄本保留原貌为是。顾广圻说"宋本书虽无字处亦好"，就是这个意思。不过话说回来，判断文意的是非还要慎重，不可贸然否定。

---

1 周越然：《周越然书话》，杭州：浙江人民出版社，1999年，第87–88页。

第八讲

批校本的鉴赏与收藏

一　批校本概说

读者读书时，有时候会对书里说的话表示一些个人的看法，一般是随手写在天头地脚或者书前卷后的空白之中，改正文字的叫作"校"，评论内容的叫作"批"，诠释文意的叫作"注"，这就是校本、批本或批注本的由来。

（一）校

校是古代学者读书的要务，有条件的都是边读边校，有些人以校书为业，有些人则以校书为乐。他们校勘过的书流传下来，就是我们今天所见的古代名家学子的大量校本。校勘古书文字时有几种情况，在校勘学中有种种名称。概括起来讲，参考别人的意见或别处的材料校勘，可以叫做参校；根据个人的见解校勘，可以叫做意校或理校。

（二）批

批，又叫评。校书这项工作能看懂书就能胜任，批就不然，不仅要看懂，而且要跟作者比划比划，拆个三招两式，好坏是非，要说出道理来。要是用洪亮吉论藏书家的尺子衡量，批书多少要有些考订家的水平。历史上以校书知名的人代代都有所闻，而以批点出名的就不多，留下来的批点本有水平的也不多见。

批语一般写在天地空白中，写在行间的叫夹批。批语就是读书笔记，内容比较自由，大多是读书心得，有时夹有注释或校语，而且往往有圈点，警句加圈，败笔画杠或者打叉。

二 批校本种种

（一）版本校

校勘书籍是一门学问，有几种不同的工作方法。最常见的情况是，同一部书有甲、乙两个本子，拿甲本为主，把乙本不同之处注在甲本上，这就是所谓版本校。现在一般把甲本叫作底本，乙本叫作校本或参校本。然而我们不能不指出，"校"字在使用中存在歧义。现在一般把"校"用作及物动词，理解为"校勘"，经过某人校勘的本子就叫某人校本，毛扆校本就是经过毛扆校勘的本子。前人不然，他们往往把甲本叫作校本，而把乙本的异文过录上去。此时我们可以把乙本叫作据校本。这是前人的习惯用法，尤其需要注意。例如，乙本是宋本时，用它校过的本子叫作"校宋本"，甚至还可以说底本上有校宋本。在这里"校"的意思近乎"校录"，而不是"校勘"。

江标在《黄丕烈年谱》中所说的"校宋旧钞本《东京梦华录》"[1]，就是据宋本校过的旧抄《东京梦华录》。同样的例子是，金凤翔以宋余仁仲本校过的汲古阁本，题为"校建安余仁仲万卷堂本"；以岳刻本校完汲古阁本，说是"校毕岳刻"。王欣夫编《思适斋书跋》中，《校勘舆地广记札记》二卷著录为"校士礼居刻本"[2]，士礼居刻本是底本；《国语》二十一卷著录为"校宋本"[3]，宋本（实是影宋本）却是据

---

1 ［清］江标：《黄丕烈年谱》，冯惠民点校，北京：中华书局，1988年，第71页。
2 ［清］顾广圻：《顾千里集》，王欣夫辑，北京：中华书局，2007年，第294页。
3 ［清］顾广圻：《顾千里集》，第283页。

校本，而不是底本；《老学庵笔记》十卷著录为"校影宋本"[1]，底本是《稗海》本，录有毛扆据影宋本所作的校语。初读前人论著时，这些说法经常让人感到迷惑，学者也有误解的情况。

（二）死校和活校

版本对校发现二者有异同时，有两种主要处理方式：一是一律注出，力求传达据校本的原貌，点画不失，这叫作死校；二是胜于底本或可供参考者注出，否则不注，这属于活校。死校是版本校的第一道工序，发现据校本文字有所不同，才谈得上在甲、乙二本中取甲还是取乙。看不出不同，也就不存在比较。死校如实反映据校本的原貌，给读者提供了更多的思考余地，也可以免除校者武断的失误。活校是版本校的第二道工序，要求校者学识丰富、见解精到，能对是非得失作出判断。近代学者章钰把老辈校勘之学分为两种，一种是存古，一种是求是。死校存古，活校求是。

古人没有复印手段，要想保留古本的面貌，影写费时费工，最简便的方法就是采用死校，把古本的面貌描述在底本上，这就是清初汲古阁毛氏弟兄倡导的方法。毛表据宋陈宅经籍铺刻本校汲古阁刻《丁卯集》，特别说明："今一点一画俱为改正，非予敢妄为改窜，亦聊存汉代衣冠之意。恐识者见而笑余之愚也，故拈出识之。"

清张绍仁校《汉魏丛书》本《韩诗外传》题记说："古人有死校之法，瑜瑕并列，不加持择。盖恐学识不到，或指瑜为瑕、指瑕为瑜

---

1 ［清］顾广圻：《顾千里集》，王欣夫辑，北京：中华书局，2007年，第341页。

耳。"**1** 毛扆勤于校书，对此深有体会。汲古阁原刻本《中吴纪闻》龚明之序有"同舍亦多文人行，揭德振华，咸有可纪"云云，黄俞邰认为"文人"应作"丈人"，毛扆则怀疑"行"下漏一字。后借到叶氏菉竹堂抄本，果然如其所说，"行"下有"士"字。他曾抄李焘《续资治通鉴长编》，有云"诏書出人尽哂之"，冯武说"書"应是"诰"之误。毛扆反复思索，发现应该是"诏書一出人尽哂之"，"書一"二字连写误成"畫"字。他慨叹道："校书以缺疑为第一要义，不可妄加涂乙，吾子孙其善佩之哉！"**2**

（三）一批到底

校一部书需要相当的时间，如果不能坚持下去，很容易半途而废。往年得到秦更年旧藏的《东山词》，秦氏曾据鲍氏知不足斋抄本校，用朱笔勾勒行款，记录异文。可惜只校了几叶就住笔了，使人对鲍本向往不已。

批点花费的时间更多，更不容易完工。如果一部书从头批点到尾，书林习惯特称"一批到底"，揄扬它的难能可贵。王欣夫先生说："尝谓读书态度之真诚者，虽长编巨帙，必攻治到底，不半途而废。故余每遇此类书，即近人或习见者，为爱惜读者精神，必收贮之。"**3**

---

1 国家图书馆藏明吴郡沈辨之野竹斋刻本《诗外传》（善本书号07920）为周叔弢旧藏。该书有黄丕烈校跋、题诗，周叔弢校并跋，以及王欣夫跋文和他过录的张绍仁校识。王欣夫谓周叔弢自庄严堪藏黄丕烈校元本《诗外传》，黄氏谓张绍仁曾借其藏本校订并有跋文。张绍仁校本后归王欣夫藏，故王氏过录张绍仁校识于周氏藏本。
2 傅增湘：《藏园群书经眼录》，北京：中华书局，2009年，第362—363页。
3 王欣夫：《蛾术轩箧存善本书录》，上海：上海古籍出版社，2002年，第324页。

（四）过录本

由批校者亲笔书写的批校本，特称手校本或手批本，"手"在这里是亲手的意思。有价值的校语和批语，人们就会把它们抄录在别的本子上，这叫作"传录"，也叫"过录"。有时候会一传再传，繁衍出几代传录本。清代以来有许多学者以校书或评点闻名，像毛扆、何焯、黄丕烈、顾广圻等，他们的批校本，友朋经常借去传录。后人看不到原本，就据初传本转录。如今广为流传的大都是传录本，他们手校手批的本子则归入一级善本之列。

学者的批校本往往不止一本，而且与时俱进，即使是同一部手校本，不同时期也有不同的内容。传录本的批校一般只停留在一个时期，不同的传录本的批校就会有多有少，并不相同。何焯评点本《文选》流传很广，评语刊入《义门读书记》，又附入乾隆叶氏海录轩刻本《文选》，前者简而后者详，王欣夫先生认为二者有初评后评的关系[1]。刊本之外，还有很多学者相互传抄的过录本，文字互有不同，大都难以追溯其源头，有的评语真假难辨。有些过录者没有署名，留下姓名的有一些也生平不详。

（五）汇校和汇评

如果一部书有几个学者的批校本，传录者过录在一个本子上，有时就会互相混淆。唐代著名诗人李商隐的诗集，清代有很多学者批校。然而名家手批本多已不传，如今所见则是一传再传的过录

---

1 王欣夫：《蛾术轩箧存善本书录》，上海：上海古籍出版社，2002年，第324页。

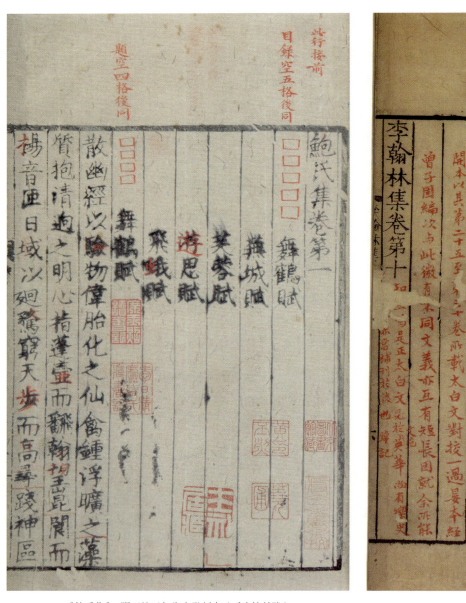

《鲍氏集》 明正德五年朱应登刻本（毛扆校并跋）

冬夜於臨州紫陽先生飡霞樓送烟子

元演隳仙成山序

吾與霞子元丹烟子元演氣激道合結神仙交
殊身同心誓老雲海不可奪也歷什天下周求
名山入神農之故鄉得胡公之精術胡公身揭
日月心飛蓬萊起飡霞之孤樓鍊吸景之精氣
延我數子高談混元金書玉訣盡在此矣白乃
語及形勝紫陽因大誇仙城元羨聞之乘興將
往別酒寒酌醉青田而少留夢魂曉飛度淥水

以先去吾不疑滯於物與時推移出則以平交
王矦遁則以俯視巢許未綾狎我綠蘿未歸恨
不得同棲烟林對坐松月有所欵然銘契潭石
乘春當來且抱栞卧花高枕相待詩以寵別賦

《李翰林集》 明正德十四年陆元大刻本（何焯校并跋）

爲霸水以顯霸功然則霸水不當加水旁也按鄧此語本

之漢書地里志故霸陵霸橋皆不加水

圖皇基於億載　見後王所當瞻顧

故窮泰而極侈　以下應其制　窮泰極侈四字一篇眼

目以下皆發明此句所以極其眩曜也

遊士擬於公侯列肆侈於姬姜　總不出乎眩曜

蓋以強幹弱枝隆上都而觀萬國也　收此一叚有勢有

力

封畿之內　至號爲近蜀　此敘畿內之沃飫

其宮室也體象乎天地　至惟所息宴　此後篇之所謂矜

夸館室也

隋侯明月　宋本作隨是史記雖本有隋字但此處宋

本及後漢書皆作隨不獨隋文帝始去之定也

又有天祿石渠至校理秘文　常曰處文士於禁中以便

義門讀書記

文選

二

《义门读书记》　清乾隆三十四年刻本

本。传录过程难免混淆失真，不仅文字难以尽合，各家评语也夹缠不清。清同治刻沈厚塽所辑朱彝尊、何焯、纪昀三家评本，跟其他传录本相较，多有出入。民国时期著名藏家秦更年曾得一部过录钱良择、冯武二家评本，发现沈氏所收朱彝尊批点皆为钱氏之说。秦氏因疑沈氏所据批本不真，必是书贾妄题朱氏之名。往年得一部汇评本，传录极精，朱墨满纸，一笔不懈，黄绫为衣，颇为矜贵，录有多家批点，朱、钱二家批点与沈辑不同，较之近年出版的李诗集解本也有异同。

三　批校本的鉴赏

（一）批校之可贵

不同版本对校时，不管是死校还是活校，校语中都会保留据校本的内容。如果据校本后来散佚无存，那么人们想窥探它的内容时，校语中透露的信息就一字千金。王安石选辑的《唐百家诗选》按人编排本，到清初宋刻仅存残本，宋荦补以抄本刻成全书二十卷。嘉庆时佞宋名人黄丕烈仅得到宋刻残本卷一至卷十一，计十一卷。黄本后归汪士钟艺芸书舍，汪氏藏书散出后，前九卷归潘氏滂喜斋，今藏上海图书馆。后二卷久已不知下落，万幸嘉庆年间有人据黄本校宋荦刻本。如今只能从校语中窥见此二卷宋本面貌——详见黄永年、陈枫校点本《唐百家诗选》[1]。

---

1 ［宋］王安石：《王荆公唐百家诗选》，黄永年、陈枫校点，沈阳：辽宁教育出版社，2000年。

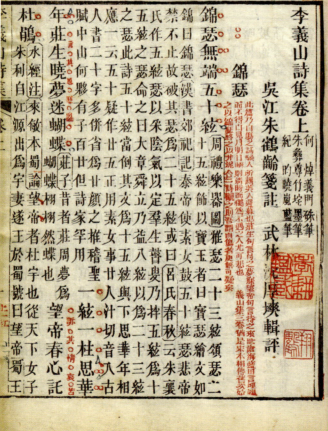

《李义山诗集辑评》 清同治九年光州倅署刻三色套印本

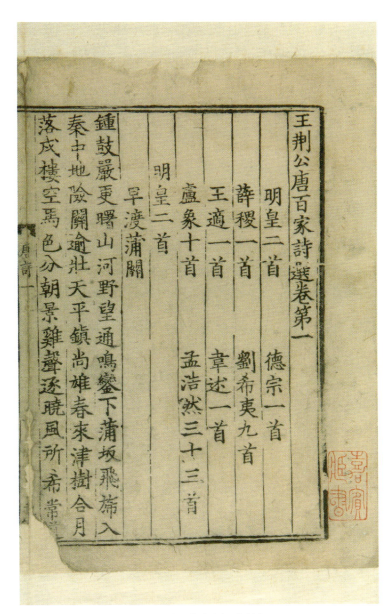

《王荆公唐百家诗选》 宋刻本

明末毛氏汲古阁刻唐陆龟蒙编的《松陵集》讹误较多，毛扆据宋刻本细勘，"凡有异同，校入行间"，连异体字也不放过。他又据宋本修版校改自家的刻本，自认为校修很精。但是顾广圻以他的校本复核后发现，宋本用字古雅之处"卷内皆未经更正，仅藉校得见而已"。有一些字写法与宋本不同，毛扆写在校本中，而未修版。宋本更为近古，像"步纲"不作"步罡"，"常娥"不作"嫦娥"。按：宋本今已失传，所知仅存一个影宋抄本，这个校本为宋刻留下一颗种子。异体字看起来是小事，但是关系到文献的可靠度。有些字在后人看来可能是俗字，甚至是错字，但在古人当时情况可能恰好相反。

明毛晋刻的《宋名家词》所据版本往往不佳，其子毛扆作了很多校改。像柳永的《乐章集》，原本榛芜丛生，竟至不可卒读。毛扆不仅据宋本和抄本一一校改，而且补录原本所缺的"续添曲子"一卷。毛扆当年所见的本子大多不复存世，若非有此校本，其精善之处早已随之泯灭。

前人读书时随笔写下的校语和批语，除了单纯死校以外，都包含有他们的见解和心得。有些可能已经收入著作公之于世，有些则沉埋在校语中未见天日。没有发表的固然是极为重要的资料，即使已经发表，流传的校本也可能跟印本不同，都值得治学之士认真研究。

何焯一生评点过大量古书，《义门读书记》所收的只是一部分。顾广圻校勘的古书有一百多种，许多校语散在群书未曾刊布。他对《说文解字》下过很多工夫，如今我们在顾校《说文》中可以看到许多校语，如果全部收集起来，也可以成《说文》一家之学。事实上，前人一些治学札记就是辑录自他们的批校本，如今散在各书中的大量批校，实际上可以看作书稿，都是宝贵的精神财富，不可漠视。

批校者有时在书中随笔记下当时的自然状况或社会活动，哪怕是三言两语，时至今日，说不定就是求之不得的重要史料。而且批校比较随便，不像正式出版那样矜持，有时冲口而出，反映出人的品性和心态。顾广圻在一些校本中曾对当时学者大加讥弹，他评孙志祖的《文选考异》，有"全不晓字""胡说之极"之类的话。[1]他看到钱坫所撰《说文解字斠诠凡例》不识毛扆其人，不仅打了大叉子，而且说"开口便错"，旁批："毛扆字斧季……段大令谓之毛扆斧季，连名字耳。献之抄说，而又粗心浮气，以致如此可笑。"[2]顾千里恃才傲物、目无余子的神情表露无遗。

宋张炎撰《山中白云词》有《踏莎行》词，题为"郊行，值游女以花掷水，余得之，戏作此解"。清末岭南著名学者陈澧批道："何作此恶少行径。"[3]令人忍俊不禁。

黄丕烈所校各书大都附有跋语，随手记下他所经历的一些事情，包括世事、家事和心事，关系到友朋往来、天气节候、掌故琐事等，特别是有许多关于乾嘉时期江浙一带藏书活动的史料。

参校的价值取决于参校本是否版本珍罕、内容精善，意校的价值则有赖于校者记诵渊博、学识出众。举一个有趣的例子。上海涵

---

[1] 王欣夫：《蛾术轩箧存善本书录》，上海：上海古籍出版社，2002年，第1409–1411页。

[2] 顾广圻批校本《说文解字斠诠》今存台图（台图00943）。《顾千里集》中《说文解字斠诠》条有"使人见此，开帙大谬，便欲喷饭也"云云。参见：顾广圻：《顾千里集》，王欣夫辑，北京：中华书局，2007年，第274页。

[3] ［宋］张炎：《山中白云词》，葛渭君等校辑，沈阳：辽宁教育出版社，2001年，第184页。

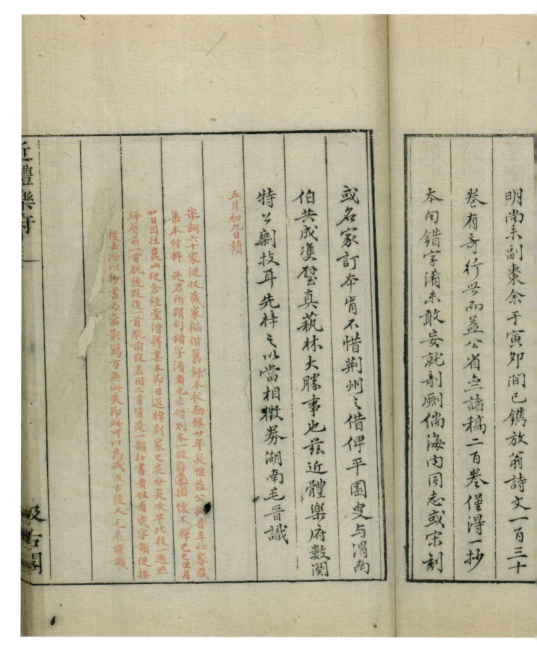

明崇某副槀余于寅卯間已鐫放翁詩文一百三十
卷有奇行篋而盖公省之諸稿二百卷僅得一抄
本句錯字滿未敢妄就剞劂倘海内同志或宋刻
或名家訂本肯不惜荆州之借俾平園叟与渭南
伯共成渙璧真藝林大勝事也兹近體樂府數闋
特為剟捘耳先梓之以當相徵券湖南毛晉識

五月初九日讀

宋詞六十家徒收藏家編借寫鈔本校勘近廿年矣稚益公詞晉年以家藏
集本付梓先君所謂句錯字滿有必未付剞劂本一校圈掛懐不禪己巳正月
廿日因往崑山途念經堂借得集本即日返梓剞家已亥分矣次早此校一過此
絳府剟一首脱前段後念因二首咕是一潮抄書者但看底字顛便接
後去所以抄省必需影寫方無此失即此可以為武漢古役人毛扆識

左豐樂府

汲古閣

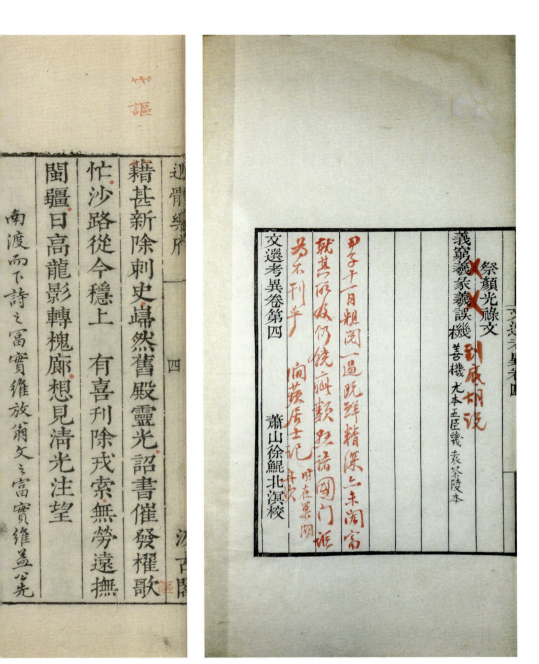

《文选考异》 清嘉庆四年刻《读画斋丛书甲集》本（顾广圻批）

芬楼曾藏黄丕烈旧藏宋刻配补本《汉书》，相传为宋景祐本，章钰借得细校，其中"毋令奸人有以窥朝者"一句，据宋本辨"者"字为"昔"字，而且以唐石经和宋余仁仲本《穀梁传》为例，说明古代"昔"和"夕"相通，"窥朝昔"就是"窥朝夕"。章钰说："'窥朝夕'与'窥朝者'文义大异。宋刻漫漶，竭目力乃辨之。累月伏案，此一字必为各校家所略，最以为幸也。"[1]事情果然如他所说，一直无人理会，百衲本《二十四史》影印宋景祐本《汉书》也作"者"。

章钰校正此字的过程向我们展示了一部校本好在哪里：章氏亲见宋本，认真比勘，一字一画也不肯放过，发现异文后又有渊博的知识，能引证经典证明"昔"与"夕"通，而不轻易摒弃。只要严肃认真就能有所发现，但是学识若不足以副之，即使天赐良机也会失之眉睫。不论"者"字到底是不是应该作"昔"，这个例子都表明，保留有价值的异文，提供有价值的见解，这就是校本的价值所在。

（二）批校之失误

校本也有失误，不可不知。黄丕烈笃守死校之道，认为别人的校本不忠实，不料他早年所校《韩诗外传》也有模糊不明之处，不禁惋惜据校之元刻本不可再得，叹道："余素不信校本，今自校者且难信之！"[2]其实从他的题识中就可以看到，他自己的校本经他人

---

1 南京图书馆编：《南京图书馆同仁文集·校宋景祐本汉书跋》，南京：南京大学出版社，2007年，第31页。
2 ［清］黄丕烈：《黄丕烈藏书题跋集》，余鸣鸿等点校，上海：上海古籍出版社，2013年，第863页。

补校，常常发现有若干漏校之处。所谓死校，要求不漏不失，并非易事。

意校受学识所限，更容易出现偏差。黄丕烈在《麈史》跋中说："古书必以刻本为善，一经校勘，即失本来面目，虽属闻人，动笔亦有一失。"[1]我们不妨举个例子。宋柳永《乐章集》中《八六子》"如花貌"一首[2]，第二句宋本原作"当本便约"，后人把"当本"校为"当来"，从《彊村丛书》和《全宋词》以来，一直到今天，习非成是，都沿用"当来"。今按："当本"是当初或本来的意思，校者以为"本"和"来"字形似而误，不知它是当时的习用语。像这种校语不仅无助于校勘，反而使人目迷五色，误入歧途[3]。

---

1 ［清］黄丕烈：《黄丕烈藏书题跋集》，余鸣鸿等点校，上海：上海古籍出版社，2013年，第277–278页。

2 薛瑞生《乐章集校注（增订本）》卷一（中华书局，2012年，第40–41页）所录全词如下："如花貌。当来便约，永结同心偕老。为妙年、俊格聪明，凌厉多方怜爱，何期养成心性近，元来都不相表。渐作分飞计料。 稍觉因情难供，恁殛恼。争克罢同欢笑。已是断弦难续，覆水难收，常向人前诵谈，空遣时传音耗。漫悔懊。此事何时坏了。"笺注者云："毛本、吴本无此阕"，又说："当来：原来，起初。唐孟浩然《彭蠡湖中望庐山》：'寄言岩栖者，毕趣当来同。'"又，顾之京等《柳永词新释辑评》（中国书店，2005年，第373页）该词的注释为：当来，当初。《景德传灯录》卷二十二："问：当来弥勒下生时如何？师曰：慈氏宫中三春草。"

3 杨成凯先生《紫芝漫钞〈宋元名家词〉七十种杂记》笔记：2007年9月14日在北大图书馆看此书，白棉纸，蓝格，今装为24册。看旧痕，原为多册合订。又有陈宝晋及刘㳻年藏印，陈为道光间扬州人，字守吾。刘为同光间大城人，寄住邗上，字树君。《秋涧词》一卷，末有毛扆跋，参看《藏园群书经眼录》。《乐章集》三卷上中下，《续添曲子》一卷，据目《木兰花》三首，共13首。原书仙吕调《西施》又一首只存一行，次行一字，以下空行，有朱笔补抄二叶。最可异者，《八六子》"如花貌当来……"书眉朱笔注："来，宋刻原作本，朱笔改来。"毛校《六十家词》本《八六子》补抄，原文作"本"，朱笔旁注"来"。据紫芝漫钞本眉注，毛校原文抄自宋本，旁注宋本朱笔改。按《汉语大词典》：当本：当初；原本。《敦煌曲子词·阿曹婆》："当本只言三载归，灼灼期，朝暮啼多掩（淹）损眼。"《敦煌曲子词·定风波》："霸王、虞姬皆自别，当本便知儒仕定风波。"

四 批校本的鉴定

比起刻本来，给批校本鉴别定性尤为困难。一部批校本入手，首先要看批校者是何人。批校者有署名的要看是不是他的批校，没有署名的要尽可能确定批校出何人之手。其次要看它是原本还是过录本，如果是过录本要尽可能确定是何人过录。这两道工序所依靠的直接佐证，不外乎批校的笔迹和内容，有时候有关的文献会提供有用的资料。

辨认笔迹需要多看前人的墨迹，近年出版了很多名家墨迹影印本，特别是上海图书馆和台湾"国家图书馆"都编纂了有关的图录，辑有许多名家墨迹可供参证，值得认真浏览，提高识别能力。认真审阅批校的内容，可以从批校的风格和水平方面对批校的价值作出判断，进而辨识出何人之手。这需要具备相当的古文献知识。有志于此道，就要在这些方面下功夫。这里只能举几个例子，看看鉴定批校本应该注意哪些问题。

我们先看一个典型的例子。冰雪山房校印本所谓《仿宋批校本韦苏州全集》石印影项刻本，有宣统辛亥精校石印字样，书中有"平江黄氏"印，天头有"嘉庆甲戌夏五上浣平江黄丕烈读"，并有圈点批语。按：笔迹与黄异，有经验的人一眼就看出不是黄的亲笔。内容是泛论辞章，不是黄的校书风格，可以断其为嫁名作伪。复检秦更年的《婴闇题跋》，原来批点出吴文溥之手[1]。

有些批校本有批校者署名落款，甚至还钤有印章。如果其人声名

---

1 秦更年：《婴闇题跋》，秦蓁整理，北京：中华书局，2018年，第115页。

不显，甚或默默无闻，难得有人赏识，造假的可能性不大。相反，如果是名人，就要仔细辨认。往年听琉璃厂老师傅说，以前有人专门收藏批校本，店家投其所好，就雇人整天在古书上写批点，冒充名家，以售高价。辨认这种批校本的真伪，需要一定的功力。

依靠笔迹鉴定批校本是原本还是过录本，有时候是难题。清初何焯评点本就是个典型的例子，他的评点门人竞相传写，后人复予过录，有的录本笔迹酷似何氏，流传至今，鱼目可以混珠。遇到何焯评本，不能不慎之又慎，王欣夫先生的《蛾术轩箧存善本书录》对何焯评本《李长吉歌诗》就有过记述[1]。

往年得冯汝玠传录王筠校钮树玉撰《说文新附考》，所据为王筠校钮氏原刻本，时藏东方文化图书馆。冯氏题记说："卷中王氏校正皆王所写，与许氏古韵阁所刊王氏《说文新附考校正》颇有异同。"冯氏是近代著名学者，所说应该可靠。后来看到王献唐先生的《双行精舍书跋辑存续编》，说王氏批本旧藏黄县赵东甫家，固然有售归北平东方文化图书委员会之说，但是听说卖出的是过录本[2]。王筠批校本的流传经过也许还有内情。

有幸在内容中看出端倪，就为辨识批校来历提供了最有力的证据。曾见到一部清刻《姜白石诗词合集》，有墨笔评点，没有署名，据说是郑文焯校本。郑氏字迹有金石气，与此本绝异，可以断定非出郑氏之手。翻阅中看到一则批语说，由白石词旁注字谱而知其工尺，

1 王欣夫：《蛾术轩箧存善本书录》，上海：上海古籍出版社，2002年，第236–237页。
2 王献唐：《双行精舍书跋辑存》，青岛：青岛出版社，2007年，第292页。

《李长吉昌谷集句解定本》 清初丘象随西轩刻梅邨书屋印本（清何焯批校并跋）

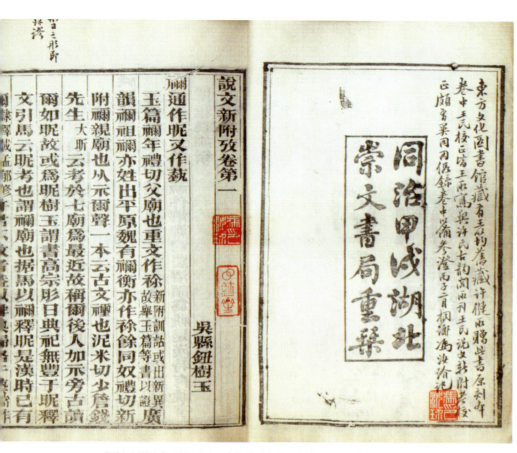

《说文新附考》 清同治十二年湖北崇文书局刻本（冯汝玠传录）

由工尺而知其律吕，由律吕而知其宫商，由宫商而转为今之工尺云云。往年曾研究词乐，熟悉文献，一看就认出这是陈澧《声律通考》说的话。后来证实，确为陈澧的批语。

对批校本作出准确的鉴定不是易事，即使通人名家，也有失手的时候，这里不妨举一个极端的例子。张元济所撰《涵芬楼烬余书录》载有《楚辞榷》八卷，全书有王引之评点，"蝇头细楷，丹黄殆遍"[1]，这个本子也曾著录于姜亮夫先生的《楚辞书目》。王欣夫《蛾术轩箧存善本书录》有过录本，王先生发现批语只论文章，不涉音韵训诂，不是王氏治学的路数[2]。书末有长篇跋语，落款道光十五年（1835）八月王引之识于秦邮云云。根据墓志铭，王引之卒于道光十四年十一月，不可能于次年作跋，所谓王引之评点断然为伪作。而当年张元济恰恰以此伪本字迹为证，断定原无署名的两部书也为王引之评点，结果一误再误。王先生眼光极为犀利，明察秋毫，令人折服，然而功亏一篑，仍有一间未达：因为《蛾术轩箧存善本书录》所录伪本的两段评语和《涵芬楼烬余书录》所录的王氏长跋，都是全文抄自朱熹的《楚辞辩证》，伪署王氏款识。张、王二先生失之眉睫，未能洞识。

我们可以推断，所谓王引之的评点实际是抄朱熹的《楚辞辩证》。张元济只看了署名，没有注意内容，信以为真。王欣夫发现内容跟署名不合拍，进一步审核出年代龃龉。我们看到评语似曾相识，记起它们出自前人现成的著作。这个例子说明，仅看署名落款靠不

---

1 张元济：《张元济全集》第8卷《古籍研究著作》，北京：商务印书馆，2009年，第373页。
2 王欣夫：《蛾术轩箧存善本书录》，上海：上海古籍出版社，2002年，第213–214页。

住，最终帮助我们作出正确判断的是内容。

五　批校本的收藏

前辈学者十分看重批校本，秦更年说叶德辉跟他说过，名抄名校其宝贵过于宋元椠本。这话可能过分了一些，但是秦氏深服此说，珍视这一类书。王欣夫见到名家批校本，可买则买，不可买则躬自传录。他的《蛾术轩箧存善本书录》著录了大量的批校本，经过他赏识和品评，许多书如明珠出土，光彩焕然。郑振铎书信云向来不喜抄校本，但《求书日录》前言则说在收书过程中，从张寿镛而熟悉抄校本[1]。但郑氏并非绝不收抄本，如得钱曾诗集大喜，论《史外》抄本则以其不善而不取。

鉴赏是收藏的前提，对批校本的价值没有足够的认识，收藏就失去了方向和信心。以下我们对批校本的有关因素作一些简单的说明，看看它们怎样影响着批校本的价值。

对批校本的着眼点之一是文物性。批校出于显宦闻人之手，即使内容平平，但物以人重，批校者的名气足以带来可观的人气。如果是书画名家，那就简直可以看作法书名帖，更非凡品。这一类书，注重的是人，书倒不一定在乎。

清初以来颇多以校勘享誉的学者和名人，他们的校本或以学识精湛见长，或以参校版本矜贵，都应该是众目所瞩的佳本，着眼点在于

1　郑振铎：《西谛书话》，北京：生活·读书·新知三联书店，2005年，第401–418页。

文献价值。赏识前者需要具备相当的学术修养，像戴震、段玉裁、高邮王氏父子等乾嘉朴学家对古书的许多校勘成果，都基于他们掌握的语言学知识和对古代典籍的融会贯通，浅学者难以蠡测。

清代中期黄丕烈、顾广圻得到善本旧籍，就传校流通。在传录、刊印过程中留下很多校本，他们所见的古刻旧抄今天很多已经不可复见，只能从他们的题跋记或文集中略窥端倪。当然，如今凡有黄跋、顾校的古籍往往身价百倍，价格不菲。

清后期仁和劳权、劳格兄弟校本版本和学识并重，为世人所艳称，书林习称"劳校"，早已归各家秘藏。往年章钰曾据劳权校本《鬼谷子》校秦恩复刻本，虽然同出一源，但劳权校本可以改正秦本之处仍以数十计，章钰慨叹："劳氏昆季校勘之精推为独绝，今观此书益信！"

晚近以傅增湘先生校书最为勤劬，平生所得所见旧椠名抄不计其数，过眼则有校笔。身后大量校本捐赠北京图书馆，今藏国家图书馆，未流入市廛。往年偶见据宋本朱笔校清内府刻《心经》和《政经》，识为先生手校，因循未取，后来不知流散何处。

前辈名家赵万里先生有部分校本多年前散出，如今拍卖会所见多为诗文集，词集尤多，所据多为北京图书馆及其前身藏本。

版本校的长处比较明显，它们所据的参校本版本如何可以查阅有关的资料。像上文说到的一些校本，只要我们翻翻有关的书目，不难发现校者所见的本子有些人间已经绝迹，那些校语等之雪泥鸿爪，读书人都知道它们可贵。如果据校本完好保存至今，校本的文献价值就大打折扣，因为认真的学者还是要亲自看看原书才放心，而不会因人

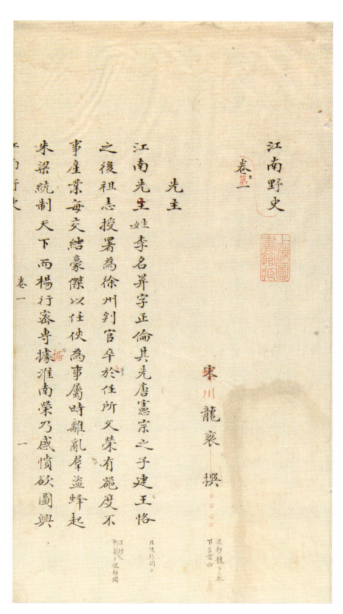

《江南野史》 清抄本（劳权校并跋）

成事，依赖前人的校语做学问。一般地说，凡是能够得到善本作参校的都有相当的来头，不是藏书家就是名人。如果是意校，就要掂掂他的斤两，看看水平如何。

前人的批校本往往不止一部，除了传录本外，批校者自己在不同时间批校的内容也会有所不同。要在其间分别甲乙，还需要一些知人论世的功夫。举个眼前的例子。清末民初学者曹元忠曾致力校勘《梅苑》，开始只据常见的词选《乐府雅词》、《花庵词选》、《花草粹编》等作参校，文献价值不高。曹氏后来见到几个善本作了大量增订，价值迥出其上。像这样后来居上的校本，应该以最后校定本为上。

由于主客观条件的限制，目前市场对批校本的价值认识不足。主要问题是对批校者系何人一无所知，遇到有学之士却不能识别，这种情况在近年拍卖会上屡有所见。清代以来大大小小的读书人不计其数，对他们了如指掌不是咄嗟可办的事情。目前有各种检索名人字号斋室的工具书可以帮忙，互联网更是有力的臂助。平时读书多留点心，也很有必要。

其次，遇到名家校本不能明辨，有署名的不能确认，无署名的不知来历。辨认笔迹确实有些难处，即使是通人，也不敢保证永远目光如炬，法眼一瞥，物无遁情。不过名人的墨迹资料并不难得，找来比一比，大多都能解决。不知名的比较困难，没有署名则有无从下手之苦。这些除了依靠积累经验以外，建议从批校内容和字迹入手，有内容，有见地，字迹有功力，都可以帮助我们作出价值判断——只是这也要求我们自身有一定水平。

有时候我们得到一个批校本，久久不知其来历，忽然一天读书发

《也是园书目》 清宣统二年上虞罗氏刻《玉简斋丛书》本（叶德辉校补）

第八讲 批校本的鉴赏与收藏 | 371

现了线索：哎呀，原来是他！不知手之舞之，足之蹈之也。往年曾得到罗振玉刻本《也是园书目》，有大量朱墨校笔，字迹眼熟，一时却辨认不出是何人的手笔。一天偶然翻看往年所得的叶德辉的墨迹，与校本字迹宛然如一，悬疑多日的心结涣然冰释。再考叶氏的行迹，与校本所记一一相符，可以确认无疑。常跟批校本打交道，也有不少的乐趣。

第九讲

丛书的鉴赏与收藏

一　丛书概说

各自独立的几种书汇集在一起，加上一个总名，就成为一部丛书。丛书所包含的各种书的名目，叫做丛书的子目。为了便于把丛书跟单行本区分开来，下文说到丛书论"部"，说到单行本论"种"。

丛书没有统一的编纂体例，子目数目可多可少，少的只有两三种，多的有几百种，甚至几千种。各书的内容也没有限制，可以随意选择。汇编丛书包含不同类别的著作，可以泛及经、史、子、集四部，无所不有。类编丛书则只包含同一类著作，内容属同一课题或同一领域的是专科丛书，作者属同一地区的是郡邑丛书，作者属同一家族的是氏族丛书，作者为同一个人的是独撰丛书，等等。

汇编丛书是最正宗、最典型的丛书，最早出现的是南宋俞鼎孙、俞经编的《儒学警悟》和左圭编的《百川学海》，不过宋、元两代编纂的丛书屈指可数。从明代开始，丛书才走上蓬勃发展之路，不仅汇编丛书渐多，经、史、子、集各部的丛编和郡邑、氏族丛书的编印，也大大丰富了类编丛书的品种。

清代是丛书的鼎盛时期，清初就有不少著名的丛书佳刻，乾、嘉以来编印丛书逐渐形成风气。到清末，在张之洞提倡刻书传世留名的倡导下，丛书的刊刻盛极一时。流风所被，直到民国初年，势头有增无减。

古书的传统分类方法中，没有丛书这一类。现在所说的汇编丛书大都归入子部"杂纂"，文学作品的丛编则归入"总集"。然而丛书出版日益繁盛，品种越来越多，附在哪里都不堪重负，终至蔚为大

漁樵對問

康節先生邵　雍　堯夫

漁者垂鈎于伊水之上樵者過之弛擔息肩坐
石之上而問于漁者曰魚可鈎取乎曰然曰鈎非餌
可乎曰否曰非鈎也餌也魚利食而見害人利魚而
蒙利其利同也其害異也敢問何故漁者曰子樵者
也與吾異治安得侵吾事乎然亦可以為乎試言之
彼之利猶此之利也彼之害亦猶此之害也子知其
小未知其大魚之利食吾亦利乎食也子知魚食吾
亦害乎食也子知魚終日得食吾亦利乎食也重而鈎之害也輕
不得食不為害如是則食之害也重而鈎之害也輕
子知吾終日得魚為利又安知吾終日不得魚不為

《百川学海》一百种　宋刻本

国，跟经、史、子、集并列，自成一部。

不过不同的书目对丛书的界定范围并不一致，查阅书目时需要注意。《中国丛书综录》是当今应用最为普遍的丛书目录，收录的丛书类型最多，范围最宽。而《中国古籍善本书目》丛书部分就只有汇编、地方、家集、自著四类，专科丛书归为"丛编"，按照内容各归各类，不归丛书部分。

二 丛书的版本

丛书一般都包含许多种书，使用传统的技术印制，就不像翻印单种书那样便捷易为，所以一部丛书一般没有很多版本。但是丛书包含的书多，刊刻周期长，可以随刻随印，即使是同一个版本也会有种种不同的印本。所以对丛书说来，仅仅讲版本还不够，还要进一步讲印本。讨论丛书的版本，最重要的是下面两个问题。

第一，不同印本的子目数目往往有多有少，品种也会有所出入，不尽一致。这样，对于丛书，所谓一个版本到底有哪些不同形式的印本，就是一个值得研究的课题。因为这不仅关系到对一部丛书的版本家族有无真知灼见，而且关系到对一部丛书是不是完整应该怎样认识，会影响对一个具体印本的价值评定。

第二，传统印刷的一副版片，有所谓初印、后印、修补、改版等情况。丛书的印制工程大，时间长，版片衍变的情况更为常见。但是由于丛书部头大，发行量受到限制，历经天灾人祸，后世流传的复本少，比对不易，很多情况不容易发现，研究起来，费时费力，需要格外留心。

（一）子目出入

不同时期印本种数会有所不同，这就需要为一部丛书确定一个完整的子目表。有些丛书前面刊有子目表，列出了包含的书名。这时要注意它是某一阶段的总目，还是最后的总目，还要注意核对子目表跟内容是否相符。许多丛书并不列子目表，到底包括哪些书，就更需要读者自行检阅，细细比较。

这个问题看起来很好处理：哪一部种数最多，哪一部就是全书，比它少的就不全。事实上却不这么简单，有许多内情值得我们考虑。下面举几个例子。

按照《中国丛书综录》，汲古阁刻《诗词杂俎》子目十五种（《三家宫词》和《二家宫词》算五种）。然而顾湘校刻的毛氏的《汲古阁校刻书目》却多出元杜本的《清江碧嶂集》一卷，共有十六种，陶湘《明毛氏汲古阁刻书目录》和张寿镛《约园明本编年书目》也著录十六种。

杨尚文编的《连筠簃丛书》道光二十八年（1848）印本前有子目，共计十二种。既有原目为证，应该确凿无疑，然而《中国丛书综录》著录的本子多出《说文解字义证》和《永乐大典目录》两种。这两种书版心下有"连筠簃丛书"字样，表明它们确实是在杨氏计划的《连筠簃丛书》之中。但是据说它们刻成后版片即归京师质库，只有若干单行本，所以一般并不列入丛书之中。

罗振玉编的《玉简斋丛书》是情况复杂的例子。初印在宣统二年

共四千三百三十五葉

詩詞雜俎十六種

漱玉詞 十五葉

元宮詞 十六葉

二家宮詞 楊太后 四十八葉

三家宮詞 王建 宋徽宗 花蕊夫人 四十七葉

河汾諸老詩八卷 七十六葉

清江碧嶂集全卷 三十七葉

谷音二卷 五十一葉

月泉吟社 七十三葉

范石湖田園雜興 十一葉

剪綃集二卷 三十八葉

衆妙集 六十九葉

（1910），十种八册，皮纸刷印，相当雅饬。嗣后陆续增刻他书，最后编为两集，前有总目，封面仍沿用初印本的出版日期。《中国丛书综录》所列的二集子目并无舛误，但是出版日期却未纠正。此书不同时期的印本颇有歧异，最后还有石印本，子目种数、序次都有不同，其中《山中闻见录》一书《丛书综录》著录有缺卷，然而有的印本已经补足，并无缺卷。

把丛书印本的情况都弄清楚，并不容易。明代后期编印的一些丛书，子目有出入的更多。像明天一阁刻《范氏奇书》到底是多少种，学者意见并不一致；明胡文焕编《格致丛书》传本子目多少不一，《中国古籍善本书目》只好存疑，不下结论。

（二）版片更动

丛书需要一个刊印过程，版片随时可以更动。鲍廷博编刻的《知不足斋丛书》三十集，从乾隆开始，一直刻到道光。开始刻印时对避讳禁忌注意较少，后来的印本就从严处理，更多地更动原书文字。但是有些书初印时有校勘不周之处，后来补校修版，文字更为可靠。所以初印后印文字不同之处，孰得孰失不能一概而论。现在市面所见的零本大都是后印本，民国间影印本所据则为初印本，比较一下，自见分晓。

得到善本而改版是常见的事情，像秦恩复刻的《鬼谷子》和《词源》都曾重刻，有跋说明，一目了然。但是卢见曾的《雅雨堂丛书》中的《唐摭言》后印改版就没有说明，不用初印本细校，很难察觉二者大有不同。

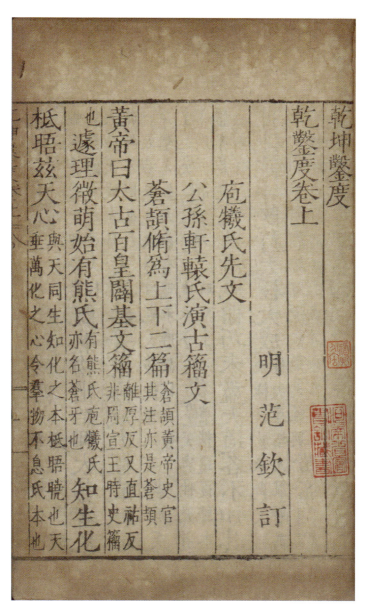

《范氏奇书》 明范氏天一阁刻本

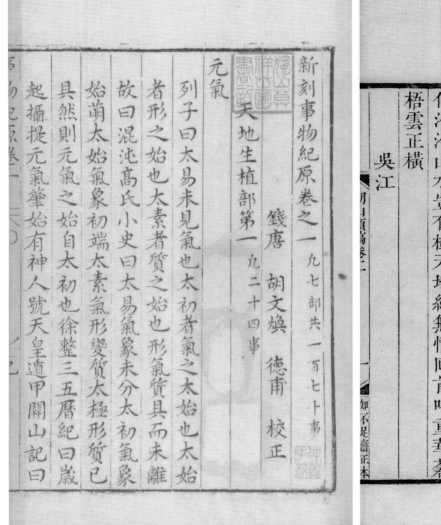

新刻事物紀原卷之一　九七部共一百七十事

天地生植部第一　九二十四事

錢唐　胡文煥　德甫　校正

元氣

列子曰太易未見氣也太初者氣之始也太始
者形之始也太素者質之始也形氣質具而未離
故曰混沌高氏小史曰太易氣象未分太初氣象
始崩太始氣象初端太素氣形變質太極形質已
具然則元氣之始自太初也徐整三五曆紀曰歲
起攝提元氣肇始有神人號天皇道甲開山記曰

（左欄）事物紀原卷一　二〇

《格致丛书》
明胡文焕刻本

吳江

梧雲正橫

行出門隔山嶽未知死與生三宮錦帆張粉陣吹
鶯笙遺哄拜路衡號哭皆失聲吳山何青青吳水
何泠泠山水豈有極天地終無情回首叫重華蒼

（欄）湖山頻高卷一　一　知不足齋正本

《湖山类稿》
清乾隆三十年鲍氏知不足斋刻本

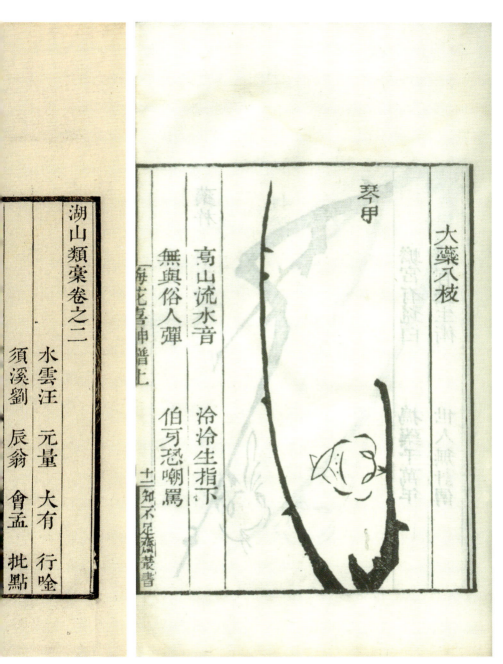

《梅花喜神谱》
清知不足斋刻光绪八年岭南芸林仙馆印本

道光时期刻的书往往因战乱而损毁，丛书也不例外。像顾湘辑刻的《小石山房丛书》、徐渭仁辑刻的《春晖堂丛书》都损失了部分版片，战后有修有补，重新印行。这些丛书的初印本比较珍稀，更为藏家所看重。

版片漫漶之后需要修版，修版会出差错，秦恩复辑的《词学丛书》经过光绪承启堂修版就受到学者指摘。藏家一般看重初印本，除了初印版面整洁美观以外，文字更为可据也是一个原因。

当然后出转精的情况也很普遍。像民国赵诒琛编《峭帆楼丛书》中的《红雨楼题跋》，初刻于宣统辛亥（1911），民国十四年（1925）补刻罗振常撰《校记》，多有补正（近年校点本据赵刻初印本，不知有罗氏校补）。吴氏双照楼刻《中州乐府》初据日本五山刻本，后得元本重校。朱孝臧辑刻的《彊村丛书》中这种情况指不胜屈，如初刻《东山词》用劳氏传抄知不足斋抄本，后改用宋本；《龙洲词》则一再校补，都是后胜于前。

三　丛书的收藏

谈到收藏，丛书是被人遗忘的角落，历代藏家很少致力于此。这是因为丛书绝大多数是清代刻本，明代的丛书已经屈指可数，宋元古本就更绝无仅有，传统的藏家贵古贱今，清刻本看不到眼里。只有特立独行的陶湘例外，除了以人所不取的汲古阁刻本、闵凌二家套印本等专藏著称外，还藏有五百七十多部丛书，是古往今来丛书收藏第一大家。陶氏晚年藏书星散，日本东洋文库得到其所藏的丛书，一跃而

彊村叢書序

彊村侍郎校刻唐五代宋金元詞以元忠愨助蒐討其
三家總集四印齋所收猶不在此數盛矣哉自波古以來至於
近時朋舊若四印齋靈鶼閣石蓮山房雙照樓諸刻皆
抱微尚約書成為序其首今年秋工竣得別集百有十
三家取今世所傳國策管晏荀列諸子書錄雖以中
刻各猶有劉向家法為不可及焉按向所校雖以中
益嘗取今世所傳彊村是刻之所以獨絕者則尚不因此校
未足方也雖然彊村是刻諸子書錄雖以中

書為主尚太史書太常書大中大夫卜圭書射聲校
尉立書臣富參書臣向書校除復重定著篇數可見雖

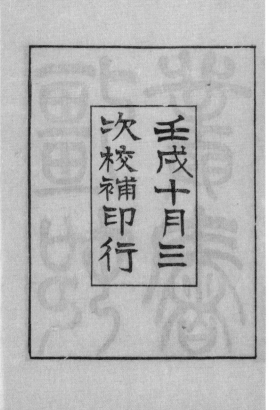

壬戌十月三
次校補印行

《彊村叢書》 民国十一年归安朱氏刊本

起，以丛书宏富令海内外侧目。

现在民间流传的丛书已经不多，不仅书店很少有货，拍卖会上也难见踪影。但是由于部头大，需要一定的收藏实力，藏家很少注目，价格一直偏低，买起来很上算。不妨举个例子。嘉道间黄丕烈所刻的一些书向来闻名士林，今天哪一种都可以得善价。而汇集在一起的《士礼居丛书》，至为难得。前几年拍卖会上出现了一部相当齐全的原刊本，得价却不高。若一种一种地零买，即使踏破铁鞋，怕也无缘凑齐全书。

再如吴昌绶、陶湘、董康等影刻的精本，近年拍卖会上时时出现单种零本，每册都要几千甚至几万元，大家都乐于竞买。而印装齐整的汇印本，却卖不上价，摆在书店里几年也无人过问。算算价钱就能发现，比零买要合算得多。

这种情况固然跟买家的经济实力有关系，一下子拿几千不以为意，拿一二十万就有点分量。但是对丛书的价值认识不足，不拿它当回事，恐怕是更重要的原因。事实上，为供求关系所限，丛书印数本来就不多，再加上不易保存，能够安然流传下来的就少之又少。清刻丛书中有些已经是绝无仅有之物，有些虽非绝顶珍稀，但是或者求全不易，或者初印难得，只要有缘邂逅，天赐良机不要等闲错过。有心人若能持之以恒，积以时日，由鉴赏进而研究，以此独步天下，傲视书林，也不是不可能的事情。

（一）珍本难得

宋、元、明三代刻的丛书今天流传都不多，《儒学警悟》仅有一

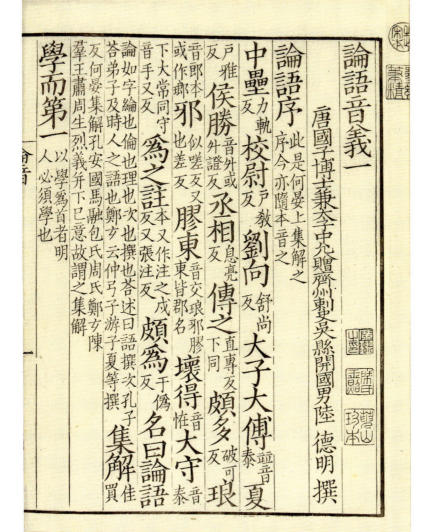

《论语音义》　清嘉庆十八年黄丕烈《士礼居丛书》本

部明抄本,《百川学海》宋本仅存,明代有两种刻本。明刻丛书传本也不是很多,但是情况比较复杂,像《格致丛书》到底刻了多少种,现在并不清楚。而明后期一些丛书彼此混杂夹缠,版片经常倒手,很难理清头绪。明末刻《说郛》就是个很好的例子,它跟同时其他丛书版片交互搀杂,它们到底有什么关系,为什么《说郛》没有初印本,到今天这些问题也没有彻底弄清。有心人有缘见到这些丛书时仔细研究一下,其中有不少学问。

清代是丛书的丰收季节,论内容,论版刻,样样出色当行。其中有一些著名的丛书以版本精良、刊印不苟、传本珍稀蜚声士林。清初曹溶和陶越编辑的《学海类编》是子目四百多种的巨编,长期没有刊印,直到道光年间才有六安晁氏木活字印本。这部书所收各书版本来源有自,整理古籍时一经比勘,就能发现时有佳胜之处。活字印本流传很少,极其名贵。论内容,论珍稀,都是上选,然而没有得到应有的重视。

常熟张海鹏编印的丛书是一个亮点,除《学津讨原》传本较多众所周知外,另有《借月山房汇钞》十六集一百三十多种和《墨海金壶》一百一十多种两部巨编。道光元年(1821)书版遭遇火灾,刷印不多,如今珍如景星庆云。火后,《借月山房汇钞》残版归陈璜,补修重编为《泽古斋重钞》十二集一百一十种,传本仍然寥寥无几。

张海鹏《墨海金壶》这批残版后归金山钱熙祚,钱氏在此基础上增刻补订编成《守山阁丛书》《珠丛别录》《式古居汇钞》《指海》,有张文虎等著名学者襄助,校勘精细,学术评价极高。可惜传本都不多，虽然说起来不过是道光本，并不如雷贯耳，却早已归入善本珍藏。《指海》初印仅十二集，二十集全书尤其珍罕，一百年前就是难得的珍本，商务印书馆辑印《丛书集成》时就只收入前十二集。

咸丰年间胡珽用木活字分集排印的《琳琅秘室丛书》，以底本珍罕、校勘审慎驰誉。咸丰三年（1853）初印四集三十种，翌年再印第五集六种。时值战乱，印本极其罕见。光绪年间董金鉴重付排印，只有前四集。如今所见几乎都是董氏重印本。特别是第五集六种，自刘锦藻《皇朝续文献通考》著录后，久已无人言及。曩年商务印书馆编《丛书集成初编》以及后来的《中国丛书综录》都未著录第五集，其珍罕非同一般。

以上是几部规模较大、口碑载道的名作，版本考究，刊刻精工，而且流传极少。事实上清刻丛书，除个别版片流传时间较长的以外，一般印数都不多，所以很多丛书都相当罕见，值得重视。

清末民初风行精刻、影刻宋元明旧本，出现的一些丛书很是名贵，像缪荃孙、董康、吴昌绶、徐乃昌、陶湘、张钧衡、蒋汝藻、刘承幹等都有佳作。吴昌绶刻《双照楼影刊宋金元明本词》十七种、陶湘刻《涉园续刊宋金元明本词》二十三种、蒋汝藻刻《密韵楼景宋本七种》，都相当精美，现在已经成为藏家的宠儿。董康影刻本和精刻本都很多，精丽动人，可是大都单刻单行，汇印本罕见，《中国丛书综录》著录的《诵芬室丛刊》子目种数虽多，也没有囊括其全部精刻名作。

（二）全书难得

收集丛书时，一般都特别在意子目是否完整，是不是有缺种或缺册。有些丛书很难得到子目齐全的本子，不妨举几个例子。李调元辑《函海》乾隆四十七年（1782）刻成二十函，以后陆续增刻，有二十四函、三十函等印本，道光印本增至四十函。版片有增有补有修，一种一种地细细查考并非易事。一般书目著录此书都以道光本为据，但是其中个别书却是初印本中有，后印本中没有的。

鲍廷爵辑《后知不足斋丛书》全书共有八函，流传的本子往往不全。例如商务印书馆辑印《丛书集成》时就只收入前四函二十五种，其实还有后四函未收。

清末民初邓秋枚风雨楼所刊《国粹学报》《国粹丛书》《风雨楼丛书》《风雨楼秘籍留真》等，都难得其全。往往有散见之本，并未载入丛书目录。例如影印本《峤雅》，题"国粹丛书第二集，国学保存会影印"，检《国粹丛书》目录未见此书。

清光绪申报馆排印《申报馆丛书》，收集许多杂家笔记小说琐闻，总共有二百多种，不乏罕见之书。可惜是铅字排印的巾箱小本，其貌不扬，无人重视。然而到今天，虽然零种偶然还可以遇到，但是全书却无缘得见，各馆藏本都有欠缺。

《南海桂氏经学丛书》是陆续付刊，汇成全书者极少，《中国丛书综录》所载的子目也不是全书。王欣夫先生曾得吴士鉴所藏足本七种附二种又目外二种，慨叹道："虽近刻，其可忽诸？"这是有真知灼见的学者的经验之谈，值得我们认真思考。

民国初年，西泠印社木活字排印的书都很有学术价值，《中国丛书综录》著录了《遯盦金石丛书》和《遯盦印学丛书》，此外还有多种书随印随售。当年有人汇集在一起，命名《西泠印社全书》。这些书今天已经十分少见，汇集收藏是很有意义的事情。

（三）初印难得

丛书随刻随印，初期印本种数较少，印数不多，珍稀难得，这种情况不难理解。但是有些丛书情况不同，初印本并没有延续下去，跟后来编成的全书似乎是两码事。这种初印本尤其珍贵，且看两个例子。

清道光时蒋光煦辑刻的《别下斋丛书》初印本十种，后来增刻其他的书，分为《别下斋丛书》和《涉闻梓旧》两部。这两部丛书刊刻和校勘都很出色，传本珍罕，久负盛名。其初印十种尤其名贵，藏家有幸到手，都抑止不住欣喜之情，免不了要为文记上一笔。

清光绪间贵池刘世珩曾刻《檃盦丛刻》十二种，虽然是光绪刻本，却十分罕见，甚至《中国丛书综录》也没有著录。这些书后来大都收入刘氏《聚学轩丛书》，可知其仅仅昙花一现，难怪沉湮不彰。

四 丛书和单行本

一种书单独刷印行世就是单行本，跟其他书合为一部丛书一起发行就是丛书中的一种，不是单行本。《贩书偶记》有一条编例，"非单行本不录；间有在丛书中者，必系初刊单行之本，或是抽印之本，非

甌香館集卷一

　　　　　　武進　惲　格著

　　　　　　海昌蔣光煦輯

贈湯公牧

髯公遺世想五嶽挂一身每爲諸侯客常稱江海人爽
氣森眉宇宏達披天眞名都振高價藝林播清塵掞藻
走風雨應機如轉輪扶疎嶧陽桐貞直會稽筠智無干
古憂顏若桃花春酒酣欲狂笑脫頭上巾當其快意
時浩歌動秋□山池夜吟處得句驚鬼神觀世同海鷗
百喜無一嗔或垂語谿亦採南湖蓴戲爲鳴鵒舞醉
吐車中茵借問筭穎輩誰能知隱淪

甌香館集卷一　　　　　　　　　　　一　別下齋校本

《别下斋丛书》　清道光二十六年蒋光煦刻本

泛及也"[1]。话虽这么说，要想把单行本和抽印本跟丛书的零本区别开来，并不简单。

（一）单行与否

有些丛书，开始没有一定的计划，有合适的书就刻，印出来就是单行本。后来书版积攒多了，才汇印为一部丛书。有时候是得到别人刻成的一批书版，拟个名称，作为丛书印行。对这些书来说，单行本刷印在前，丛书本刷印在后，从内容和形式上看可能有一些差异，也可能没有什么差异。分辨哪些是单行本，哪些是丛书零种，就是难题。

《中国丛书综录》著录的所谓吴骞编刻的《拜经楼丛书》就是一个例子，乾嘉间吴氏曾随得随刊一些书，其中有些用过《愚谷丛书》一名。但是今日所谓《拜经楼丛书》实际是后人所编，所以种数有多有少，而吴氏所刻的书也不都在其中。嘉庆间吴鼒曾摹刻《晏子春秋》和《韩非子》二书，现在丛书目录中都有所谓《韩晏合编》，其实原来都是单行本，并不是丛书。清末潘祖荫在《滂喜斋丛书》和《功顺堂丛书》之外，还刻过一些书，一直单行，身后厂肆汇编为《潘刻五种》。

这里还要注意，有些单行本后来汇编丛书时没有收入，丛书发行后，编外的单行本很容易被人忽略。如《武英殿聚珍版丛书》据陶湘考定为一百三十八种，另有几种同是木活字印本，不在其内，陶湘所

---

1 孙殿起：《贩书偶记》，上海：上海古籍出版社，1982年，第1页。

成造木子

聚珍版擺印書籍固稱簡捷然以數十萬散字中撮輯

成章其木子大小難以盡一若逐字鏨削又事繁而工

費故製造木子之法利用棗木解板厚四分許豎裁作

方條寬一寸許先架疊曬乾兩面用鏇取平以淨厚二

分八釐爲準然後橫截成木子每個約寬四分豫以硬

木一塊長一尺四寸寬一寸八分中挖槽一條內寬一

寸深三分底牆欲平直外牆以鐵鑲口下首兩牆挖空

寸許將木子數十個仄排槽內用活閂擠緊鑢之以平

见有八种，作为单行本附在后面。

清光绪蒋凤藻曾刻过一批书，版心下有"心矩斋丛书"字样。然而他并没有来得及汇印就故去，所以印本极其罕见。民国初年苏州文学山房得到旧版，编为《心矩斋丛书》八种印行。然而蒋氏旧刻还有几种不在其内，其中《简庄缀文》一种版片不全，后来由杭州抱经堂补刻单行。

初印单行本的内封、序跋、刊记等往往跟后来的印本不同，这些细微之处仔细检阅就能发现。例如清苗夔的《说文声订》初印本祁寯藻序后有出资助刊人名及钱数，后印《苗氏说文四种》本已经去掉，据此可以跟丛书零本区分开来。然而不是所有的初印本都有这样明显的标志，而抽印本就更难辨认，所以一本书是不是单行本有时候很难断定。

（二）丛书零种

按照书林的常情，除了珍罕的本子，丛书缺册就是残书，价值大减。丛书零种也不同于单行本，其独立存在的身分都要大打折扣，几乎要跟一种书的零本残卷看齐。

这种求全责备的观念有害无益，用在丛书上尤其要不得。上文说过，丛书印数都不会很多，不易保存，很难保证完整无缺。一些丛书说起来不过是清代刊本罢了，但是市面上却早已绝迹，即使零种也值得格外珍视。像《琳琅秘室丛书》第五集六种，市场上连零种也看不到，岂能不珍如拱璧？

往年在旧书店中看到一本《曲洧旧闻》，无序无跋，似乎是丛

服之如固有初不以爲異也及爲執政或言其喜食

獐脯者其夫人聞而疑之曰公平日未嘗有擇於飲

食何忽獨嗜此因令問左右執事者曰何以知公之

嗜獐脯耶曰每食不顧他物而獐脯獨盡是以知之

復問食時置獐脯何所曰在近七筋處夫人曰明日

姑易他物近七筋既而果食他物盡而獐脯固在然

後人知其特以其近故食之而初非有所嗜也人見

其太甚或者多疑其僞云

大理寺寺丞職銜　臣汪汝㻬恭校刊

九一

《曲洧旧闻》清汪汝㻬《汪氏振绮堂丛刻》本

396　　古籍版本十讲

书零本。看版式不过嘉庆刻本罢了，索价却极高。后来细细翻阅，发现此本的刊记为他本所无，有此刊记足以证明叶德辉、傅增湘先后考订的所谓《汪氏振绮堂丛刻》确实是汪汝瑮所刻，而且跟同版别一印本顾广圻跋对照，可知刊刻出鲍廷博之手（参看《郋园读书志》卷六和《藏园群书题记》卷十）[1]。如果当时弃置不顾，这些可贵的线索就将对面错过。

（三）《古逸丛书》

黎庶昌编印的《古逸丛书》是众目所瞩的丛书珍品，版片由日本名工木村嘉平按照古本原式仿真摹刻，精丽动人。初印本在日本制作，纸墨皆佳，极为名贵，如今零本残册也值得珍护。版片运回国内后，刷印水平已经平平无奇。关于这部丛书的刊印经过和印制工艺，民国二年（1913）莫棠的《荀子》跋有详细的说明[2]，可以帮助我们澄清许多史实。

据莫氏跋语说，日本原版字刻得很浅，刷印时纸张平铺，用硬物平压，相当于平版印刷，纸张平整，笔画精细，墨不外溢。刷印不多，初售五十金，十几年后价至十倍。未几版片运回，只能使用国内的印法，把字刻得很深，刷印时用棕刷在纸背拂拭，无字处纸虚凹陷，相当于凸版印刷。后来的印本，纸不平整，墨色溢出笔画，较之日本印本价值大减。

1　叶德辉：《郋园读书志》，杨洪升点校，上海：上海古籍出版社，2010年，第322–323页；傅增湘：《藏园群书题记》，上海：上海古籍出版社，1989年，第544页。
2　王文进：《文禄堂访书记》，柳向春标点，上海：上海古籍出版社，2007年，第154页。

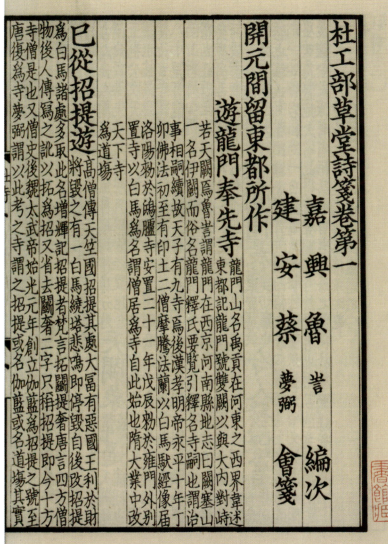

杜工部草堂詩箋卷第一

嘉興　魯訔　編次

建安　蔡　夢弼　會箋

開元間留東都所作

遊龍門奉先寺

龍門山名禹貢在河東之西界韋述東都記龍門號雙闕以與大內對峙若天闕焉魯訔謂龍門在西京河南縣地志曰闕塞山一名伊闕而俗名龍門釋氏要覽引釋名寺後漢孝明帝永平十年丁卯事相嗣續故天子有九寺寺為佛法初至有印土二僧摩騰法蘭以白馬馱經像至洛陽勑於鴻臚寺安置二十一年戊辰粉於雍門外別置寺以白馬為名謂僧居為寺自此始也隋於大業中改天下寺為道場

已從招提遊　將毀之有一白馬繞塔悲鳴即得毀自後改招提高僧傳天竺國招提其處大匐有惡國王利於財物後人傳寫之訛以拓為招又去鹵奢二字只稱招提即今十方僧為白馬諸處多取此名增輝記招提者梵言拓鬭提譯言四方僧寺僧是也又僧史後魏太武帝始光元年創立伽藍為招提之號至唐復為寺夢弼謂以此考之寺謂之招提或名伽藍或名道場其實

《古逸丛书》日本印本有单行本，皮纸刷印，钤朱印"单行本"，另钤杨守敬"星吾校字监刻督印之记"朱印。版片运至上海后也有一些特印单行本，钤"单行本"楷字木戳，但不及日本印本精美。

五　余论

跟丛书打交道，丛书书目是不可或缺的工具书。从嘉庆顾修编《汇刻书目》以来，各家竞相增订补编，朱记荣编《行素堂目睹书录》，杨守敬等编《丛书举要》和《增订丛书举要》，罗振玉编《续汇刻书目》，刘声木编《续补汇刻书目》和《三续补汇刻书目》，孙殿起编《丛书目录拾遗》，沈乾一汇集前期各家目录编成《丛书书目汇编》，等等[1]。

《中国丛书综录》俨然是前无古人的权威著作，出版后大家奉为圭臬。后来阳海清先生拾遗补阙，编成《中国丛书广录》，内容更为丰富。尽管如此，旧日的目录仍然不可弃如敝屣。因为丛书随刻随印，印本往往各有不同，不能执一而论。各家编目时各据所见，记载互有歧异，反映出不同印本之间的差异，这对于了解一部丛书的刊印情况具有重要的史料价值。《中国丛书综录》提供的一般是一部丛书最终的大全集目录，不能反映其传世印本的实际情况。这里不能不郑重指出，若以大全集的子目为准，说其他印本子目较少就是残书，则不合理。《中国丛书广录》补充了一些未臻全集的印本和以往各家编

---

1 姚名达：《中国目录学史》，上海：上海古籍出版社，2005年，第287–288页。

的丛书目录中的记载，可供参考，但是编例不如《综录》严格，有些条目未注所出。对丛书作深入研究时，仍需检阅以往出版的丛书目录。前人编纂的丛书提要，如商务印书馆编《丛书集成初编目录》和东方文化事业总委员会北平人文科学研究所编《续修四库全书提要》等，更是必备的参考书。

第十讲

初印和后印

一　从雕版印刷说起

中国古书绝大多数采用雕版印刷，书稿经过写样、上版刻字，制成一块块书版以后，可以随时拿出来刷印。即使在现代印刷技术传入之后，到20世纪初期，传统学人和赏鉴之家还是认为要传之久远，正规是雕版，排印、石印不过是应急的权宜之计。

雕版印刷使用的版片刻成之后，照例要首先刷印校样交付校勘，有字句讹误或笔画不整之处，都要修版改正，然后正式刷印面世。版片可以随时刷印，有需要修改的地方可以修补，有需要增补的内容可以增刻，都很方便。如果保管得当，不遭水火兵燹之灾，一副版片可以流传几百年，有一些宋刻版片直到明代万历年间还有留存。

年代一久，刷印一多，版片磨损，字迹就有缺坏。磨损轻的可以修版，重的就要补版抽换，就这样一次一次修补下去，直到版片彻底毁坏为止。初期印本和后期印本从外观到内容都会有这样那样的差异，校样本、初印本、修版本、递修本、补版本种种名目就是这样来的。

二　从形式上看初印和后印

如果版片不修不补，初印和后印内容就没有差别，但是观赏效果却会有很大不同。初印本字迹清楚，神采奕奕。最初印本甚至会像用力盖出的印章一样，笔画崭然，凹进纸背，有雕刻艺术的感染力。有些初印本纸白墨浓，字迹栩栩如生，宛如书家墨宝。

初印本有时钤有刊刻者的印记。例如清康熙潘耒刻顾炎武的《日知录》初印本封面钤有"符山堂"印记，康熙汪森刻《词综》三十卷本封面钤有"裘杼楼""休阳汪氏图书"两印，清道光许槤刻《六朝文絜》则有刊刻者许槤和朱钧的多方印章。

一副版片存世年限有长有短，印数有多有少。只要版片保护得好，从印样本开始，到版片实在不能再印为止，不同时期的印本面貌是个渐渐变化的过程。初印和后印不过是个笼统的讲法而已，初期刷印之后，版面虽有磨损，然而字迹仍然清楚可观，这就是所谓"中印"。随后出现版片断裂、笔画缺损的情况，字迹逐渐模糊。

情况持续发展，就会出现印本漫漶、缺叶的现象。最终版面黑乎乎的一片，字迹难以辨认，俗称"糊版"，印出的书称"邋遢本"或"大花脸"。到这一步，版片也就寿终正寝。

古书初印本少见，常见的大多是中印或后印本。如果要观察版片磨损的历程，最好的标本是一直流传到明代的宋刻版片，它们有所谓宋刻宋印、宋刻元印、宋刻明印等不同时期的印本。不同时期的印本外观如何还是末节，重要的是初印和后印内容会有差异。

那么印多少本算初印本呢？大概也就几十部吧。据叶德辉说，百册以外，字画就失去锋芒。不过旧书店卖品目录中所说的初印本，就没有这么严格，标准也只是字迹清朗罢了。更好一些，他们就会说是"极初印本"。

除此而外，还有前面提到的特印本也备受藏家青睐。初印伊始，一般首先刷红色或蓝色，最后才用墨印。最初的印本除了一两部用作校样外，都是留下自用和馈赠师友，所以往往是好纸好墨的精印本。

这些特印本特别值得注意，因为它们刷色特异、纸墨精良、开本宽大，印本寥寥，珍贵难得。

像清代刻本，一般都是普通竹纸或连史纸墨印本，清前期高贵的印本使用所谓纸白如玉的开化纸。著名画家金农（号冬心先生）自刻的诗文集，不仅字体多姿，还有所谓宋纸明墨仿古印本，为人称赏。《冬心先生续集自序》由书画名家丁敬手书上版，已经是极其名贵的艺术品。嘉庆胡克家刻《文选》和《资治通鉴注》，字体仿宋十分精美，竹纸初印本就很美观，特印则有皮纸、棉纸、宣纸本，明丽动人，令人爱不释手。

清末藏书赏鉴之风渐浓，出现了一些刻印精工的佳本。淮南书局刻的书就有内部人士自藏的日本皮纸初印本，刚刚从红印改墨印，黑里透红，非常精美。民国初年好古的赏鉴家更为讲究，像董康、吴昌绶、徐乃昌、陶湘、傅增湘、周叔弢等刻印书籍都有特印本，使用明代旧纸、高丽纸、公牍纸、棉纸、罗纹纸等，十分珍贵。

三 从内容上看初印和后印

不同印本之间的内容差异，一是文字正误，二是内容多少。刻好的版片在流传过程中可以有修版、补版和增刻三种加工方式，修版和补版影响到文字正确与否，增刻则增加内容。此外，因为版片毁失，或者主动撤版，后来的印本内容就会比初印本少。

《南齐书》本纪第一，殿本有"殷舌中血出，众疑行毒害"云云，宋版明印本作"殷言中血出"，"言"字不通，明监本改为"殷舌中

龍顧山房詩集卷之一

虛船集　起光緒丙申　迄宣統己酉

侯官　郭則澐　蟄雲

余生於台長於劚辛丑壬寅兩歸里僅數旬耳其
間度太行涉江漢往來吳越復偕計於汴從戍於
遼采風於樽桑殆無歲不在征程中山川歷歷吾
詩即游記也標以虛船莊生其知我乎

雪中同朗溪惠亭仲沂挺生集江亭

疲轅轉深荻礙玉紛成泥憑高心始曠霽氣含餘淒積
雲拚林鞾皎若陰鶴棲飛光散不收浩素交町畦遙眴
泉峰失俯瞰來徑迷散人樂野飲淨境欣朝躋感物遍
凋悴適與無睽攜有亭即梁苑有水即劚溪寧寥觀太

《龙顾山房诗集》　民国十七年栩楼刻本

也遍爲告誡以當農謠

贅桑月令過芒種天所予老巫卜瓦卦請驗古
諺語勤墾穉稑興（田家苦驕陽行禱不雨厄勸
龍各一觴踑踞復踑踽踞阪筋力顫鞭箠爾錐
長簪識牛性善西塍王命布農事秋收戒其荒
三尺渾朝來喧簫壩比戶忙窄衣只掩骼罱泥
曖曖墟中煙五里聞炊香太歲值豐年出入皆

《冬心先生集》　清雍正十一年般若庵刻本

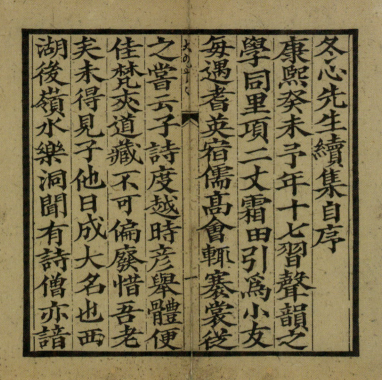

冬心先生續集自序

康熙癸未予年十七習聲韻之
學同里項二丈霜田引為小友
每遇耆英宿儒高會輒賽裳從
之嘗云子詩度越時彥舉體便
佳梵夾道藏不可偏廢惜吾老
矣未得見子他日成大名也西
湖後嶺水樂洞聞有詩僧亦諧

《冬心先生续集》 清乾隆三十八年刻本

血出"，似乎有些道理，然而"舌中血出"竟至怀疑中毒，也还似通非通。查看上述宋版早印本发现原来是"殷亡，口中血出"，这才真正符合情理。因为"亡""口"两个字较小，墨印稍混就合为一"言"字，于是从"言"到"舌"，越走离真相越远[1]。这也说明古人读书何以重视"阙疑"，不肯师心自用贸然删改原文。

汲古阁刻的《六十种曲》初印本罕见，民国初年开明书店编译所排印时有公告，说公私藏本合在一起也凑不成一整部书。后印本漫漶，脱漏极多，有时上下半截不是同一页。道光补刻本错误严重，两种《西厢记》、两种《还魂记》的书页彼此互缠，互不相接。按：郑振铎的《西谛书跋》说到此书[2]，吴晓铃先生加注说汲古阁原本六套，每套十种，每套首有毛晋弁语。道光二十五年乙巳（1845）坊肆补刻本，错字触目即是，刷印多次，字迹模糊，而且改为地支十二集，一集五种。又说开明书店本所据底本虽亦为补刻本，但有初印本之见存者，多据校订。郑氏获初印本五十九种，吴晓铃藏本则多《琵琶》一种，可合为全帙。

一般地讲，由于后印者可能随时增添内容，所以初印本内容较少就在情理之中。但是相反的情况也很多，最常见的是版片毁损，后印本有缺叶。宋元旧版流传日久，常有这些情况。一个特殊的例子是，元刻《资治通鉴音注》初印本第二百六十三卷有跋语一叶，附于卷

1 《校史随笔》，张元济：《张元济全集》第9卷《古籍研究著作》，北京：商务印书馆，2010年，第742页。
2 郑振铎：《西谛书跋》，吴晓铃整理，北京：文物出版社，1998年，第584—585页。

末，为他本所无[1]。

值得注意的是，由于政治原因，清初刻本后印时内容往往有删略或抽毁。《四部丛刊书录》说到清初诸家文集时，经常说此为初印本内容完整，如何可贵。其实各家多有涉忌文字，印本难得完整。《丛刊》所据底本也经常遭人指摘，像《南雷文定》《曝书亭集》等都有这种情况。上海古籍出版社影印谢国桢藏《救狂砭语》，跋语以为其文未收入《遂初堂集》。其实《与石濂》两书《遂初堂集》初印本有，后印本删去。

序跋一般后刻，所以初印序跋较少是常情。后印缺序则主要是版片缺失，但是清代有些刻本却是因有顾忌，后印主动撤序，清初钱谦益撰写的序言就遭遇这种命运。一个劳人遐想的例子是雍正四年（1726）赵孟升松雪斋刻《读书敏求记》，据说本来有托名傅王露的序，傅氏发现后大怒，几乎起讼。赵氏不得不去掉此序，结果我们再也看不到这篇序，不知道傅氏何以发这么大的火。民国初年，吴昌绶为郑文焯刻《樵风乐府》，据说吴氏跋语惹郑不满，正式印本就不再有跋。

（一）修版

修版有两个目的，一是更改文字，二是修补版面。发现版片上字有讹误，就可以修版纠正。宋代余氏万卷堂刻《公羊传》和《穀梁传》二书原有绍熙辛亥（1191）刻书题记，过了两年，又有"癸丑仲

---

1 傅增湘：《藏园群书经眼录》，北京：中华书局，2009年，第206页。

今世所存宋槧諸經板本依岳氏沿革所舉惟有蜀大字

本撫州本建餘氏本但蜀本不列刊人名無可徵驗撫州公庫

禮記今在海源閣秘不可得見餘仁仲本周官六祗殘帙惟公

穀二傳烜赫人間自羲圃閬源遞相傳寶辛峰虞山瞿氏

百年轉徙未出吳中同時汪西慈太守別得公羊一本付之

景刊據瞿氏臧書志所校知繕本頗有刊改未為盡善而

汪臧原書兵殄以後沈晦已數十年一旦忽見於京師為

寒雲購得開卷展讀楮墨精妙神采煥然與黃唐本禮

記注疏刊板先後僅一年丙為三絕摩挲經籍升鬼以

《春秋公羊经传解诂》 宋绍熙二年余仁仲万卷堂刻本

余仁仲刊于家塾

癸丑仲秋重校訖

余仁仲所刻經傳傳於世者曰周禮盧雅雨陳仲魚皆有
之曰禮記曾見於天祿目曰公羊淮此又錢琴銅劍
廣陌藏曰穀梁瞿氏有殘本完者在日本阿波庚家
此公羊即汪刻祖本阮元所見缺阿葉六者葢毴為予
縣致爰據瞿氏校勘記校定此本補葉之脱誤　四月文記

秋重校"印本。余氏原、校二本当今都有流传，为学人和好古之士研究《公羊》《榖梁》二传的校勘得失，提供了难得的机会。

校改讹误一般应该是对书有益。汲古阁刻本有的初刻底本较差，后来又据善本加以校勘。如唐陆龟蒙编《松陵集》、宋陆游撰《剑南诗稿》等，毛扆都曾据宋本修版校改，文字更为可据。清顾广圻覆刻明嘉靖吴元恭刻《尔雅注》时，初刻使用的底本没有吴元恭的序言，后来据宋本校改了个别文字，并据陈鳣藏本补上了吴序。这样的例子举不胜举，都得到了学者的好评。

但是校勘失慎，过犹不及，也有点金成铁的情况。例如汲古阁刻的《说文》，本来据宋本翻印。如此重要的典籍，翻印时尽量保持宋本真面，留待学者研究，这是第一要义。可是毛扆师心自用，根据各种资料一再校改，特别是第五次校改，大失宋本原貌，遭到段玉裁等学者的严厉指摘。段玉裁为此甚至写出《汲古阁说文订》一书，批评毛氏修版的失误。这是弄巧成拙、校勘失误的典型例子。由于汲古阁刻的《说文》初印未修印本已经稀如星凤，世人难得一见，光绪时淮南书局特意重刻未经第五次校改的样本，以飨学者。这是学术史上一段有名的故事。

修版也不都是为了改错，另一个原因是更改犯忌的字句，这就有害无益，毫无是处。像清初的政局人事频频变动，有些书就不得不随时删改犯忌的陈述。学者和藏家都知道，清初刻本以初印为贵，修版后印本往往已非原貌。

因为版片磨损，字迹模糊，不得不加工修复，这是修版的另一个重要原因。这种工作大都由工匠动手，如果缺乏认真的校勘，很容易出现莫名其妙的差错。宋元刻本版片流传过程中经常有一修再修的情况，许多讹误随之而来，修版后印本就不如初印本文字可靠。

《知不足斋丛书》是一个有趣的例子。其中有些书印行后根据善本或其他资料重校修版，内容比初印本要好。有些书出于政治原因而更改文字，这就不如初印本。民国初年上海古书流通处据初印本影印，跟后印本比较一下，可以发现不少歧异。《知不足斋丛书》修版有得有失，普通使用的影印本是初印本，治学之士不可不知。

另外一个例子，明许自昌刻《分类补注李太白诗》有后印本[1]。按：《中国古籍善本书目》云有汪复初印本，应查汪氏为何时人。许自昌字玄祐，一本作"元祐"，避"玄"字。明人本朝刻书，仅署一"明"字，可疑，"明"字有增修痕迹。

（二）补版

个别版片丢失，或者有严重损坏，无法修复，就要补版另刻，这比修版更容易出错。流传较久的宋、元、明、清版片都难免补版，特别是一些经、史要籍，有多次补版。补刻的版片跟原版字体或多或少总会有差异，而且新版字迹也比旧版清晰，所以一般不难分辨。有些补版的版心刻有补版的年份或者刻工名姓，对于了解版片流传情况很有帮助。

---

1 詹锳等对李白诗集作版本源流考时注意到万历三十年（1602）长洲许自昌校刊本在卷首有"明长洲许自昌玄祐甫校"，又在内封有"许玄祐先生校，李杜全集，书林汪复初藏板"，以及一翻刻本内封有"云林五云堂藏板"。也即许自昌本有若干不同的印本，至少包括汪复初和五云堂印本。〔参见：詹锳主编：《李白全集校注汇释集评》（八），天津：百花文艺出版社，1996年，第4586–4587页。〕

藏家一般珍惜原版原印，这可能有物以稀为贵的心理。学人也很珍惜原版原印，主要是修版、补版不能保证质量，会平添若干讹误。原版原印不可得，那么修版较少，补版较少，就是上选。但是不同的书和不同的印本各有内情，是非得失还是要具体情况具体分析，一个道理说不死。

关于这种情况，一个典型的例子是宋刻南北朝七史，宋刻版片一再修补刷印，一直使用到明朝，甚至清朝初年也还有残余留存。这几部书不要说宋印，即使元印也是难得的瑰宝。明代印本通称"三朝本"，错字、缺版不一而足。张元济先生曩年辑印《百衲本二十四史》时所写的书跋和《校史随笔》，对七史版片流传情况以及修版和补版可能出现的问题都有所说明，认真阅读一番对后印、修版和补版会有深刻的认识。以《南齐书》为例，宋刻后印本缺佚四叶，清乾隆殿本也未能补上[1]。傅增湘先生有幸得到的一部宋本刷印较早，有可能是元代印本，其中有两叶赫然具在，可以补缺，被认为是难得的幸事。

（三）增刻

增刻是一部书刻成之后，过了一段时间又补刻了一些内容。增刻部分有的有相当篇幅，有的只有几叶，甚至是一叶。增补内容，这是后印本有可能胜于初印本的地方。

最常见的增补是序跋。书刻成后送给师友，有时就会请人家写一篇序或跋，然后加刻上去。所以，当我们看到一部书的序跋较少

---

[1]《校史随笔》，张元济：《张元济全集》第9卷《古籍研究著作》，北京：商务印书馆，2010年，第740–741页。

时，就要看看它是不是最初印本，有些序跋是不是事后补刻的，不要贸然说它缺叶。还有内封面也是这种情况。许多最初刷印的红印本没有内封面，有的虽然有内封面，但是跟后来印本不同。

如清初丁裔沉的《香湖草堂集》，据跋应该是康熙四十三年（1704）刻。见过两本，一本刷印在先，无雍正十一年（1733）沈树本的序，另一本为上海图书馆所藏雍正印本，刷印在后，则有沈序。沈序字体与全书不同，显然是补刻。然而像谭献刻《白香词谱笺》瞬即补刻李恩绶叙则是另一种情况，如果看不到最初印本，就不会知道原无此叙。除了序跋和封面，校勘记也往往是后来补刻。比起这些情况来，也许正文陆续增刻更值得注意。有的仅加刻书叶，卷数不改，若不留心很容易忽略，如明万历刻陈耀文编的《花草粹编》后印就有增刻的叶子。有的续补内容，增加卷数，内容多少一目了然。清代作家的诗文集，特别是名家之作，这种情况屡见不鲜，不妨举几个例子。

清查慎行的《敬业堂诗集》康熙五十八年（1719）刻本只有四十八卷，雍正补刻词二卷，成为五十卷，文献中常常把五十卷本错误地著录为康熙刻本。但是，如果我们只知道四十八卷本是康熙本、五十卷本是雍正增刻本还不够，因为后来又增刻续集六卷。《中国古籍善本书目》在"敬业堂诗集四十八卷"下正确地注出"清康熙五十八年刻本"，但是在"敬业堂诗集四十八卷续集六卷"下也注"清康熙五十八年刻本"[1]，那就忘记其中的《续集》六卷刻版时间更在

---

1 中国古籍善本书目编辑委员会：《中国古籍善本书目·集部》，上海：上海古籍出版社，1998年，第1094页。

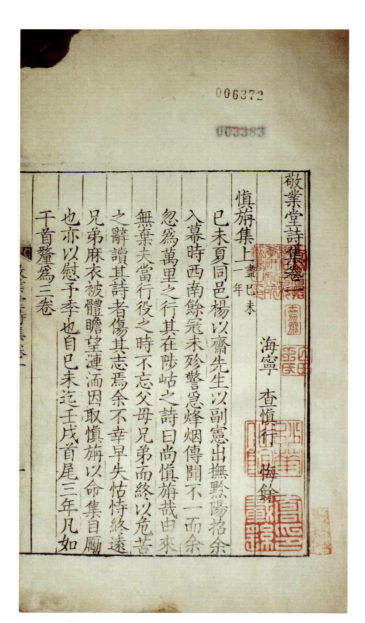

敬業堂詩集卷一

慎旃集上 起巳未 一年

海寧 查慎行 悔餘

巳未夏同邑楊以齋先生以副憲出撫黔陽招余
入幕時西南餘寇未殄警憂烽烟傳聞不一而余
忽爲萬里之行其在陟岵之詩曰尚慎旃哉由來
無棄夫當行役之時不忘父母兄弟而終以危苦
之辭讀其詩者傷其志焉余不幸早失怙恃遠
兄弟麻衣被體瞻望連洳因取慎旃以命集目勵
也亦以慰予季也自巳未迄壬戌首尾三年凡如
干首釐爲三卷

《敬业堂诗集》 清康熙五十八年刻雍正间补刻本

海寧　查慎行　悔餘

漫與集上　起戊戌五月盡庚子十二月盡

少陵云老去詩篇渾漫與俗本多誤與為與東坡
先生用之云清篇真湯與叶入語韻可證與字之
繆余年衰才盡從前媿三〔驚人之〕句已鋑板問世
悔莫能追自茲以往當日就頹唐不知餘生尚閱
幾寒暑更得幾首詩也

介庵上人新住古衡丙舍贈以六言二絕

插竹編籬作苦灌園抱甕忘機畏畏松風吹帶溥溥草
露沾衣

《敬业堂诗续集》　清乾隆年间刻本

五十卷本之后。

有增刊说明的容易辨别，没有说明的有时难以觉察。像清汪士慎的《巢林诗集》，前有乾隆九年（1744）陈撰的序，初刻只有四卷，后来增刻至七卷。《中国古籍善本书目》油印征求意见稿把七卷本著录为乾隆九年刻本，曩年曾予以纠正。附带说一句，古书序跋年月不一定就是刻书的年月，遇到有初编和重编的情况，就要分辨序跋属于哪一次印本，不可贸然引为刻书的年代。

一部书刻成后随时可以修版，可以增补，这种情况应该给予特别的关注。我们都知道，现在一本书出版后，再印时可以用原版印制，也可以修订增补重排，对此书上都会有明确的记载。古书的版片可以随时更动重印，比现在还方便，但是跟现在不同，除非有较大的更动，否则有可能不作任何说明，内容有什么变化，不认真翻阅比较就无从得知。一件令人头痛的事情是，为了看一部书，可能要费时费力地去寻找，辛辛苦苦找到了一个印本，很可能还不等于知道了那个版本的详情。例如，沈钦韩的名集《幼学堂诗文稿》，嘉庆屠倬初刻《诗稿》十卷《文稿》四卷，道光增刻《诗稿》七卷《文稿》四卷。张鸣珂的《寒松阁诗》初刻四卷、《寒松阁词》初刻二卷，以后诗刻至八卷，词刻至四卷。

《读书敏求记》有多种版本，互有异同。章钰花费许多心力搜集各种刻本和抄校本，多历年所，撰成《读书敏求记校证》。其中有道光五年（1825）阮福刻本，迨道光十五年阮氏据秦恩复石研斋藏本补刻十数则于后，章氏未见补刊本，则不知此事。

丛书照例是积少成多，陆续刊刻，更有这个问题。像《峭帆楼

寒松閣詞卷一

嘉興　張鳴珂　玉珊

南浦

春水用山中白雲詞韻同褚少梅　紹羲徐金坡　鑒

賦

谿雨夜廉纖趁東風著力溶溶流曉新漲漸平隄垂楊外
一帶林塘如堵偷窺鏡面理妝十五漁娃小南浦那時曾
賦別腸斷綠波春卹　年年開徧桃花數江鄉又是鱖魚
肥了杜若暗生香汀洲畔可有搴芳人到煙波杳渺湔裙
佇立風前悄回首畫船天上坐載得落紅多少

前調　褚紹羲少梅

《寒松阁词》　清光绪十年刻光绪间增补刻本

丛书》本《重编红雨楼题跋》是缪荃孙重编本，有宣统辛亥（1911）的校跋。民国十四年乙丑（1925）二月赵诒琛重印时，补刻罗振常撰《重编红雨楼题跋校记》，不仅改正错字多处，而且补入脱文一篇。1993年福建人民出版社出版沈文倬先生校点辑补《红雨楼题跋》，据赵刻初次印本，不知有罗氏的校记，罗氏一些校正之处未能吸收，留下了遗憾。而清代杨尚文编的《连筠簃丛书》和胡珽编的《琳琅秘室丛书》，到底最完整的印本包括哪些书，现在并不十分清楚。

清代著名藏书家黄丕烈多见宋版，版片经递修各各不同，即使同一版也常有此多彼少及修板之处。他认为识书之道在广见博闻，所以提倡多留重本，又说书有一印本即有一种不同处，这都是他多年寝馈书海的有得之言，值得我们借鉴。

（四）初编本

一般文集都是刻完一篇文章下一行接刻另一篇，但是有些文集是刻完一篇另起一叶刻下一篇。如清康熙刻汪懋麟的《百尺梧桐阁文集》、汤斌的《潜庵先生遗稿》等都是这种版式。这种情况有时是全书还没有编好，各篇独立就可以更动次序，增减文章。像清方苞的文集，有刻书者的跋语，说"文自为篇，不用古人刻书首尾相衔之法，恐编后复有所增加也"[1]。

还有一种情况是，作者的文章是陆续刊刻，随时分送师友，积攒多了，编起来就成为一部文集。这种情况很值得注意，由于随时

---

1 ［清］方苞：《方苞集》，刘季高校点，上海：上海古籍出版社，2008年，第910页。

可以编集，初期编辑本就跟后来的本子不同。而且不仅篇数和顺序不同，甚至还有开始只大略分分类，连卷数也没有编的情况。

例如清道光冯登府的《石经阁文集》初编不分卷，版心卷数、叶数都是墨钉。继而编为四卷，有四卷简目，但是版心卷数、叶数仍是墨钉，仅下黑口有草记数码。后来文集编为八卷，但是不同的印本内容仍然存在参差。清道光瞿中溶的《奕载堂文集》也是一个例子，今日所见只有初编未完的不分卷本，全书未见流传。

四　版本鉴别

既然一个版本可以有内容和形式有所不同的几种印本，还可以有翻版重刻本，这就给版本学工作者提出了一个重要的问题：怎样把不同的印本、不同的版本区别开来。

一部书初印还是后印，看看字迹笔画一目了然。要想知道不同印本内容有无差异就没这么简单，不一叶一叶细看，有些差异看不出来。版片可以长期保存，可以随时修版改字，随时刷印。一次也未必刷印多少部，想多找几本比较一下也不容易。

如王鹏运四印斋刻的《梦窗词》，重刻本有跋，说明初刻本竣工后有哪些地方陆续校改过。逐一核对一下，就会发现几个印本改多改少互不相同。这是知道内情，去逐字比勘，否则粗粗一翻根本不会知道还有那么多差异。李富孙校经顾刻《曝书亭词注》后印者卷七末有"己丑重校"四字，文字有所更改，但没有具体的说明。没有看到"己丑重校"四个字，就会忽略过去。

像这样有跋语说明，哪怕是几个字的提示，毕竟能引起注意。更多的情况是毫无说明，不自己认真校勘一番就不会觉察其中还有修版的蹊跷。宋、元本经常有修版，不同印本之间经常有异同，一般都能有所警觉，明刻修版就容易忽略。像明嘉靖徐氏刻的《仪礼》，叶德辉曾称赞其本佳胜，经推荐印入《四部丛刊初编》。而吴庠经过校勘，认为叶氏藏本系后印本，有修版失误。

像这种情况，有没有时间和精力仔细校勘是一个问题，更大的问题还在于旧版古书大都并不易见，一些稀罕的本子难得有把几个印本留在手边从容校勘的机会，所以很难有真知。

下面说一说跟清光绪湖南思贤书局刻的江标编《宋元名家词》的邂逅经历。上世纪50年代在天津古籍书店先买了一部白纸印本，不是初印。后来又买到一部黄纸初印本，比较满意。80年代在北京中国书店看到一部白纸印本，出自藏书之家，书品精整可爱。买来看看，印本跟原先那部白纸本差不多。近年又看到一部，这是刻书者馈赠友朋的极初印本。细细比较，发现四部印本虽然同出一版，但是要么内封面不同，要么刊记不同，要么内文不同，竟然是各有不同。真是大出意外！由此想到，明代袁氏嘉趣堂刻《六家文选》印本刊记标识多有出入，到底是怎么回事，有多少种变化，还真不容易说清楚，何况还有书贾作伪！

（一）转手

版片的所有权可以从一家转让给另一家。新主得到旧版以后，一般都要做些更动再印。最简单的是更改内封面上的斋堂名号，或者索性另刻新封面。往往还会加上新的序跋，说明它的所有权已经变更。目录或正文开头加上自己的名字，列为校刊者。例如清康熙刻《十家宫词》原是胡介祉所刻[1]，胡氏进京后版交朱彝尊，朱氏有序说明。乾隆时书版归史开基，史修版重印加上跋语。康熙龚翔麟玉玲珑阁刻张炎的《山中白云词》，版片后归小山堂赵氏兄弟，增刻序跋重印，堂号也改为宝书堂。

叶德辉《郎园读书志》卷七《笠泽丛书》跋，说："大抵版本之学审定至难，往往有此人所刻转售他人，一经改题，而藏书家误以为两人刻本者。就近日所见，如同治甲戌吴门浦氏仿宋小字本《说文解字》，即购得孙星衍平津馆刻原版，于标目后补刻'同治甲戌苏城陶升甫摹刻'十一字，前书面改题'同治甲戌冬月东吴浦氏校定宋本重刊'十六字篆书牌记。上海书估鲍某得秦鉴汗筠斋所刻……汇编为《后知

---

[1] 著者札记：80年代末90年代初之际，虽力有未逮，未能多得，但在琉璃厂古籍书店也曾有所收获。清康熙刻《十家宫词》即为一铭心绝品。1989年秋，在二楼书架上看到一部《十家宫词》，打开一看，有叶德辉的题跋和藏印。标价200元，虽然是一笔不小的数目，还是请他们代为留下，把书拿进后屋。归后，忙于处理其他事务，并未及时携款取书。过了一些时日，到天津处理了房产，手中有些余款，一天来到二楼准备取书。当时这部书已拿在外面，书店人员神情有异，略显迟疑。我心动了一下，但是终究开票买了下来，也就没有很以为意。后来才知道，当时他们正在推荐给别人看，正巧我来了，有些不好处理。那时古书还走背运，没有多少人光顾。有限的几个买书的手头大都不富裕，200元也是个价钱了，所以不会争买。要是今天，即使不知道《十家宫词》为何物，一见叶德辉手跋，就会红眼。归家后，细看叶氏跋语，与《郎园读书志》所载相同，此即叶氏当年旧藏之本。1995年底黄永年先生来京，住在邮电疗养院，初次拜望时，即携此本谒见。黄先生一见十分惊异，赞不绝口。正巧杜泽逊来见，黄先生作为珍本，郑重地指给他看。事后，黄先生称其为宝书，愿以明刻《草堂诗余》相易，甚望我能割爱。然而此书为我近年开始收书时所得隽品，不愿出手，不能徇先生之意相让，深以为憾。得此本后过了几年，一天（范）景中来电话，问此本有无史开基跋语。我检视一过，未见史跋，景中惊为原版未修印本。后来过沪，始悉上海图书馆所藏为乾隆史开基修版重印本。此书极其罕见，未修本稀如星凤，《中国古籍善本书目》所载寥寥三二本而已，其中有无史开基重修本亦未可知。

《宋元名家词》书衣　清光绪湖南思贤书局刻初印本

《宋元名家词》 清光绪湖南思贤书局刻初印本

不足斋丛书》，并不述明缘起，而攘他人刻本为己有。若斯之类，苟非字字比校，并其版匡墨线逐一细勘，又谁从而发其覆、穷其根也？[1]按：叶氏所言之理是，但浦氏刻《说文解字》是不是孙氏原版，还应细辨。

有些人得到旧版重印时径改为自己的堂号，并不说明来历，甚至还说是自己所刻。若不细察，很容易信以为真，古籍目录中误重印为重刻的情况屡有所见。像清康熙二十四年（1685）柯崇朴小幔亭刻周密辑《绝妙好词》，版片后归高士奇，康熙三十七年高士奇修版加跋，柯氏原序或删或改，又剜改"小幔亭"为"清吟堂"，一变而为高氏清吟堂刻本。此版内封后来又改为小瓶庐藏版，于是一些古籍目录又有所谓小瓶庐刻本。此版虽有三种印本，然而极其罕见，厉鹗在康熙末年即慨叹难得，获一残本抄写补足，其中小幔亭印本尤其珍罕。词学和目录学工作者难得并几比较的机会，于是三种印本文献中就传为三种刻本，即以富藏词集著称的李一氓的《一氓题跋》也不知此情[2]。更可怪的是，冷红词客江炳炎雍正七年（1729）跋项刻，相去仅仅三十来年也不了了，竟然说《绝妙好词》"一雕板于禾中柯孝廉南陔，重刻于高江村学士"[3]。往年《中国古籍善本书目》油印征求意见时，告以其中存在一些问题，此《绝妙好词》的版本就是一项。可惜定稿时，删去小瓶庐刻本，而清吟堂刻本仍在。其实后两种改称印本

1　叶德辉：《郋园读书志》，杨洪升点校，上海：上海古籍出版社，2010年，第365–366页。

2　李一氓：《一氓题跋》，吴泰昌辑，北京：生活·读书·新知三联书店，1981年，第194–197页。

3　"国立故宫博物院"编辑委员会：《"国立故宫博物院"藏沈氏研易楼善本图录》，台北："国立故宫博物院"，1986年，第227页。

即可，原不必删。

王献唐的《双行精舍书跋辑存续编》有《唐诗鼓吹》跋，历述清顺治陆贻典刻本后印本的演化：一本封面题乾隆十一年（1746）新镌，堂号为怀德堂，然而内有钱谦益序，"玄"字也不缺笔，其实仍是顺治旧版。后来去掉钱序，封面改题赵松雪先生原本，又改题乾隆壬午年（二十七年）新镌，堂号改为光霁堂，最后加题敬业堂。仍是同一副版片，不过后印者有补版而已[1]。

前面说到的钱曾所撰的《读书敏求记》本为雍正四年（1726）赵孟升刻版，因生事故，加上雍正六年濮梁序而成濮梁印本。乾隆十年双桂草堂沈尚杰修版重印诡称"重加校雠，付之剞劂"，乾隆六十年沈炎耆英堂修版再印，其实都是修版重印，并非重刻。按说此事劳权和章钰已经申明[2]，一些目录却依然著录为双桂草堂刻本或耆英堂刻本，《中国古籍善本书目》也著录为沈尚杰刻本。

扬州马氏小玲珑山馆刻《班马字类》等，版片流传了很久，直到光绪年间后知不足斋还在印，但是后来的印本没有说明此版的来历，仿佛是他们自己所刻。康雍时期的洪正治（字延佐，号陡华）经常收买旧版修整刷印，他往往讳言所得，诡称是本人自刻。他在雍正刷印的《白石诗词》本来是康熙曾时灿所刻，有陈撰的跋。他到手后把跋尾几句改为："陡华先生服奇道古，雅喜是编，爰为开雕，冀垂永久，盖其表章之功匪细也。丁未清和，钱唐陈撰玉几书。"[3] 剜改处虽力仿

---

1 王献唐：《双行精舍书跋辑存》，青岛：青岛出版社，2007年，第415页。
2 [清]钱曾著、管廷芬、章钰校证：《读书敏求记校证》，佘彦焱标点，上海：上海古籍出版社，2007年，第5—8页。
3 丘琼荪：《白石道人歌曲通考》，北京：音乐出版社，1959年，第14页。

原书字体，仍有痕迹可辨。

（二）重印还是重刻

鉴别初印和后印时，还要把旧版重印和翻版重刻区分开来。旧书店比较两部书是否同版所印时，习惯选两部书的同一叶，一本沿对角线折叶叠在另一本上，看二者是否密合无间。折叶需防留下痕迹，一般可以比较边栏和字迹断线处是否相同，于书无伤。除了栏线和字迹以外，值得注意的是，有时后印本版框会缩短，相差可达半厘米，不要误认为重刻。

分辨一个印本是旧版重印还是重刻，有时候并不容易。因为正确的判断来自目验，最好新旧印本能并几齐观，而对于传本不多的古书说来，这简直是过分的奢望。像宋刻《金石录》就是个很好的例子，误会来自对书中赵不谬跋语的误解，然而当时只有一个残宋本，没有比较的对象，仅仅拿着一个本子无从说它是重印还是重刻。至少从清初以来，大家只知道宋刻本有十卷传世，有幸到手，甚至要镌刻"金石录十卷人家"印章以志喜，哪里还有其他想法。上世纪50年代突然出现了一部宋刻三十卷全书，学者定为龙舒郡斋刻本，归藏当时的北京图书馆。潘景郑先生当年曾怀疑十卷本是此三十卷本修版印本，但是十卷本收藏在上海图书馆，南北参商，长期没有引起注意，直到近年陈先行先生仔细比对了两个宋本之后，才肯定赵不谬是重修，而非重刻[1]。

---

1 陈先行：《打开金匮石室之门：古籍善本》，上海：上海文艺出版社，2003年，第93–95页。

再如宋吕祖谦编的《皇朝文鉴》，有明天顺八年（1464）严州府学摹刻宋本，商辂序说："其间题识仍旧，款目无改，则以摹本书刻，弗别缮写，惧谬误也。"由于保留宋本面貌，仅个别地方把"皇朝"改为"宋朝"，往往被误认为宋刻原本。这就需要跟真宋本比较一下，才能有明确的结论。可惜宋本难得一见，于是鱼目可以混珠，使人心生疑虑。

卢见曾雅雨堂所刻《唐摭言》是一个有趣的例子。由于底本不佳，初印本有很多讹误和脱漏。后来根据其他本子重校，除修版改字外，许多版片已经重刻，面目全非。所以有初印本和补修本的区别。有人据初印本说话，有人据补修本反驳，结果南辕北辙，空费口舌。蒋光煦的《斠补隅录》曾据朱彝尊藏本校勘雅雨堂刻的《唐摭言》，叶德辉《郋园读书志》卷三《唐摭言》跋认为蒋校有误，指责"得失以道"条"未到于天人之际耳"，蒋校所列与原文不合。这是因为他们所用的本子虽号称是同一个版本，其实是不同的印本，内容本来就有差异。叶德辉虽然沉浮书海多年，老于此道，颇以目录版本之学自许，但是没有意识到这一点。原来蒋光煦使用的是雅雨堂原版本，叶德辉看的是雅雨堂改版本。改版本虽然书名去掉"唐"字，改为"摭言"，内封面却与原版相同，仍然作"乾隆丙子镌"，书内字体和版式也与原版完全相同。但是，只要比较一下内容，就能发现改版本抽换了很多版片，虽然一般还是称之为重修，然而改动程度如此之大实在出人意外。像这种情况，形式上像重印，性质则是重刻，一不留心就要上当。

辨认重印和重刻是很细致的工作，有不少问题到今天也没有结论，已有的结论也未必就能定案，甚至可能有些问题还没有引起注意。这需要中国古书版本工作者和广大爱好者共同努力，以期涓滴不息，集腋成裘，昌明版本之学。

五　价值、鉴赏和收藏

从上文所述可以看出，初印本和后印本各有擅场。评定二者的价值，首先要看着眼点是玩赏还是阅读。其次，一部书有一部书的具体情况，不同印本的高下得失需要具体分析，不能一概而论。

一般而言，初印本外观明丽，印数很少，文物性突出，这是赏鉴的佳品。虽然有时候后印本文字更好，内容更多，但是俗话说得好，物以稀为贵，货卖一张皮，占有这两条，初印本理所当然是藏家的宠儿。过去旧书店里，遇到初印本总要特别注明，同样的书就能贵出一倍以上。如果遇上极初印本，甚至是校样本或好纸好墨的特印本之类的绝品，那就伊于胡底，更不知要贵上多少倍了。

要讲华丽精美，后印本自然要退避三舍。然而，一旦后印本有校勘，甚至有增订，以资料性见长时，读书治学就不能不以此为熊掌。而且有些书后印增订本传世极少，甚至不为人知，自然更为珍罕可贵。

再说求全责备是人之常情，你可以拿初印精美自诩，他也可以拿完整无缺为后印张目，这是常见的事情。看到爱书之人敝帚自珍，各得其乐，我们也不能不为之忍俊不禁。不妨看看前贤怎样在初印和后印之间找平衡：

清嘉庆十一年（1806）张敦仁影宋刻《礼记注》二十卷，附有《释文》四卷。开始未得宋本《经典释文》，只好翻刻通志堂本充数。经手人顾广圻耿耿于怀，十几年后到底还是借来宋本《经典释文》，修版弥补了初刻的缺憾，加上了一行刊记。清末民初著名藏书家缪荃孙的《艺风藏书续记》称赏初印纸墨精美，但是修版的长处也不能漠视，还是要把改正之处录在书上，说是这样就可以两全其美。这主要是从鉴赏角度考虑问题。

清末学者李文田校勘明嘉靖闻人诠刻的《旧唐书》，发现此版随印随校，屡经挖改，几乎每叶都有异文。后印本文字胜过初印本，但是字迹有些模糊，而且常有缺叶，不如初印本完整。他主张以初印本为底本，以后印本校正文字[1]。这就是从治学方面考虑问题。

上述例子足以说明初印和后印的得失以及藏家和学者的取舍眼光。这里我们不能不重温黄丕烈的一些名言，他说读书和藏书都要广见博闻，而且要"兼蓄重本"。他一再强调有复本可以互相比勘的好处，说"书多一本，即有一本佳处"[2]，"书必对勘，乃知何本之佳，佳处又不致有遗漏"[3]。事实上，莫友芝前已说过张刻《礼记注》修版的原委，缪荃孙当然知道后印本有长处，李文田也通过校勘发现闻刻《旧唐书》后印本修版文字佳胜。若不然，只靠皮相之见，哪里会了解内情。

对于古书爱好者而言，一部书要表里兼顾。只要有机会，认真地

---

1 傅增湘：《藏园群书经眼录》，北京：中华书局，2009年，第186页。
2 ［清］黄丕烈：《黄丕烈藏书题跋集》，余鸣鸿等点校，上海：上海古籍出版社，2013年，第745页。
3 ［清］黄丕烈：《黄丕烈藏书题跋集》，第322页。

唐摭言卷第一

統序科第

唐光化進士瑯琊王定保撰

周禮鄉大夫具鄉飲酒之教考其德行察其道藝三年
舉賢者貢于王庭非夫鄉舉里選之義源於中古乎夫
子聖人始以四科齒門弟子後王因而範之漢革秦亂
講求典禮亦解循塗轍以須賢俊考德行則升孝廉
而激浮俗掄道藝則第雋造而廣人文故郡國貢士無
虛歲矣縣是天下上計集于大司徒府所以顯五教于
萬民者也我唐沿隋法漢孜孜矻矻以事草澤琴瑟不

卷一

一

雅雨堂

《唐摭言》　清乾隆卢见曾刻《雅雨堂丛书》原版本

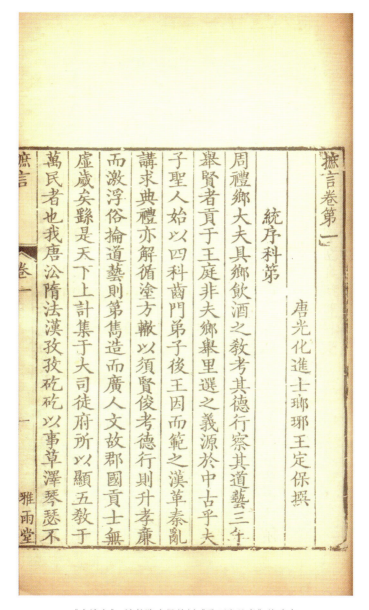

《唐摭言》 清乾隆卢见曾刻《雅雨堂丛书》修改本

《经典释文》 宋刻宋元递修本

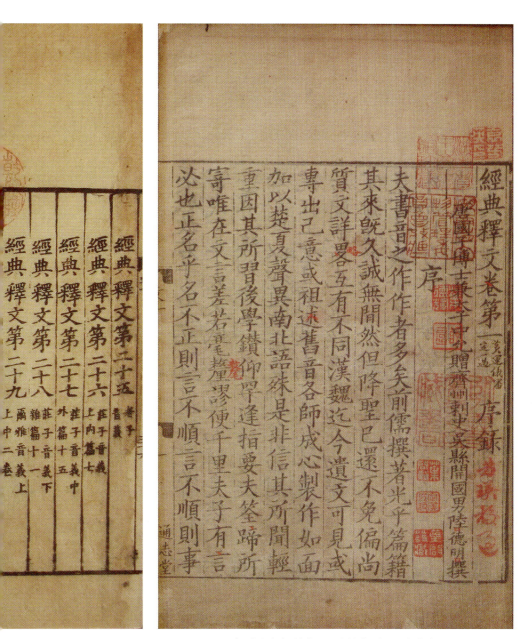

経典釋文卷第一

序錄

夫書音之作作者多矣前儒撰著光平篇籍
其來既久誠無間然但降聖已還不免偏尚
質文詳略互有不同漢魏迄今遺文可見或
專出己意或祖述舊音各師成心製作如面
加以楚夏聲異南北語殊是非信其所聞輕
重因其所習後學鑽仰罕逢指要夫筌所歸
寄唯在文言差若毫釐謬便千里夫子有言
必也正名乎名不正則言不順言不順則事

國子傅士兼太子司業贈齊州刺史吳縣開國男陸德明撰

《经典释文》　清康熙成德刻《通志堂经解》本

經典釋文第二十九　上下二卷上　爾雅音義上
經典釋文第二十八　雜篇十一　莊子音義下
經典釋文第二十七　外篇十五　莊子音義中
經典釋文第二十六　內篇七　莊子音義上
經典釋文第二十五　卷首　莊子音義

读读书很有必要，古书一本即有一本佳处，不认真读书就体会不到佳处的所在。只要肯读书，就会有发现，有发现才能品出古书的味道，品出味道才能讲出它的价值。一旦达到这个境界，无往而不利：赏鉴得其乐，治学得其益，收藏得其利。

赘语

古籍的价值与收藏

人人都知道印刷术是中国古代的伟大发明之一，而木板雕刻印刷更被看作中国印刷术的起源，从唐代以来作为最重要的印刷技术独领风骚达千年之久。即使进入20世纪，现代印刷技术风行以后，讲究的著作和艺术精品仍然采用木板雕印。翻开一部版印精良的中国古籍，映入眼帘的首先是那秀丽典雅的字体和纸洁墨香的效果，一种沁人肺腑的艺术享受陶醉着读者，让人爱不释手。如果说中国传统文化曾经哺育着中国乃至世界各国人民，那么中国的版印技术除了作为载体传输着文化内涵，同等重要的是，它还作为一种赏心悦目的艺术形式丰富了我们的文化生活。

版刻风格、纸墨物料跟物质财富、社会习俗、风土人情都有关系。书籍印制是一项社会活动，不可能不反映时代的特点，通过版刻风貌可以窥探一个时代的社会风气、文化倾向、审美眼光和物质财富的状况。读书审美，研究版刻，这既不是掠贩之家的买卖行径，也不是赏鉴之家的书皮学问，不能一概斥之为玩物丧志。况且一部好书，不仅内容好，印制也好，足以激发读书的热情。

一　古籍的价值观

我们现在所说的这些古书，特别是善本古籍，都有文献和艺术两方面的意义。我们知道艺术品的价值在欣赏，在收藏。书本来是给人读的，拿它当艺术品欣赏和收藏，这就有另外的含义和价值观。如果有人买书只关心纸墨装帧是不是漂亮，或者只关心是不是人间孤本，而不去阅读，那也没有什么可奇怪的，因为适情雅趣也是人生的一项内容。所以，尽管二百多年前的洪亮吉把藏书家分成三六九等，有考订家、校雠家、收藏家、赏鉴家等等名目[1]，有意褒贬，但是有人把书当艺术品，开心怡悦地收藏赏鉴一番，也无可厚非。进一步说，价格跟收藏有关，一部书价格很高，就要加意保护，这是很自然的事情。即使此时此刻还不便把它列入善本，也要给予格外的关注，至少要防止受损和散失。

谈到对书的利用，考订和校雠是入乎书之中，赏鉴和收藏是出乎书之外，毕竟各有各的要求，评价标准不会完全一致。阅读要求书的内容好，赏鉴要求书的外表好，收藏要求书的身价高。一部古书价值高低，就看它在这三方面能打多少分。要说价值，内容、外表、身价三者都算数。同一本书，学者看见的是它能校正几个错字，收藏家夸耀的就是它多么稀罕，而决定价格的是市场的供求关系，这就要看人气如何。

无论读书还是藏书，都要选择善本。所谓善本，本来是从读书角度看，指内容可靠，没有错讹。后来角度逐渐转为赏鉴和收藏，到今天善本的含义已经变成世不经见，珍稀可贵，内容如何已经淡出视野。

从珍稀的角度看，年代越久远，越不易保存下来，辨认善本最简单的方法就是看何时印制。明代注重宋本，清代初期元本也进入视野，中期下延到明代嘉靖年间，后期就渐渐扩展到明万历以后。在今天说话，划界还可以延长到乾隆末年。随着旧日时代的逐渐远去，善

---

1 ［清］洪亮吉：《北江诗话》，陈迩冬校点，北京：人民文学出版社，1998年，第46页。

本的划界自然要越来越下延。

判断一部书是否珍稀可贵其实需要具体调查，不能仅仅凭年代下结论。清代嘉、道以来印制的古书中大有珍稀难得之物，特别是有些书早已失传，有些书则只有孤本幸存。如果他年某日这些书有幸再现于人间，那真是收藏家的莫大惊喜。统计一下各种古书存世数量多少，才能确知哪些书难得，哪些书常见。

一部书珍稀和可贵不是一回事，珍稀着重的是稀罕难得，而可贵则是宝贵可爱。不妨举个典型的例子。《玉台新咏》是南北朝徐陵编辑的一部诗集，从明到清有很多版本，然而历来收藏界只注重明崇祯寒山赵氏小宛堂刻本，传说印数仅有百册，难得一见。偶见一本，竞相争买，身价几乎要向宋版看齐。然而仔细查考一下，不难发现这个版本并不像过去藏家说的那么少见。各大馆都不止一本，像国家图书馆就有十来本，而且近年拍卖会上屡见不鲜，藏界几乎人手一册。保守估计，即使总数不到一百，五十也打不住。这么多本，实在说不上稀罕。相反，其余几个版本，不要说是明刻，即使是清代早期刻本也不这么多见，却没有人说它们稀罕。

这是因为，一来《玉台新咏》是极其重要的典籍，身分高贵；二来宋本早已失传，赵刻相传是翻刻宋刻，不得已而求其次，眼光就集中在这里。买家都想收藏一本，一上市就被买去，传本再多也供不应求，结果就落了个珍稀的名声。其实无论讲内容还是讲珍稀，其余几个版本大有胜过它的，只是过去偏重收藏，没有认真研究，没有给予足够的注意罢了。

这个例子说明，善本虽然意味着珍稀，但是书的声价也很重要。

内容重要，名气大，需求量就大，即使并不那么稀罕，也能入选。相反，价值不大，即使稀罕，也会默默无闻。当然这里还要注意，有些书本质好，只是明珠土埋，要得到赏识，还有待伯乐的慧眼救风尘。收集众所周知的善本需要经济实力，而从尘沙之中发现珠玉就需要学识和眼力。

（一）从内容看价值

书本来是读物，价值首先在内容。过去用木板手工印书，一次印上几十部就了不起，几十年几百年之后留不下多少，价格自然随之升高。很长一段时期里，读书人关注的是经史要籍，文学作品的功利性虽然差一些，但是典范诗文和名家文集也还是必备。至于笔记小说和野史杂说之类，既非必需，那就排不上队了。

从清末废除科考开办现代教育以来，情况就有不同，许多过去不登大雅之堂的东西现在成为学者研究的对象。像戏曲小说之类，本来正统读书人很少过问，藏书家也很少收藏，除个别书目外，一般不会著录。进入民国以后，一举成为俗文学研究者竞相追逐的热点。郑振铎曾经看到明代蓝印本法律珍籍《清明集》，他不是不知道它珍罕难得，但还是毅然放弃，而买了清代戏曲作品《小四梦》，因为法律书不是他要研究的东西[1]。看看《中国古籍善本书目》就可以发现，《清明集》仅仅两处藏有此书，一处还是残本。正是由于这些学者大力搜集，戏曲小说陡然走俏，价格立时暴涨。也是在那个时期，木版图画开始

---

1 郑振铎：《西谛书话》，北京：生活·读书·新知三联书店，2005年，第398页。

走红，像郑振铎为买《墨苑》《十竹斋画谱》等版画名作费尽心力，简直是梦寐以求。

上世纪50年代开始，线装古书逐渐退出历史舞台，私家藏书活动消沉下去。即便有人买，过去排在首位的经学也是身价一落千丈；史学书籍陆续重版，线装史书的地位也不那么重要了。笔记野史中往往有些别处见不到的遗闻逸事或者治学心得，对增益见闻、考证史事有帮助，像谢国桢先生就喜欢收集这些书。

戏曲小说过去没有什么人当宝贝收藏，留下来的东西很少，经过学者一番搜罗，市面上轻易见不到了。而且重要的作品已经陆续出版，研究者有充足的资粮，也不必像当年那样自己去搜罗。所以除个别学者以外，没有什么人热衷搜集这些书。

民国初年以来历久不衰的似乎只有版画书，直到今天也是大家注目的热点所在。想当年郑振铎、傅惜华等人买版画不能说没有收藏的目的，但是他们主要还是着眼于版画艺术，郑振铎编辑出版了许多版画图谱，傅惜华编过版画书目，给各方面读者提供了许多重要的资料[1]。当时版画书虽然贵，但是上得了台盘的都是有数的名品，并不是书上有图就算数，就有人争买。今天版画书名品大抵已归公藏，市面上已经难得一见。虽说版画书仍旧热门，货源却没有多少，所以书上有图就沾光。

---

1 傅惜华编《明代画谱解题》《中国版画研究重要书目》，载：丁福保、周云青编：《四部总录艺术编》，北京：商务印书馆，1957年。

（二）从书品看价值

一部书品相如何，要看它的字体、刀工、墨色、纸张、刷印、装帧，包括是不是完整如新，有没有名人批点。中国古书开始一般用手写体，明代开始风行横细竖粗的宋体字。手写体自然好看，工价高；宋体字整齐好刻，工价低。不妨看看清内府武英殿刻印书籍时不同字体的工价：写宋字千字工银二钱，欧字千字工银四钱，软字千字工银三钱；刻宋字百字工银八分，欧字百字工银一钱六分，软字百字工银一钱二分[1]。所谓软字，就是楷体字。手写体工价高，印出的书自然就要贵一些。

字写得好，刻得好，还要选用好墨好纸。好墨印在纸上，漆黑光亮，甚至带有一股香气。不同时期生产的纸张有所不同，像白棉纸、开化纸、太史连以及后来的宣纸，都十分出名。木版印书会磨损，印得越早字迹越清楚，越漂亮。装帧以保持原样为宗旨，讲究原装未动。书以天地头宽大、完整洁净为好，不要随便写字，看起来赏心悦目。如果有名人批校墨迹，或校善本，或注心得，甚至仅仅盖上个印章，都会给书增加身价。旧书店目录一旦给书注上"写刻、精刻、初印、开化纸、原装、某某批校"等字样，肯定要加钱。

不妨以上世纪30年代的书价为例，看看书品是怎样影响价格的。一般地讲，同样的印本，连史纸本至少比竹纸本贵二成，要是有名的纸，价钱更高。例如清末金陵书局刻《史记》二十册，宣

---

1 陶湘：《书目丛刊》，窦水勇校点，沈阳：辽宁教育出版社，2000年，第209–210页。

纸本要卖20元，几乎比竹纸本贵一倍。《春秋传说汇纂》清内府刻本二十四册，一般印本30元左右，开化纸要80元，还有罗纹纸精印大开本，非二三百元不可，高出十倍。清嘉庆胡克家仿宋精刻《资治通鉴》是清代名刻，一般装成一百册，竹纸初印本200元上下，白皮纸本装成一百六十册，要加五成，宣纸本还要加倍。这副书版后来归了江苏书局，经过修补再印，仍装一百册，已经不能跟胡氏印本相比，白纸初印者也不过100元，印得晚一些就要折去三成，竹纸折五成。清殿版《周易折中》同是开化纸印本，书品宽大洁净者60元，书品小一些印得再好也要减10元，差一点的只能卖上三四十元。

（三）从名气看价值

一部书的市场价值跟它的名气有很大关系，最简单的是根据年代画线。一说宋本，谁都知道珍罕。元版的名气就差一大截，不那么响亮。明版更差，清版好像是普通货色，没有多少人赏识。

这实际上体现的是古书珍罕难得系数对价格的影响，宋本在20世纪30年代动辄几千元，明本则一般只有几百元，根本原因就是明本流传较多，不如宋本珍罕，所以不受重视。同样的书，红印本、蓝印本比墨印本贵，这不能完全归因于前者书品好，很重要的因素还是墨印者随处可见，不足为奇。

当然，古书的价值不这么简单，同是明清本，也有极其难得的珍品。不能不指出，有些书特别出名，追求的人多，也会成为热门。大家都知道，多年来《玉台新咏》这部书受到冷落，按说不会成为热点，但是令人感到意外的是，明崇祯赵均刻的《玉台新咏》却是近年的一个大热点，连带而起的是别的版本也是俏货。其实赵均刻本并不像过去认为的那么稀罕，公私藏家大都有收藏。

（四）社会和世态

古书价格的升降实际还反映着社会状况和世人心态，20世纪二三十年代，古书身价呈现上升趋势。全面抗战一开始，社会陷入混乱，人心惶惶，无心买书，书不值钱。郑振铎的《劫中得书记》说当时书店收市，有就地摆摊给钱就卖的，有挑担沿街叫卖的，这是人和古书同遭劫难的时期。后来稍稍安定一些，公私藏书经过战乱散出，陆续上市，书价也逐步回升。由于外国公私藏家大力搜罗，中国古书外流，价格飙升。50年代初期，社会经历变动重组，私家著名的大宗藏品归公库，规模较小的陆续散出。人们忙于其他事务，顾不过来，古书再次廉价上市。记得先人讲，当时书店论斤卖古书，如今要几万元的书也不过卖几块钱。

其实直到50年代中期，书价逐渐回升以后，大家对古书也不很在意。有一部清雍正铜活字印本《古今图书集成》，仅有少量缺册，竟散为废品，无人收买。如今一册零本怕也要卖上几千，听听当时的情况岂不是天方夜谭？道光开化纸印《六朝文絜》是现在竞相争买的珍品，1958年最多卖十块钱。进书店看看，一般清代刻本一册要一块钱就不低了。明刻本也不值钱，不是历来有盛名的东西还不是一块钱一册？明姜道生刻《李商隐诗集》并不多见，记得只要两元，摆了很久，没有人买。闵刻、凌刻白棉纸套印本，不过三五块钱一册。明白棉纸仿宋本王逸注《楚辞》要一百元，已经是了不起的大价钱了。

那时买书主要是为了读书做学问，而不是收藏。决定书价高低的是学术的需求，不是收藏家的眼光。刚刚出版的新书，往往由于学术价值所在，比纯供收藏的旧书贵得多。记得1957年出版郭沫若的《两周金文辞大系图录考释》8册书将近50元，当时买一部刘氏嘉业堂影宋刻罗纹纸印本《史记》32册也不过如此。这个价码可以买两部明白棉纸红印《集古印谱》，其他印谱就更不能相比，三五块就能买，十几块就是高价了。由于经学衰落，清道光汪士钟影宋刻本《仪礼疏》只卖十几元。清康、乾罕见的刻本当时也很便宜，高不过两三块钱一册，记得一部康熙刻徐乾学《憺园集》三十六卷初印本，只要20元。

今天古书市场的情况完全不同，买版本书大都是为了收藏，所以红印本、蓝印本、开化纸、写刻本成了俏货。民国刻的红蓝印本，有点名气的一册就可以过一万。版本书一旦成为奢侈品，内容也就退居次要再次要的地位了。采购书籍的时候，要注意把握时机，只要看得准，说不定就会有意外的收获。这样的事情今天也不是绝对遇不到。

二　古籍的收藏观

（一）藏书家有五等

要讲藏书家的眼光，首先要看藏书的目的。藏书目的不同，眼光也就不会完全相同。清代洪亮吉《北江诗话》曾经把藏书家分为五等**1**，用现在的话简单地说，他所分的五等人中，考订家为的应该是研究学术，校雠家为的是整理古籍。收藏家不大好定性，是不是多少有些类似图书馆呢？至于赏鉴家为的是玩赏古书，掠贩家为的是买卖古书，这是可以肯定的。洪亮吉的分等和命名有很明显的褒贬，今天大可不去理会，然而他的观点却很有代表性。我们知道，清末著名学者李慈铭读书少所许可，动辄批驳指摘。他的日记对《北江诗话》也不认可，说作者不是诗家，评论大都不准确；然而他却完全赞同洪对藏书家的评论，说"其言足为藏书家定评"**2**。可见这五种人还是客观存在的，只是我们不能过分抑扬就是了。我们不妨看看这五种人对藏书有可能持什么态度。

如果买书是为了研究学术，对版本就可能不多考究。说到这里，不免想起清末陈其元在《庸闲斋笔记》中讲的一个故事**3**。王定安买到宋刻《孟子》，向他夸耀。他想看看，王叫人扛出一个柜子，柜子里面装着一个木匣，打开匣子才见到书。陈其元一看，笔画跟通行本没有什么不同，就问读这部书能增长智慧不能，王说不能；又问能多记几行不能，王说也不能。陈笑了，说那就不如还读通行本，何必花上百倍的钱买它呢。王很气恼，说你不懂，没法跟你欣赏，马上把书收起来。陈其元大笑而去。

这真像个笑话，写得活龙活现，奚落之意溢于言表。不过近代著名目录版本学者王欣夫先生就不以陈为然，说陈其元连眼睛也不大管

---

1 ［清］洪亮吉：《北江诗话》，陈迩冬校点，北京：人民文学出版社，1998年，第46页。
2 ［清］李慈铭：《越缦堂读书记》，沈阳：辽宁教育出版社，2001年，第1092页。
3 ［清］陈其元：《庸闲斋笔记》，杨璐点校，北京：中华书局，1989年，第179页。

用，宋本字体端浑，一看就应该发现清刻读本不能相比。他认为王定安怕是古董家数，没有好好看看这部书，人家一问，他什么也说不上来。要是认真比较比较，宋本文字有许多佳胜之处，远非通行本所及，稍稍举几个例子，陈就得哑口无言[1]。

陈其元虽然是读书人，而且著书立说，但是要他赏识版本的差异，恐怕要求高了一些。李慈铭看了陈其元的《庸闲斋笔记》没有好话，说他"太不读书，叙次亦拙"，"间及考据，无不舛谬"[2]，不值得纠正。其实今天的读书人也一样，有人也是有个本子看就行，不讲究版本。研究中国古典文学的可以只用现在的新印本，不看线装书，文章照样写得很潇洒。

整理古籍情况就不同，功夫全在校勘。比较不同版本的差异，决定异文的取舍，这是校勘的基本功。王欣夫对陈其元的故事有不同看法，原因就是他精于校勘之学，深知版本的重要性。清代著名学者顾广圻家道不裕，不可能以藏书名家。但是他一生为衣食奔走，经常代他人校刊书籍，深知读书和校书不能不讲究版本，一有机会就搜集旧书善本。好书无钱不能到手，即使到手也得转让，只能留一个传校本或过录本。结果在叶昌炽的《藏书纪事诗》中，他也占有了一席之地。他批评读书不讲究版本，在《蔡中郎文集跋》中说："书以弥古为弥善，可不待智者而后知矣。乃世间有一等人，必谓书无庸讲本子。噫！将自欺耶？将欺人耶？"[3]

1　王欣夫：《王欣夫说文献学》，上海：上海古籍出版社，2000年，第85页。
2　[清] 李慈铭：《越缦堂读书记》，沈阳：辽宁教育出版社，2001年，第793、794页。
3　[清] 顾广圻：《顾千里集》，王欣夫辑，北京：中华书局，2007年，第352页。

清末民初著名藏书家叶德辉也很重视版本，有朋友跟他说自己平生不知道什么版本，只要看见书上有字就读。叶就打趣，说他读的书都没有字。叶德辉的意思是，读书不讲究版本，书上错字连篇，有字等于没有字。叶德辉又藏书，又刻书，说这种玩笑话也很自然。

洪氏说收藏家"搜采异本"，以鄞县范钦天一阁、钱塘吴焯瓶花斋、昆山徐乾学传是楼为代表。范氏确实以"购海内异本"闻名，而且收藏一些不被正统藏书家看重的史料文献，能买的买，不能买的就借来传抄，这倒是有些现代图书馆的作风，只是并不给外人看。范氏不仅收藏，而且刻过《天一阁奇书》。吴焯一生致力于搜集旧本秘册，而且亲自校书。他的《绣谷亭薰习录》为各书所作的提要说明，提纲挈领，原原本本，确有真知灼见，并非仅以收藏为能事。洪氏把他们归入收藏家，可能是因为他们藏书数量庞大，重在收集奇书异本，即使刻书校书，也跟专门研究学术和整理古籍不同。

同样是收藏古书，而且校书刻书，洪亮吉却把黄丕烈和鲍廷博降了一等，归入赏鉴家。说他们"第求精本，独嗜宋刻"，即使作者的意思未能全懂，刻书年月却一清二楚，这些话的言外之意是不以为然。洪氏帽厂制作的赏鉴家这顶帽子，黄、鲍二人都不是不能戴，却说不上尺寸多么合适。黄固然是"佞宋"出名，但是他不是不校书。我们在他的题跋中看到，他得到一个本子往往不等过夜，立即"挑灯"急校。校书有所发现，欣喜若狂。已经过去了二百年之久，他的藏书题跋中蕴含的爱书如命的激情，还是那么深切地感动着每一个读者。他刻过许多著名的影宋精本，见到古书有残缺千方百计抄补，乐于为古书续命。说鲍廷博是赏鉴家就更不合适，他用毕生精力校书和刻书，用今天的眼光看，工作性质应该属于整理古籍，水平高低另当别论。他以抄书和校书出名，却没有听说他收藏多少宋本，"独嗜宋刻"的帽子也扣不上。

但是黄、鲍二人比起范、吴、徐来，却不能不说还是有差别的。范钦是进士，做过兵部侍郎。吴焯有文名，清圣祖玄烨南下时献诗献赋，很有名气，著作也有十几种之多。徐乾学更是闻人显宦，康熙时名重一时，编书刻书更是当行。这都是饱学之士，即使洪亮吉对他们的藏书行径眼红或者腹诽，也不能说他们不读书，或者看不懂书。黄、鲍的名气和造诣不能跟他们相比，不妨加上"作者旨意纵未全窥"的帽子。

古代社会有等级观念，对人的评价跟他的家世、经历和从事的职业有很大关系。像范、吴、徐三人，洪氏都可以引为同调，黄、鲍他是不肯为伍的。尽管洪氏把收藏家列在考订家和校雠家之后排为三等，考语似乎也有保留，不过人家的地位和事业在那里，业余搞搞收藏，玩物并未丧志，不便说闲话。那些地位不高的赏鉴家以此为业，对他们就不必顾忌，说说他们不读书又何妨？说到掠贩家就更明显了，简直就是惟利是图，什么"眼别真赝，心知古今，闽本蜀本，一不得欺，宋椠元椠，见而即识"[1]，不过是"掠贩"的资本而已，不能当好话听。古代社会商人地位不高，洪氏这样讲不足为奇。即使在今天，口头上都讲人人平等，至于头脑中有没有尊卑贵贱的等级意识，口不言阿堵，也是你知我知的事情。

---

1 ［清］洪亮吉：《北江诗话》，陈迩冬校点，北京：人民文学出版社，1998年，第46页。

其实无论地位尊卑，人都是要做事情的，做事情的目的不外乎适意和谋生。要适意，就要做自己愿意做的事情；要谋生，就要做赚钱的生意。考订和校雠也有这两重性质，不同的人可能偏重之处不同而已。纯粹收藏，只能说是适意，跟谋生无关。赏鉴家也应该是适意，从黄丕烈的藏书题跋中，我们只能看到他求书时一副如饥似渴的样子，几乎不计价就成交。像宋刻汤汉注《陶渊明诗集》，他惦念已久。流入市廛后，出四十两银子没有成交，已被别人买去。结果不得不请朋友说合，出至一百两才买到手，他知道别人听了要笑话，还是这样干，看来他并没有考虑出手可以赚多少钱。至于到晚年家境日见衰败，他去开滂喜园书籍铺，那是生计有了困难，不能不变卖家产度日，跟做买卖不是一个意思。

　　掠贩当然是谋生之道，不过这也未必就排斥适意。想当年王文进开文禄堂书店，那是地道的做买卖。但是他买进宋蜀刻珍本《庄子南华真经》以后，十分喜爱，卖给傅增湘以后，睡梦中也念念不忘，竟至以"梦庄居士"为号。可见卖书的也不是不爱书，如果家有余赀，有些人很可能就兼顾赏鉴、收藏，甚至校雠和考订。像陈乃乾先生本是书生，天性爱书，身非富家，为了多接触古书，只好去开书店，后来投身古籍整理出版事业，成为名人，就是个很好的例子。做买卖当然要贱买贵卖，只要不欺不骗，没有理由说长道短。只是买卖双方心情不一样，买东西的往外掏钱总会嫌贵，有些不情愿，读书人对卖书的免不了有意见，这也是人之常情。

（二）用藏书家的眼光看书

藏书的目的不同，着眼点也就有所不同。不过书是读物，首先是有助于修身养性、明理经世，发挥社会效用。从古籍编目的顺序是经、史、子、集，经排一，史排二，就可以看出各种书在人们心目中的地位。藏书家要提高身分，显示品位，即使不读书，也不能不置备上档次的书。书架上放的书，是主人的思想境界和社会地位的展现。科举时代读书考试以经学为主，《十三经》是重中之重，藏书家不能不竞相追逐。其次是史书，官修正史是史部冠冕。一部藏书目录没有几部正经正史压阵脚，就不够身分。野记、稗史还不妨藏一点，小说、戏曲就难登大雅之堂。直到清末，社会逐渐转向实务，经学不像昔日那样专宠，李慈铭还是说"甲部为读书先务"，嫌张之洞的《书目答问》对经学各门所注太略，对读者指导不够。

20世纪初废除科举制度之后，治经已经不是登龙术，史学开始占据主流，学者思想活跃，过去不受重视的稗官杂记以及清代的禁毁书籍开始升温。现代的教育制度和学术研究兴起以后，读书人的眼界更为广阔，过去很少涉足的领域一时成为热门。民国初年，古代金石器物等的拓片和图录，戏曲、小说等俗文学作品，都曾成为学者热衷的收藏品。一些学者热爱版画艺术，开始搜集画谱和带有版画的绣像本和插图本。在过去藏家眼里，这些东西大抵不入流，轻易不会收藏。即使家里有，也不能堂而皇之地写进目录，这是不能上目录的书。

从收藏的角度着眼，内容固然重要，却不如珍奇罕贵更为诱人。中国古籍大量印刷起于五代，兴于宋代，元、明、清顺流而下。判断珍罕与否的标准，眼睛首先放在年代是否久远上。宋代藏五代的书，明代藏宋代的书，都是上上的选择。我们看明人作假骗人，都是说伪造宋本，而不说伪造元本。

直到清初钱、毛、季、徐各大藏书家都是以宋本标榜，隔了朝代，元本自动升级。像季振宜有《延令宋板书目》，徐乾学有《传是楼宋元板书目》，钱曾的《述古堂书目》前面特意列出一卷《宋板书目》，都是这种眼光。这个风气一直延续，像嘉、道间的赏鉴家黄丕烈，对元、明本也不是不屑一顾，藏书处却以"百宋一廛"为名。

清末著名藏家所编的藏书目录都是以宋、元为主，明本已经有所选择，大量清刻本一概摒弃在外。清末丁丙的《善本书室藏书志》说得很具体，能进善本书行列，一是宋元旧刊，二是明嘉靖以前的刻本和明后期精本，三是明、清名家抄本，四是清代名家批校本。丁丙是清末四大藏家之一，藏书质量非一般藏家所能企及，标准当然高。随着时间的推移，古书一天天减少，一般藏家的尺度不能不放宽。像缪荃孙的善本标准划线到明末，一般抄本和批校本都算数，包括日本和高丽新旧刻本。这是20世纪初年的情况。

藏书家以年代区分版本高下，显然注重藏书是不是古老稀罕。但是一部书传本多寡并不完全决定于年代远近，即使年代不久，如果印本不多，毁失严重，也可能难以见到。再加上学者更多地关心内容，看法自然就有所不同。对于清刻本一律排斥、抄本和批校不加甄别的做法，陈乃乾就颇有微词。他说这个标准对藏书家和旧书店有很大影响，结果清顺、康以来的刻本无论刻得多么精善，传本如何难得，都不屑一顾，抄本不论内容如何都称善本，加几个藏章，写几行题跋，更可以卖高价，这纯粹是附庸风雅[1]。

陈氏讲得当然有道理，不过这到底还是书生之见，并不可行。照他的办法，书善与非善，有无价值，收藏与否，都要对书的内容一一比勘，细细甄别，才能有结论，这岂是咄嗟可办的事情？一般人只能望洋兴叹，没有相当的学识、充裕的时间，根本无法下手。像郑振铎先生的《劫中得书续记》说在书店看到一部《史外》抄本，拿回去放了几天，又买了一部刻本，花了一夜的工夫细细对校，发现抄本无可取之处，结果弃抄留刻。后来听说抄本卖了善价，还发了一番感慨，说买这种书的只是耳闻抄本可贵，不知道贵在哪里[2]。像这种事情，今天的读书人是办不到了，哪一家书店也不会让你把书拿回去推敲一个够再拿回来。再说藏书毕竟要有财力，有钱才能买书，有学和有钱二者不可兼得，都指望着够上考订家和校勘家水平才去买书，书店非关门不可。郑先生可以随便换书，这还是因为他有能力大量买书，是书店的贵客，没有条件的哪里能这么办。

其实陈乃乾说的也不尽然，民国初年清代精刻本并不便宜，可见大家对它们并没有小看。像嘉、道间胡克家、张敦仁、吴鼒、黄丕烈、汪士钟刻的一些书，大都出于顾广圻之手，刻印讲究，校勘精审，售价几乎可以跟明代白棉纸佳本相比，远在一般明刻本之上。其实清代私家刻书大抵是图名不图利，特别是名人刻书，校勘和刻印都不草草。印数也不会太多，流传到今天的就更少。有些清初刻本年久

---

1 陈乃乾：《陈乃乾文集·海上书林》，虞坤林整理，北京：国家图书馆出版社，2009年，第10—11页。
2 郑振铎：《西谛书话》，北京：生活·读书·新知三联书店，2005年，第276—277页。

代远，或遭禁毁，或已散佚，至今已如凤毛麟角，甚至早已春归天上，绝迹人寰。嘉、道刻本往往还来不及大量刷印，书版就损失于道、咸战火之中，已有的印本历经天灾人祸，很难说能留下几本。

《中国古籍善本书目》划线原则上在清乾隆，这是为了当时全国普查工作的便利，不能不规定一个普通人也可以掌握的标准而已，并不是说其后的书就不珍罕。看看过去的行情就知道，康、乾本不一定比嘉、道本贵，关键还是要看到底是什么书。上世纪30年代，嘉庆吴鼒刻本《晏子》两册一般也在20元以上，《韩非子》四册就要40元，张敦仁刻的《盐铁论》三册30元，平均一册都在10元上下。道光汪士钟影宋刻《仪礼疏》好的要卖到50元以上，而乾隆内府古香斋刻《史记》开花纸三十六册，当时才卖25元。

如果硬要划一条线，那么清代顺、康本和道光本珍品最多，其中大有极其难得甚至不见著录的东西，书店定价时也未必知情，很可能当普通书卖，有志于藏书者需要认真对待。随便举个例子，为了研究宋姜夔的白石十七首歌谱，我很久就想买清道光戴长庚的《律话》，不料多年寻觅竟然不见踪迹。直到近年，在苏州古籍书店遇到，承蒙几位先生好意，慨然允售，这才得偿夙愿。江澄波先生把书交给我时，也感慨地说："贩书五十多年，仅见此一部。"而我也快找了四十年了。不过是个道光本而已，却是如此难得，一般人哪里想象得到。

像这样一些书，如今能在无意之中邂逅，那真是喜出望外的缘分，一旦错过机会，很可能以后再也见不到。当然能在浩瀚的书海中做出准确的判断，这还要具备一定的经验和阅历，才能像李白当年在行伍之中援救获罪的郭子仪那样慧眼识英雄。这不像说话这么容易，一部书存世是多是少，即使在过去旧书店鳞次栉比、古书连屋累栋的时期，不在书海中泡上十年二十年，也摸不清底细。如今许多地方连旧书店都看不见，偶然有一家两家，也没有几本像样的线装书，积累经验谈何容易！这就要靠吸收前人的经验，充实自己的脑海。前人的书目题跋中时常讲古书各种版本的高下，存世数量的多少，时而还有一些趣事，很耐人读。现在书目、题跋、书影特别畅销，出版社竞相出版，看来跟近几年兴起的藏书热有很大关系。

（三）为藏书家论道

说起藏书热，不免想起，1943年陈乃乾在《古今》杂志连载《上海书林梦忆录》，对民国初年以来藏书的情况发了一通感慨。他说往日藏书的都是好书读书的人，得到一部书必定亲手点校，郑重收藏。书香之家，则传之子孙。而当时的藏书者是看到书价暴涨，有钱的人就群起争购，把书看做货物和资产，或者用来牟利、囤货，或者用来陈设厅堂。而真正能好书读书的人，反而无力买书[1]。他说的都是实情，其实古书一旦退出历史舞台，数量一天天减少，也就一天天远离读书人而去。陈先生的感慨发得太早了，当时的读书人手里多少都有一些好书，也没有到整天为稻粱谋却连几部心爱的线装书也不敢买的地步。但是要说以书牟利，除非遇到非常时期，有意外的收获，否则还是不要抱太大的希望。试看过去有不少人开古旧书店，日子也混得过去，可是真正以此发家致富的有多少呢？陈乃乾是过来人，他曾说

---

1 陈乃乾：《陈乃乾文集·海上书林》，虞坤林整理，北京：国家图书馆出版社，2009年，第1–2页。

过贩书有许多特殊的难处，买卖也不好做。

我们说"非常时期"例外。抗战初起时，兵荒马乱，人们没有买书的心情，卖古书的摆摊、挑担叫卖，几乎是给钱就卖。上世纪50年代初期社会变革，旧家富户的藏书纷纷涌出，有钱有心买书者寥寥，书店里的书论斤卖。在这等书跟蔬菜一样买卖的时期，多好的珍本秘籍也不值钱。就如50年代初南京甘氏书散出，有人论斤买到至少几百年毫无所知的人间孤本宋刻《金石录》，一时传为佳话。再有在"文革"时期，也有从造纸厂花几分钱换回稀世珍本的事情。1970年后古书店有一阵子开放，现在要卖一千元的书当时至多一块钱，在看惯几千几万几十万的拍卖会场的今天听起来，简直跟笑话一样，哪里会有这等天方夜谭！在这些非常时期，只要你是有心人，有眼力，少买几棵大白菜，换成一堆书，今天多了不敢说，买汽车没问题；如果肯破费一个月的嚼裹儿，现在买一所房子还不是谈笑之间的事情？

上世纪50年代以后，昔日收藏古书的读书人和非读书人钱和闲都有问题，失去了热情，后继乏人，再加上书店有规定，有书优先供应单位，不大肯卖给私人，私人收藏线装古书的传统骎骎乎断绝矣。然而峰回路转，90年代以来藏书一时成为风尚，线装书时来运转，陡然走俏。各地拍卖会应运而起，好不热闹。出入此门者长者仅是偶见，中年是主力，最奇是连二三十岁的年轻人也是白棉、开化，宋、元、明、清、雕版、活字，张口即来。看到这种场面，不由使人纳罕：旧日传统的嫡传断绝几十年之后，如今再续香烟，从哪里下手呢？

不妨看看时下的热点，一取珍奇，要宋、元本，要天禄琳琅，要乾隆御笔；二取美观，要写刻、精刻，要开化、白棉，要朱墨套印，要版画插图，要蓝印、红印。稿本已经不大行，抄本和批校本就更受冷落，缪荃孙当年界划的善本营垒已经是半壁山河。这是不难理解的，宋元和美观是一目了然的铁门槛，稿本和抄校都需要甄别，好坏真假很难鉴定。不过书店还是老标准，抄本定价都比较高，所以往往不能成交。但是正因为需要一定的鉴别能力，不仅一般人很难赏识，即使是行家，匆匆之间也难下断语，所以这些书中很可能有难得的佳本。不过要识之于砟砟，就需要有眼力了。有朋友告诉我，他得到一部《李商隐诗集》，书很破旧，但是上面有清初俞玚的批点。过去只知道俞玚批点过杜甫的诗，有康熙刻本，很少见。而李商隐的诗集我见过不少批点本，甚至自己也有罕见的名人批点，但是俞玚批点则前所未闻。这就是一个很好的例子。

（四）"识书之道在广见博闻"

我们不否认宋元版、开化纸都是好书，但是一部古书的可贵之处不见得这么明显，仅仅注目这些荦荦大者，不能不说是皮相之见。作为一个行家里手，更重要的是要有来自实践，通过看书和校书获得的真知灼见。黄丕烈被归入赏鉴家，号称"佞宋"，但是他不是拿空头的"宋本"两个字自我欣赏，而是通过校书发现宋本的好处，得到陶醉和乐趣。《毛诗传笺》一书他见过四部宋刻本，都有重言互注，他不满意。后来得到吴省兰（号稷堂）藏本，比对之下，发现吴本《柏舟》一篇传、笺不混，而且没有重言互注，认为胜于他本[1]。我们知

---

1 ［清］黄丕烈：《黄丕烈藏书题跋集》，余鸣鸿等点校，上海：上海古籍出版社，2013年，第31页。

道，经书带有重言、互注，都是宋人编纂的读本。书每编一次就会出现一些失真的地方，传、笺混淆就是个大问题。黄丕烈是出于求真而佞宋，而且在宋本中也有所比较，不是等同看待。

像这样藏书，不满足于名头，而是深入到比较不同版本的异同，以期有所发现，也就能从一部部书中获得莫大的乐趣。要想从书中获得乐趣也不是非宋、元本不可，认真读读清代乃至民国刻本，也能有所收获，有收获就有乐趣。叶昌炽由于编撰《藏书纪事诗》在藏书界很有名气，爱书的人往往要罗致他的诗文集。往年得到他的一部《奇觚庼诗集》三卷前集一卷补遗一卷，卷数跟目录著录的相同。后来在书市看到一本残册，不以为意地随手一翻，忽然看到书末还有《奇觚庼遗词》一卷。这是过去不知道的，正巧在搜集词集，这是意外的收获。假如以为自己已经有全本，不看这本残册，也就不会发现叶氏诗集还附有词。黄丕烈的经验谈是书一本有一本的好处，"识书之道在广见博闻"[1]，这不就是个很好的例子吗？

像这样对待书，不论是藏还是读，也不论有多少珍本秘籍，都能有所收获并获得乐趣。事实告诉我们，只要你肯勤学勤读，就会锻炼出过人的眼力，就能抓住别人对面错过的机会，买到铭心绝品。托尔斯泰说机会就是天才，韩昌黎说"世有伯乐然后有千里马"，这都是至理名言，值得身体力行。机会和眼力，这是藏书家通向成功的大道。

1［清］黄丕烈:《黄丕烈藏书题跋集》，余鸣鸿等点校，上海：上海古籍出版社，2013年，第4页。

编辑整理后记

本书为杨成凯先生遗著。

作为一名严格意义上的古籍研究学者，和一名浸淫古籍收藏数十年的古籍收藏爱好者，杨先生一身兼二任，试图打通古籍版本研究和鉴赏收藏之间长期存在的区隔，希望能用学术的眼光来梳理古籍收藏与鉴赏的主要课题，用鉴藏的视野洞察古籍研究的主要困惑。为此，从上世纪八九十年代以来，杨先生先后在《读书》《藏书家》《紫禁城》等刊物上发表了若干篇关于古书鉴赏与收藏的文章，提出了很多新颖的见解。杨先生又曾应邀在国家图书馆（国家古籍保护中心）、上海图书馆等机构做古书版本鉴定若干专题的讲演。这部书就是以这些已经刊发的文章和讲演的稿子为基础编辑整理的。

杨先生生前准备写一部以藏书家的身份谈古籍版本的书，即从古籍的收藏与鉴定方面入手，以轻松明快的书话形式，谈一谈现代的古籍爱好者如何在收藏古籍的过程中提升自己鉴赏古代珍品的能力，陶冶人的情操，提高人的素养；他似乎又曾规划写一部关于古书版本研究的专著，以专业研究者的身份推进版本目录学研究，即要从书籍的生产过程对古籍版本展开科学的研究。这两项工作的展开，需要进行大量的案例研究，需要查阅海量的文献资料，同时需要有丰富的古籍鉴赏和收藏经验，为此杨先生投入了无数时间和精力，写了很多读书笔记、调查记录。然而天不假年，上述关于古籍的两部曲未能在他生前问世，留下了无尽的遗憾。

杨先生驾鹤西去后，国家古籍保护中心、中国社会科学院语言所、中华书局等单位负责同志十分关心杨先生遗著的整理。本书是其中之一。鉴于整理者水平有限，无法将杨先生打通古籍学术研究和收藏鉴赏的写作雄心以其所设想的方式呈现，尚祈读者见谅。

本书完成初步整理后，先后请杨先生生前好友范景中教授、张丽娟教授予以审定，两位教授为本书的最后定稿提出了细致的意见。特此致谢。

整理者　向辉

2022年4月

本书出版后，承蒙艾俊川、鲍国强、陈才、陈红彦、陈雷、陈力、陈先行、陈云豪、董岑仕、董婧宸、杜以恒、杜云虹、杜泽逊、杜志勇、樊长远、范景中、郭晶、郭立暄、韩超、韩凤冉、胡艳杰、李畅然、李国庆、李俊勇、李开升、李西宁、李勇慧、林世田、林振岳、刘繁、刘晓立、马学良、毛东红、南江涛、卿朝晖、沈楠、石祥、史丽君、童圣江、完权、汪毓楠、王红蕾、王荣鑫、韦力、隗茂杰、吴格、向敬之、谢辉、严佐之、姚伯岳、俞晓群、袁立章、张伯江、张程、张鸿鸣、张丽娟、张维祥、张彧、张志清、赵前、郑凌峰、郑小悠、钟锦、周晶、周杨、周余姣、祖胤蛟、左鹏诸位先生，以及众多热心读者的支持、关心和厚爱，或提供线索，或予指正建议，或作书评表彰，或多方推荐，助力本书发行和修订，谨致谢忱。2023年9月，整理者识。